新时代博物馆文物保护与传承发展探究

王文超 丛雪娇 陈良 主编

图书在版编目（CIP）数据

新时代博物馆文物保护与传承发展探究 / 王文超，丛雪娇，陈良主编. -- 重庆：重庆出版社，2024.9.
ISBN 978-7-229-15602-2

Ⅰ．G264

中国国家版本馆CIP数据核字第2024WM5608号

新时代博物馆文物保护与传承发展探究
XINSHIDAI BOWUGUAN WENWU BAOHU YU CHUANCHENG FAZHAN TANJIU

王文超 丛雪娇 陈良 主编

责任编辑：燕智玲
责任校对：刘小燕
装帧设计：斯盛文化

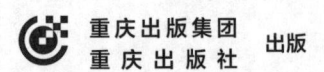

重庆出版集团
重庆出版社 出版

重庆市南岸区南滨路162号1幢 邮政编码：400061 http://www.cqph.com
廊坊市新景彩印制版有限公司印刷
重庆出版集团图书发行有限公司发行
全国新华书店经销

开本：710mm×1000mm 1/16 印张：17 字数：320千
2025年1月第1版 2025年1月第1次印刷
ISBN 978-7-229-15602-2
定价：88.00元

如有印装质量问题，请向本集团图书发行有限公司调换：023-61520678

版权所有 侵权必究

编委会

主编

王文超　驻马店市杨靖宇将军纪念馆
丛雪娇　上海市龙华烈士陵园（龙华烈士纪念馆）
陈　良　中国农业博物馆

副主编

韩晓玲　中国海关博物馆
吉马惹作　西昌市文物管理所
江则达　驻马店市杨靖宇将军纪念馆
党文静　驻马店市杨靖宇将军纪念馆

前 言

中国文博事业在新时代的浪潮中蓬勃发展，不断展现出其深厚的文化底蕴和强大的创新活力。革命历史博物馆作为文博事业的重要组成部分，具有丰富的革命历史资源，是青少年了解历史、传承文化的重要场所。本书介绍了革命历史纪念馆开展青少年爱国主义教育的独特优势、在青少年思想道德教育中所起的作用以及开展青少年教育、传播红色文化的路径等。

博物馆的宣传教育作用和功能不容忽视。博物馆不仅是文物的展示平台，更是文化的传播者、价值的引导者。而在博物馆的宣传中，讲解队伍的专业素养和服务水平起着关键性的作用，本书介绍了文物博物馆讲解技巧和讲解队伍的建设策略。

可以说，智慧博物馆的建设和管理是新时代文博事业发展的必然趋势。本书介绍了智慧博物馆建设的目标、逻辑架构和路径等，并对智慧博物馆沉浸式体验空间的营造、智慧化文物保护体系的建设等进行了深入探讨。

此外，博物馆文物保护技术和修复技术的发展也是文博事业的重要支撑。本书介绍了三维激光扫描技术、超声波技术、数字化技术、无损光谱技术等多种文物保护技术，还对纸质文物、瓷器文物、纺织品文物、金属文物等多种类型文物的修复技术进行了介绍，希望人们能够对中国文博事业有更深入的了解，为推动我国文博事业的繁荣发展贡献智慧和力量。

本书共分为十一章。作者在工作实践的基础上以专业的视角，深刻地剖析了文博事业发展中遇到的一些问题，并针对这些问题提出了对策。本书框架大致如下：第一章为中国文博事业的发展和创新，介绍了中国博物馆学理论体系的形成与发展，文博事业实现跨越式发展的思考，智慧文博建设的现状、发展趋势与应用，新时期文博事业的创新发展。第二章为发挥博物馆的文化传承作用，介绍了传承与交流：博物馆视域下的民族文化展示、以高质量博物馆建设推动文化传承发展、博物馆文物保护与传承发展的新路径、博物馆在优秀传统文化传承发展中的地位与作用、数字博物馆助力中华文化传承与文化自信培育。第三章为革命历史纪念馆与青少年教育，介绍了革命历史纪念馆红色文化传播的实践、革命历史纪念馆开展青少年爱国主义教育的独特优势、发挥红色纪念馆在青少年思想道德教育中的作用、纪念馆开展青少年教育的路径。第四章为智慧博物馆的建设和管理，介绍了新技术助力博物馆服务更加智慧化，智慧博物馆建设的目标厘定、逻辑架构与路径构建，智慧博物馆沉浸式体验空间的营造，博物馆智慧化文物保护体系建设，智慧航海博物馆管理工作创新路径。第五章为博物馆的宣传教育作用和功能，介绍了新时代文博教育蕴含的智慧与力量、社教活动对博物馆文化发展的重要作用、发挥博物馆职能推动学生素质教育、博物馆要积极发挥实践育人的功能、关于提升博物馆社会服务功能的再探索、博物馆用"公众参与科学"的方式做好环境教育。第六章为新媒体时代博物馆宣传工作的开展，介绍了基于传播学理论的博物馆融媒体研究、融媒体时代博物馆传播方式的转型策略、新媒体时代博物馆的宣传与推广、新媒体时代博物馆短视频传播价值及策略、网络直播成为博物馆发展的新窗口。第七章为博物馆文物保护技术的应用，介绍了博物馆文物保护技术与安全管理的现代发展、三维激光扫描技术在文物保护中的应用、超声波技术在文物保护中的应用、数字化技术在文物保护工作中的应用、无损光谱技术在文物保护中的应用进展、青铜文物保护技术的应用与发展。第八章为文物修复与文物修复技术，介绍了文物保护修复理念溯源及其对文物修复技艺的影响、纸质文物藏品的修复和还原、瓷器文物修复的常见误区及完善对策、纺织品文物的修复保护与数字化修复研究、表面处理技术在金属文物修复中的应用。第九章为博物馆展览陈列艺术和文创开发，介绍了新形势下博物馆陈列展览的转变与发展、博物馆展览空间的情境剧场化设计、基层博物馆陈列展览的可持续发展方式、文旅融合背景下博物馆发展的新机遇、博物馆文创产品的开发策略与经营途径。第十章为文物保护理论的研究与实践，介绍了文物保护学学科建设的思考与探讨、文物保护学的理论探讨、文物保护领域的科学问题、加强文物保护与传承中华文明。第十一章为文物博物馆的管理及讲解队伍建设，介绍了文物与博物馆学：穿越历史，触摸古文明，文物博物馆的文化传播作用，文物博物馆管理体制的现状与创新，文物博物馆讲解技巧和讲解队伍建设。

  本书由王文超、丛雪娇、陈良担任主编，韩晓玲、吉马惹作、江则达、党文静担任副主编，其中王文超负责第一章至第四章内容的编写，共计约10万字；丛雪娇负责第五章、第六章内容的编写，共计约5万字；陈良负责第七章、第八章内容的编写，共计约4万字；韩晓玲负责第九章内容的编写，共计约2万字；吉马惹作负责第十章内容的编写，共计约2万字；江则达负责第十一章第一节、第二节内容的编写，共计约1万字；党文静负责第十一章第三节、第四节内容的编写，共计约1万字。

  限于作者水平，书中难免存在疏漏及不妥之处，敬请读者批评指正。

编者
2024年3月

目录

第一章 中国文博事业的发展和创新　001
第一节 中国博物馆学理论体系的形成与发展　001
第二节 对文博事业实现跨越式发展的思考　006
第三节 智慧文博建设的现状、发展趋势与应用　012
第四节 新时期文博事业的创新发展　018

第二章 发挥博物馆的文化传承作用　023
第一节 传承与交流：博物馆视域下的民族文化展示　023
第二节 以高质量博物馆建设推动文化传承发展　027
第三节 博物馆文物保护与传承发展新路径　032
第四节 博物馆在优秀传统文化传承发展中的地位与作用　036
第五节 数字博物馆助力中华文化传承与文化自信培育　042

第三章 革命历史纪念馆与青少年教育　046
第一节 革命历史纪念馆红色文化传播的实践　046
第二节 革命历史纪念馆开展青少年爱国主义教育的独特优势　054
第三节 发挥红色纪念馆在青少年思想道德教育中的作用　062
第四节 纪念馆开展青少年教育的路径　068

第四章 智慧博物馆的建设和管理　073
第一节 新技术助力博物馆服务更加智慧化　073
第二节 智慧博物馆建设的目标厘定、逻辑架构与路径构建　078
第三节 智慧博物馆沉浸式体验空间的营造　083
第四节 博物馆智慧化文物保护体系建设　089
第五节 智慧航海博物馆管理工作创新路径　092

第五章 博物馆的宣传教育作用和功能　　097

第一节 新时代文博教育蕴含的智慧与力量　　097

第二节 社会教育宣传活动对博物馆文化发展的重要作用　　099

第三节 发挥博物馆职能，推动学生素质教育　　104

第四节 博物馆要积极发挥实践育人的功能　　110

第五节 关于提升博物馆社会服务功能的再探索　　114

第六节 博物馆用"公众参与科学"的方式做好环境教育　　118

第六章 新媒体时代博物馆宣传工作开展　　123

第一节 基于传播学理论的博物馆融媒体研究　　123

第二节 融媒体时代博物馆传播方式的转型策略　　126

第三节 新媒体时代博物馆的宣传与推广　　131

第四节 新媒体时代博物馆短视频传播价值及策略　　134

第五节 网络直播成为博物馆发展的新窗口　　141

第七章 博物馆文物保护技术的应用　　150

第一节 博物馆文物保护技术与安全管理的现代发展　　150

第二节 三维激光扫描技术在文物保护中的应用　　157

第三节 超声波技术在文物保护中的应用　　161

第四节 数字化技术在文物保护工作中的应用　　163

第五节 无损光谱技术在文物保护中的应用进展　　167

第六节 青铜文物保护技术的应用与发展　　170

第八章 文物修复与文物修复技术　　177

第一节 文物保护修复理念溯源及其对文物修复技艺的影响　　177

第二节 纸质文物藏品的修复和还原　　180

第三节 瓷器文物修复的常见误区及完善对策　　183

第四节 纺织品文物的修复保护与数字化修复研究　　186

第五节 表面处理技术在金属文物修复中的应用　　190

第九章 博物馆展览陈列艺术和文创开发　　195
第一节 新形势下博物馆陈列展览的转变与发展　　195
第二节 博物馆展览空间的情境剧场化设计　　199
第三节 基层博物馆陈列展览的可持续发展方式　　203
第四节 文旅融合背景下博物馆发展的新机遇　　209
第五节 博物馆文创产品的开发策略与经营途径　　213

第十章 文物保护理论的研究与实践　　216
第一节 文物保护学学科建设的思考与探讨　　216
第二节 文物保护学的理论探讨　　223
第三节 文物保护领域的科学问题　　230
第四节 加强文物保护与传承中华文明　　233

第十一章 文物博物馆的管理及讲解队伍建设　　236
第一节 文物与博物馆学：穿越历史，触摸古文明　　236
第二节 文物博物馆的文化传播作用　　241
第三节 文物博物馆管理体制的现状与创新　　246
第四节 文物博物馆的讲解技巧和讲解队伍建设　　251

参考文献　　256

第一章 中国文博事业的发展和创新

第一节 中国博物馆学理论体系的形成与发展

一、国外博物馆学理论体系的形成及发展

（一）博物馆学理论的起源与发展

博物馆，这一承载着人类历史各阶段文物的殿堂，自诞生之日起便引起了社会各界的广泛关注。作为收藏、展示、保护及宣传人类文化遗产的重要机构，博物馆事业如今已逐渐成为各国文化事业中不可或缺的一环。随着博物馆管理的日益职业化和工作人员的专业化，博物馆的业务水平也愈发具体和深入。这一发展态势不仅推动了博物馆学理论的深化，更使其从基础概念层面扩展至涵盖博物馆全部业务知识的学科领域。

博物馆的不断发展与完善，使其社会功能日趋丰富，进而催生了博物馆学这一学科，并促使其持续演进。自博物馆诞生以来的四个世纪里，无数具有历史特色的博物馆应运而生。值得注意的是，博物馆学这一术语在1885年由英国学者杰·格拉瑟在《博物馆学与古物学》一书中首次提出，至今已有百余年的历史。在此之前，西方关于博物馆学的著作多是以博物馆的历史、功能及技术等方面的研究来命名。

与其他学科相似，博物馆学最初也是对特定研究对象的记录。随着时间的推移，这些记录逐渐深入，博物馆学也逐步发展、成熟，最终壮大。至1926年，英国的莱特斯大学正式将博物馆教育纳入高等教育体系，这标志着博物馆学在世界范围内成为一门正式的高等教育学科。

任何学科的确立都离不开相关知识的积累和完善。博物馆学的发展历程亦不例外，从最初少数人的实践活动研究，到多人参与，再到如今培养更多专业人才进行研究。相较于其他社会科学学科，博物馆学的实践性更强，经验型应用理论也更为丰富，如文物管理、陈列规划等。随着博物馆事业的蓬勃发展，博物馆的基础理论，包括其定位、功能及社会影响等知识体系，也在不断丰富和完善。

（二）全球化背景下的博物馆学理论体系

第一，国际博物馆协会于1946年在法国创建，总部设在巴黎的联合国教科文组

织，如今早已成为促进博物馆向全球化发展的一个机构，数次组织召开以发展博物馆事业、各时期博物馆学面临的首要问题等为讨论中心的各类大会及专业委员会。国际博物馆协会宗旨如下：首先，要创建博物馆，支持博物馆研究所的工作，帮助保护及发展博物馆专业；其次，各国的国家博物馆及博物馆的专业人员间建立联系，互相协作；最后，大力宣传博物馆及博物馆学，提高民众对博物馆的认识及增加其社会知识的普及。

第二，生态博物馆的诞生及"新博物馆学"运动。社会不断向现代化发展，博物馆的工作也正在向专业与职业化的方向迈进，博物馆如何体现其社会价值也成为博物馆学的发展重点，因此，标志着"新博物馆学"创新的运动逐渐形成。博物馆学的新旧观点差异如下：博物馆学的传统观念以"物"为本，重视方法和技术，理论以文物的管理、收藏、陈列和历史价值等为基础；而博物馆学的新型观念是以"人"为本，重视目的及理论，提出博物馆要服务于社会发展，在了解方法和技术的基础上，还要结合相关政治、社会及教育等学科。博物馆学传统思想提倡精英主义，以专家对学术的研究为发展的主要策略；而博物馆学新型思想提倡大众主义，从群众需求出发，结合专家的参与等。20世纪六七十年代开始，人类越来越关注自身的生存环境，所以第一所生态博物馆在法国诞生。这是一种不同于传统模式的新形式博物馆，是由当地政府及居民共同筹划、创建及运作的公共设施。如今全球已建立300多座生态博物馆，其中以欧洲、北美及拉丁美洲居多。

第三，博物馆学的世界研究。20世纪90年代，全球范围的博物馆理论密切结合社会实际需求，从基础理论研究转化为实践课题研究。博物馆的展示内容也努力迎合现代科技，在互联网领域建立数字化博物馆，力求将博物馆资源尽量全面地展现给世界，博物馆同时还要注重体现本土文化、倡导保护非物质文化遗产的理念，所以其本身正担负着全球及本土多元化文化宣传的重任；博物馆学也同样如此，不仅要吸取国外博物馆学家的学术研究成果，使学术概念统一、规范，更要不断研究适用于我国博物馆的理论命题及实践方法，目前我国的博物馆学发展前景就是以此文化为背景来开展的。

二、我国博物馆学理论体系的形成及发展

目前我国的博物馆和博物馆学都是借鉴国际上的已有经验，其理论体系也经历了形成、发展和完善等阶段，具体分析如下：

（一）我国博物馆学理论体系的初步形成（1900—1948）

我国的博物馆学是一门新生的学科，是引进西方博物馆的发展现象后的产物，此学科的理论体系仍在逐步建立形成中。我国悠久的社会历史及丰富的古物典藏成

为中国博物馆在初期发展中的完整理论基础。

第一，我国将博物馆资源纳入国家的教育体系，其在教育方面的重要作用引起了人们的重视，在教育方面的意义也得到了集中体现。我国的博物馆协会在1935年成立，创办伊始，就曾提出过一些学术概念，诸如博物馆学、博物馆学科和博物馆学教育等，突显其学科意识的同时，也证实了国际博物馆协会的管理及发展方向已成为我国博物馆学的研究典范。20世纪三四十年代，关于研究博物馆学的基础理论，引用了西方博物馆将文物公藏公用的观念，提倡将被秘藏的文物置于公共博物馆进行公开展示，代替将文物隐匿于公众视野的做法，达到教化公众的目的。与此同时，在研究博物馆的功能及对其进行定位时，我们让博物馆成为打开人民智慧的一种方式，以此来彰显其不同的教育功能。

第二，陆续发表的各种专业著作，推动了我国博物馆学的学科不断发展。如出版发行于20世纪30年代的《博物馆学通论》《征集品之修复与保存》《博物馆学概论》及《地方博物馆实施法》等，出版发行于20世纪40年代的《博物馆陈列品说明书》《博物馆》及《博物馆学大纲》等。这些著作多取材于欧美博物馆的经验，并成为我国博物馆在实践中的借鉴来源。

第三，我国博物馆学科初步的专业教育建立。博物馆学的逐渐发展，促进了博物馆学者们开始研究如何建立该学科，并以此为切入点，利用博物馆的学术研究，由各大院校配备博物馆学科的课程结构，设立被认可的博物馆学的教学理论体系，搭建完善的知识框架结构，让博物馆学逐步成为一门完善的独立学科。我国博物馆协会在1936年开办的第一届年会上，曾重点讨论过在博物馆设置工作人员训练所，用以专门针对博物馆培养专业人才，并在大学增设博物馆学相关专业等议题。但此议题因1937年的战事被迫搁置。我国国立社会教育学院在1941年正式增设新系别——图书馆博物馆学系，开设了博物馆学的有关课程。北京大学历史学系在1948年设立博物馆学专业，学制两年，教授博物馆学相关课程。

（二）我国博物馆学理论体系的初步发展（1949—1977）

随着中华人民共和国的成立，中国博物馆学在经历了初步形成期后开始全面借鉴苏联，并由理论至方法地加以本土化改进。国家文物局在1950年1月编辑出版《文物参考资料》，在该杂志中陆续刊登各类苏联博物馆学理论。随后，我国和苏联不断互派代表团及留学生开展博物馆学理论及实践的互通互享，这进一步推动了我国博物馆学理论体系的初步发展。

首先，苏联博物馆学理论体系成为主流。在此阶段，我国博物馆学的相关理论及实践研究由初始的借鉴欧美转移至参照苏联。我国博物馆学研究的学科体系、理论框架几乎全面照搬苏联。然而现实情况是,中国博物馆学全面学习苏联的过程中有着难以超越的局限性,主要是因为博物馆学属于一种兼顾应用性与学术性的学科,它摄取了多个学科如基础科学、应用科学、自然科学及社会科学等的不同内容,随后明确了我国博物馆的性质、任务、相关学科的理论与实践等问题。在此阶段,我国不断翻译并出版苏联优秀的博物馆学著作与文献,典型的有《苏联博物馆学基础》《博物馆陈列的组织与技术》《博物馆的保管与修复》和《博物馆藏品的管理》等,引进苏联博物馆学的具体理论与研究方法,系统地推动了我国博物馆学的发展。

其次,我国博物馆学开始重视专业教育建设,博物馆学专业教育开始逐步深入。文化部借助几个流程促进了博物馆学的健康发展。其一,以苏联博物馆学作为前提指导,文化部细划文化馆、站与博物馆的具体工作内容,厘清两类机构,以规避职能重合,使其分工得以明晰。其二,突出博物馆的"科学研究"。我国先组建博物馆业务学习委员会,以确保相关从业者可有效提升业务水平,同时将《文物参考资料》发展成为专门研究博物馆学的杂志。其三,各地高校开始设置与博物馆学相关的专业。1951年,教育部率先在西南师范学院设置图博科,并于当年招收学生;1960年,南开大学也设置博物馆学专业,这对推进我国博物馆学步入高等教育积累了一定的经验。

最后,强化各地地志博物馆的研究。我国地志博物馆同样借鉴苏联相关经验,由国家或地方举办,主要目的是收藏与各区域文化相关的自然标本、特色文物等资料,借助陈列展览向公众全面展示区域化的自然、历史等内容。

综上可知,我国博物馆学在初步发展阶段,其理论体系均停留在借鉴与总结经验这一层面,并未结合我国博物馆学发展现实上升到理论建设的顶层高度,这对其体系发展产生不利影响,直至改革开放后,博物馆学理论体系发展才焕发出新的生机。

(三)我国博物馆学理论体系的持续完善(1978年至今)

我国进入改革开放的新时期后,博物馆事业随之取得跨越式发展,博物馆学理论研究及体系完善也步入全新阶段。在此阶段,博物馆学的理论探讨及专业建设步入良性发展期,主要的成就如下。

1.中国博物馆学理论体系的完善

中国博物馆学理论体系主要由三大分支构成,分别是普通博物馆学、应用博物馆学和专门博物馆学。这三大分支在内部结构和理论内容上各有特色,它们既相互独立,又相互关联,共同构成了完整的博物馆学体系。

首先,普通博物馆学作为整个体系的基础,主要聚焦于博物馆的本质特征、基本属性等方面。它深入探讨了博物馆与政治、社会、经济之间的内在联系,并致力于揭示博物馆社会功能的演变机理、运营机制以及影响规律。这一分支的研究不仅为博物馆的发展提供了理论支撑，也为其他分支的研究奠定了基础。

其次，应用博物馆学则更加注重博物馆实践活动的具体操作。它涵盖了藏品管理学、陈列学、博物馆教育学、博物馆管理学以及博物馆建筑学等多个领域。例如，藏品管理学研究如何对博物馆的文物进行收集、鉴定、分类、管理和修复；陈列学则关注如何组织策划出引人入胜的陈列展览活动；博物馆教育学则致力于探索如何更好地服务大众、教育大众；而博物馆管理学和博物馆建筑学则分别研究博物馆的组织运作和建筑设计等方面。这些分支的研究为博物馆的日常工作提供了具体的指导。

最后，专门博物馆学则是针对某一特定领域的博物馆进行的研究。它利用普通博物馆学的理论和工作方法，针对民族、遗址、私立、社区、数字等不同类型的博物馆进行深入研究。此外，还包括纪念馆学、自然科学类博物馆学、县级博物馆学以及新型的城市和高校博物馆学等。随着社会的不断进步和学科研究的深入，专门博物馆学还将不断衍生出新的分支领域。

综上所述，中国博物馆学理论体系三大分支各具特色，又相互依存，共同推动着博物馆事业的繁荣发展。

2. 中国博物馆学理论体系的发展趋势

我国博物馆学正在迈向一个更为全面、系统的理论体系。随着社会的飞速进步和时代的不断更迭，博物馆事业蓬勃发展，其理念、职能、技术和类型都在不断创新，这使得博物馆学的理论体系也日趋完善。

首先，博物馆学正经历着从传统到现代的深刻转变。这种转变不仅体现在内容的丰富和深化，更在于其体系结构的日益精细化。随着学科内容的不断增加，理论复杂性也在提升，同时与其他学科的交叉融合也日益增多。因此，现代博物馆学需要及时对理论体系进行梳理，明确各个分支领域的界限和联系，确保学术方向的正确性，从而构建一个更加规范、完善的学科体系，实现其从传统到现代的华丽转身。

其次，我国正在积极构建既具中国特色又与国际接轨的博物馆学理论体系。这一目标的实现需要两方面的努力：一方面，要与全球博物馆学保持紧密的联系，吸收和借鉴国际先进理论；另一方面，要充分发挥我国的独特优势，形成具有中国特色的博物馆学理论。这两者的结合将推动我国博物馆学理论体系的发展，这既符合国际潮流，又体现中国特色。同时，通过不断吸收国外先进理论，并结合我国实际情况，形成适合自身的理论体系，为博物馆事业的健康发展提供有力指导。

此外，博物馆学与非物质文化遗产保护的融合也是当前的重要趋势。在联合国教科文组织等机构的推动下，非物质文化遗产保护已成为国际社会的共识。我国也在这方面取得了显著进展。将博物馆学与非遗保护相结合，不仅拓展了博物馆学的研究领域，也为非遗保护提供了新的思路和方法。通过博物馆学的理论指导和实践经验，非遗保护可以更加科学、系统地进行，实现保护性生产和版权的快速转化。同时，借助非遗的文化精髓，丰富博物馆学的内容，提升其文化性和知识性，促进博物馆学研究的健康发展。

博物馆学与非遗的融合对于提升博物馆学的研究范围和加强非遗保护具有重要意义。博物馆学可以利用其在理论、实践和技术方面的优势，为非遗保护提供科学知识和先进技术。同时，通过博物馆学的视角，深入挖掘和展示非遗的文化理念、历史价值和人文精神，使其焕发新的生机和活力。此外，博物馆学还可以为非遗保护提供创新性的思路和方法，推动非遗保护工作的有序进行。

近年来，我国新博物馆学、生态博物馆和社区博物馆等实践活动的不断发展，正是博物馆学与非遗融合的最好见证。这些实践活动不仅展示了博物馆学在非遗保护中的积极作用，也为博物馆学理论体系的完善提供了宝贵的经验和启示。

综上所述，我国博物馆学正在形成更为完整、广泛的理论体系，与非物质文化遗产保护的融合也为其发展注入了新的活力。未来，随着社会的不断进步和博物馆事业的持续发展，博物馆学理论体系将更加完善，为我国文化遗产保护和传承做出更大贡献。

第二节 对文博事业实现跨越式发展的思考

一、新时期文博事业实现跨越式发展的重要性

（一）奠定良好的社会文化基础

随着社会经济的迅猛发展和人们生活水平的显著提高，人们对社会文化的追求和渴望也日益增强。经济的快速增长不仅带来了物质生活的丰富，同时也促进了文化的繁荣。在这个时代背景下，文物的种类逐渐增多，它们承载着历史的印记，见证着文明的演变。为了满足公众对文化的需求，博物馆的数量不断增加，博物馆日益成为城市文化地标的重要组成部分。

目前，我国已经拥有近3000座博物馆，这些博物馆的规模和水平各不相同，但都在为传承和弘扬中华文化发挥着重要作用。其中，一些博物馆在软件和硬件水平上已经接近甚至超过了国际先进的博物馆，这不仅体现了我国文化事业的蓬勃发展，也展示了我国在国际文化交流中的自信和实力。

博物馆信息是一种宝贵的信息资料，它们通过展览、展示等形式，向参观者传递着丰富的历史文化知识。这些信息不仅能够帮助人们更好地了解过去，认识现在，

更能激发人们的创新精神，推动新信息的诞生。这种周而复始的良性循环，不仅提高了博物馆资源的利用率，也为国家的社会、经济进步提供了强大的动力。

博物馆的作用和目的不仅仅是保存和展示文物，更是要通过传播文化信息，促进人们的思想交流和精神文明建设。在这个信息爆炸的时代，博物馆应该充分利用现代科技手段，创新展示方式，让更多人能够接触到博物馆的信息资源，感受到中华文化的博大精深。同时，博物馆还应该积极开展文化交流活动，加强与国际社会的合作，推动中华文化的传播和交流，为构建人类命运共同体贡献力量。

（二）强化社会文化繁荣的载体

新时期博物馆必须建立起文化资源的共享平台，市、县、乡镇、企业、学校甚至个人，都可以建立各方面的博物馆。并不是只有文物部门才能够建立博物馆。博物馆是人们参观、旅游、休闲的地方。我们必须全面更新陈旧的观念，扩大博物馆的实际作用和涉及的范围，这样才能让博物馆在日新月异的社会变化中，成为国家人民生活中的重要文化生活平台。

（三）丰富社会文化的发展历史

博物馆作为连接过去与现在的桥梁，不仅将漫长的社会文化发展历程紧密地串联起来，更是将社会文化生动具象化。它并非空洞地陈述历史，而是通过珍贵的物品，将遥远的历史拉近到人们的眼前，让人们能够亲身感受到社会文化的深厚底蕴和无穷魅力。

这些珍贵的物品，无论是古老的生产工具、狩猎器具，还是日常的生活用品，都是历史的见证者，它们静静地诉说着过去的故事，再现了一个民族的社会文化发展脉络。当人们在博物馆中观赏这些物品时，人们仿佛能够穿越时空，回到那些遥远的年代，与古人对话，感受他们的智慧和创造力。

书本上的知识固然重要，但博物馆却能将那些抽象的文化理论转化为具象化的物品，让人们在真实可感的体验中，更加深刻地体会到社会的变迁和文化的演进。在博物馆中，人们不仅可以看到不同时期、不同阶段的生产工具和生活用品，更可以通过这些物品的变化，洞察到社会发展的脉络和文化传承的力量。

因此，博物馆无疑是社会文化传播的重要场所。它承载着传承历史、弘扬文化的重任。加强博物馆建设，不仅是对历史的尊重和保护，更是对文化的传承和创新。通过博物馆，我们可以更好地了解过去、把握现在、展望未来，让文化的力量在不断地传承和创新中焕发出更加灿烂的光芒。因此，加强博物馆建设具有十分重要的社会意义，它不仅关乎一个民族的文化自信，更关乎整个社会的文明进步。

二、文博事业实现跨越式发展需要具备的意识

（一）培养形成机遇意识

21世纪，信息技术的发展给文博事业带来较大冲击的同时，也带来了一系列重要的发展机遇。如何抓住历史机遇，让文博事业得到跨越式的发展，是现阶段博物馆的首要任务。因此，博物馆工作者在工作过程中必须要具有一定的机遇意识。以中国体育博物馆为例，该博物馆就是抓住了北京亚运会的机遇建立的，它把握住有利的时机，将博物馆建设纳入省市建设规划中，这能够从根本上缩短博物馆和先进博物馆之间的差距，减少建设压力。

（二）增强提高精品意识

一个物质产品/精神产品受到消费者青睐，且品质较高，就可以称之为精品。博物馆以展示给国民文物、标本、陈列品为基础任务，因此，想要让文博事业得到飞速发展，就要从根本上提升精品意识。博物馆中的物品是反映博物馆性质和类型的重要存在，也是衡量博物馆质量高低的重要标志，因此，定期展开精品展览，为观众提供最好的精神食粮，是博物馆发展的关键。

（三）培养形成创新意识

创新是民族进步发展的重要内容。创新实践是永不停止的道路。人类历史发展就是一个不断创新的过程，而文博事业作为其中的重要组成部分，也需要展开创新实践，因此，我们将创新作为博物馆发展的关键内容，而文博工作者更要全面地培养形成创新意识。

而创新意识可以分为三种不同的模式，分别为观念创新、体制创新和工作创新，文博事业因此得到全面发展。不仅如此，博物馆的展示形式和展示手段也要进行创新，因此文博事业需要创新，需要"以人为本"，满足国家人民与日俱增的文化需求。

（四）增强提高市场意识

在综合调查国家博物馆的发展情况后，我们能够看出，文博事业是在政府和社会力量的共同作用下发展的，但是现阶段仍有一部分博物馆获得的经费较少，仅仅能维持人员工资和日常办公，无法再进行文物的征集、维护和举办展览等业务，文博事业发展陷入了困境。文博产业是文化产业的一部分，博物馆提供的文化产品必须要同时具有意识形态和商品形态两种属性。因此，在推动文博事业实现跨越式发展中，博物馆工作者也需要具有市场意识，这样才能够妥善处理经济效益和社会效益之间的关系，实现经济效益和社会效益的有效结合。

（五）培养形成人才意识

要推动文博事业实现跨越式发展，我们就必须要树立与时俱进的人才意识，深刻认识到人才资源作为第一资源的核心地位。在当前的全球经济竞争中，人才资源的竞争已成为决定胜负的关键因素。对于文博事业而言，人才资源是推动产业创新和发展、提升国家文化软实力的核心要素。

然而，我们也必须清醒地看到，当前仍有一些博物馆面临着人才资源匮乏、人才结构不合理等问题。尤其是在博物馆专业领域，本科生等高素质人才的数量相对较少，这在一定程度上制约了文博事业的发展。

因此，博物馆要实现跨越式发展，就必须要强化人才意识，积极引进和培养复合型人才。这包括加强与高校、研究机构的合作，共同培养文博领域的专业人才；同时，也要采取有效措施，如完善人才激励机制、优化人才结构等，为文博事业的可持续发展提供有力的人才保障。

只有这样，我们才能真正推动文博事业实现跨越式发展，为国家的文化繁荣和综合国力的提升做出更大的贡献。

三、文博事业实现跨越式发展的对策

（一）传承文化的同时也要解放思想

由上可知，文博事业的主要功能是开发整理、保护利用国家丰富的文化遗产，继而为社会提供更好的服务，而其中的核心任务就是要将几千年来中国的历史文化进行传承。但是在传承、认识文化的基础上，我们还要解放思想，更新观念，形成创新意识，更好地服务于国家民族的文化素质建立和经济社会发展。因此，博物馆建设要树立人本观念、大众观念、互动观念。

比如，博物馆首先要改变物不见人、目无观众的状态，要积极地将博物馆内的藏品展示给观众，然后要扩大博物馆的固有功能，在重视藏品和研究开发的基础上，进一步丰富博物馆的功能，让博物馆成为大众学习、了解文化的场所。

比如，博物馆可以举办知识竞赛，将一些带有博物馆特色的周边产品作为奖品，奖励给参赛人员。此外，还可以在博物馆设置一些测量仪器和互动器械，并给观众提供服务。长此以往，观众就会对博物馆产生好感，博物馆就会获得大量观众，这样在无形之中让大众走进博物馆，也让文化得到了传播。

大众全面了解文化发展历程的同时，也为博物馆带来了一定的经济效益，进而让博物馆全面融入经济社会的发展格局中。

（二）以满足公众的需求为核心思想

博物馆是服务于人民大众的场所。博物馆建立的最初目的就是要和人民共享民族文化瑰宝，因此，在尊重历史、传承历史、转变观念的同时，我们还要完善博物馆的功能，满足现代社会人民的需求，真正地服务社会。我们要贴近群众的实际生活，将专业性、学术性的知识融入具有趣味性、观赏性的活动中。首先，博物馆的服务要多元化，比如博物馆可以定期推出主题较为鲜明的临时展览，并且以现代化的服务手段组织文化普及活动，满足群众的需求。其次，博物馆的服务要有趣味性，比如，博物馆可以将文物藏品和历史故事相结合，利用现代科技将一些高深的专业知识普及化、生动化。此外，博物馆的服务要人性化，我们要全面贯彻"以人为本"的服务理念，提升服务水平，比如，博物馆可以结合咖啡馆、收藏品展览馆、书店等形式为观众提供更多的服务，满足观众的需求。

最后，博物馆的服务要互动化。我们要将其从传统的单向关系中脱离出来，创造条件，将其转变成双向互动的关系。比如，博物馆可以提供智能导游和人工导游，让人们更能融入参观活动中，为人们营造出亲切随和的参观氛围。通过这种方式，人们可以更加全面地了解展品中的信息。

（三）多渠道吸纳博物馆的发展资金

近年来，国家出现了一些免费开放的革命历史类博物馆，这虽然在一定程度上提升了博物馆的人气，获得了一定的社会效益，但是博物馆的经济收入相对减少，经济效益明显下降。在博物馆的发展过程中，管理运营的成本远高于国家财政补助的金额。在这样的情况下，它需要博物馆工作者从多个渠道筹集发展资金。第一，博物馆可以与企业和地方特色店面联合，比如在火车站、飞机场附近的旅店、饭店等人流量较大的地方，树立博物馆立牌，吸引外地游客，或者挖掘博物馆现有藏品的内涵，开发纪念品、工艺品。以故宫博物院为例，将文物与现代电商技术相结合，在淘宝网上开设故宫博物院的店铺，售卖具有博物馆特色的周边产品，在商品营销中获得大量收益，全面地开发博物馆藏品价值。

（四）利用资源提高博物馆的社会地位

新时期，国家大多数城市都拥有博物馆，但是博物馆之间的资源分配并不是最优结构。比如，中国国家博物馆和上海博物馆，虽然藏品较多，但藏品类型存在一定的局限性，因此必须要整合民间和社会上的各种资源，这样才能达到发挥博物馆社会文化宣传作用的根本目的。

藏品资源是博物馆生存发展的根本，如果藏品的丰富度较差，那么就无法满足举办展览的需求。因此，我们要想让文博事业得到全面发展，就必须要对博物馆资源进行优化，也就是通过挖掘资源、整合资源，激活闲置资源，最终将整合后的资源放入展厅，让其和大众见面，以此扩大展览量。

（五）加强博物馆内文物资源的保护

由上可知，文物资源是博物馆发展的核心，因此在博物馆的发展过程中，我们一定要加强对文物资源的保护，在行政保护的同时，也要建立起规划保护。

比如，在博物馆文物保护的过程中，我们要通过法律对文物实施保护，同时针对文物本身的情况，制定科学合理的文物保护规划，对各级文物实施保护。此外，我们还要制定博物馆发展规划，在文物保护过程中打造出具有当地特色的文化品牌。以某地为例，当地政府将博物馆的发展规划纳入当地的经济发展规划中，并且制定出符合当地特色的文化遗产保护策略，通过行政手段，加强对文物资源的保护，从而推动当地文博事业实现跨越式发展。

（六）加快文博事业的数字信息建设

现代化社会下，数字信息技术已经深入国家各行各业中。利用信息技术对文物资源进行开发，能够从根本上提高博物馆的文物保护、利用、管理能力。比如数字博物馆，它和传统的现实博物馆不同，数字博物馆是在技术基础上对内容进行提高和升华。这种技术上的提升，有效提高了博物馆的工作效率，升华了工作内容。我们利用计算机和互联网，简化工作内容，借助手机、电脑等设备就能对博物馆进行管理。此外，虚拟现实技术也是推动博物馆发展的关键性技术。利用这种技术，展示博物馆中的藏品，能为观众营造出一种身临其境的感觉，让观众能够更加真切地感受博物馆的氛围。

（七）加速文博事业的改革创新发展

虽然近年来，国家开始重视文博事业，采取了一系列措施，有效推动了文博事业发展，但是总体上看，文博事业水平还十分落后，不符合现代化需求，也不能满足人们日益增长的文化需求。和国家的经济文化相比，文博事业的发展也十分缓慢，因此，文博事业想要实现跨越式的发展，就必须从体制上进行改革和创新，从基础设施建设到队伍建设，全面革新，在信息化、市场化的挑战下，全面发展文博事业。以吉林省为例，为了推动当地文博事业实现跨越式发展，国家文物局和吉林省政府签订了框架协议，加强国家和地方政府之间的协作，共同推动社会主义文化强国建设。

（八）加强文博事业的人才队伍建设

人才是社会、经济发展的关键性资源，文博事业也是如此。人才队伍建设是一项长期系统的过程。文博事业的队伍建设，必须要从两个方面入手，一方面要加大专业技术人员队伍建设，另一方面要加大管理干部队伍建设。比如，博物馆要全面分析队伍现状，根据文化结构、专业结构和年龄结构等具体内容，制定出科学合理的培训制度，对现有的内部职工加大培训力度，提高内部职工的专业水平，为博物馆培养优秀的文博人才。而高校、政府要加强对博物馆专业学生的培养，建立系统化专业技术人员培养机制，为文博事业发展提供综合型人才。只有拥有了人才，文博事业才能采取有效措施取得跨越式发展的成功。

综上所述，博物馆是国家文化的载体，也是一个国家历史文化中不可或缺的部分，在国家文化发展的过程中发挥着独特的作用。因此，我们要在博物馆的发展过程中，将文博事业和旅游业、文化产业等相结合，改变传统的观念，从基础设施入手，提升对文博事业的重视程度，从而更好地满足现代社会中人民的精神文化需求，推动社会经济发展的同时，也推动社会文化发展。

第三节 智慧文博建设的现状、发展趋势与应用

我国是四大文明古国之一，五千年的历史和广袤的土地让我们拥有了众多的文物古迹。博物馆作为典藏、保护、研究、展示、宣传历史文物的重要场所，它对凝结历史精华、传承与发扬优良传统发挥着重要作用。

"智慧文博"是最近几年出现在大众视野中的新概念。纵观整个文博行业，目前博物馆中很多系统管理和维护还需要手动操作，文化信息的传播面也不够大，速度也有限。另外，由于目前相关技术的迭代速度非常快，因此，博物馆的新型软件和硬件很多还没用多久就由于技术的更新迭代而被淘汰，从而导致资源浪费。

一、智慧文博建设过程中存在的问题

（一）引导不到位

随着"智慧文博"这一创新理念在全国范围内的广泛传播，它对于推动博物馆行业转型升级、提升公众文化体验的重要性日益凸显。然而，当前政府在推进智慧文博建设的过程中，却面临着多重挑战。

一方面，政府在文博行业的人力资源配置上显得捉襟见肘。尽管智慧文博的概念已经深入人心，但政府在专业人才的培养和引进方面却未能及时跟上，这导致文博行业的人才缺口日益扩大。这不仅限制了智慧文博理念的深入实施，也影响了博物馆在内容创新、服务提升等方面的步伐。

同时，政府在调动公众参与智慧文博建设的积极性上也存在不足。博物馆作为

公共文化服务的重要场所，其发展和提升需要广大公众的参与和支持。然而，目前政府在激发公众参与热情、构建共建共享的文化氛围方面所做的努力还不够，从而导致公众对智慧文博建设的认知度和参与度不高。

另一方面，博物馆作为非营利性机构，其资金来源主要依赖于政府拨款和社会捐赠。然而，由于政府对博物馆的投入有限，且社会捐赠渠道不畅、捐赠意愿不强等原因，导致博物馆在资金上面临巨大压力。这使得智慧文博的建设缺乏必要的资金支持，从而严重影响了其推进速度和实施效果。

综上所述，政府在推进智慧文博建设的过程中，需要在人力资源配置、激发公众参与热情以及资金保障等方面采取更加积极的措施，以确保智慧文博理念能够得到有效实施，推动博物馆行业的持续健康发展。

（二）部分地区建设不足

博物馆作为非营利性机构，其日常运营资金主要依赖于政府的财政支持。然而，因近两年疫情的持续影响，全球经济形势变得愈发严峻，政府的财政压力也随之增大，导致博物馆所能获得的经济支持大幅减少，这无疑给智慧文博建设带来了巨大的挑战。

在这种背景下，博物馆面临着资金短缺的困境，无法满足智慧文博建设所需的各项投入。特别是在购买信息化设备方面，由于资金有限，博物馆往往只能选择性地购买部分设备，而无法实现全面的信息化升级。这不仅影响了博物馆的运营效率和服务质量，也制约了智慧文博理念的深入实施。

此外，由于传统建设思维的束缚，许多博物馆在采购信息化设备时，往往将大部分资金用于硬件部分，而忽略了软件的建设。这种重硬件轻软件的做法，不仅使得信息化设备的效能无法得到充分发挥，也增加了后期维护和升级的成本。长此以往，将严重阻碍智慧文博行业的健康发展。

因此，面对当前的困境和挑战，博物馆需要转变思路，积极寻求多元化的资金来源，如与企业、社会组织等合作，共同推进智慧文博建设。同时，政府也应加大对博物馆的财政支持力度，并引导社会资本参与博物馆的运营和发展。只有这样，才能确保智慧文博行业在未来能够持续、健康地发展。

（三）人员素质不高

在智慧文博领域，我国的引入和建设时间相较于国外发达国家确实较晚，因此，在相关经验和技术积累上存在一定的差距。然而，随着国家经济的持续发展和信息化水平的不断提升，先进技术与博物馆的融合程度正在逐步加深，二者之间的联系也愈加紧密。

在这种背景下，对掌握相关技术的专业人才的需求也日益增长。然而，目前博物馆中的技术人员多为临时聘用，他们可能对历史文物和博物馆的专业知识了解不足，这在一定程度上制约了智慧文博建设的深入发展。

为了弥补这一短板，博物馆需要加强对技术人员的专业培训，提升他们对历史文物和博物馆专业知识的了解。同时，也可以考虑与高校和研究机构建立合作关系，共同培养既懂技术又了解博物馆业务的复合型人才。

展望未来，随着先进技术与博物馆融合的进一步深化，我们将能见证更多创新应用场景的涌现，为公众带来更加丰富和深入的文化体验。同时，通过不断加强人才培养和技术创新，我们有信心逐步缩小与国外发达国家的差距，推动智慧文博事业实现跨越式发展。

（四）公众参与度不足，导致体验不佳

随着先进技术与博物馆日益融合，智慧文博的概念逐渐深入人心，也吸引了越来越多的游客前来参观博物馆。特别是在节假日期间，博物馆往往会迎来客流高峰，这不仅给博物馆的正常运行带来了一定的压力，也对附近的交通状况造成了一定的影响。由于博物馆是公益性组织，不设置门票限制，从而导致游客的素质参差不齐。

在这种情况下，一些游客对馆内的展品表现出不够尊重的态度，随意触碰、拍照甚至损坏展品，这不仅给文化保护带来不必要的麻烦，也影响了其他游客的参观体验。同时，游客在参观过程中乱扔垃圾、乱抛杂物的现象也时有发生，这不仅破坏了博物馆整洁卫生的环境，也给博物馆的日常管理带来了挑战。

为了应对这些问题，博物馆需要采取一系列措施。首先，可以通过加强宣传教育，提高游客对文物保护和公共卫生重要性的认识。其次，可以制定更加严格的参观规定，规范游客的行为，如设置禁止触摸展品的标识、限制拍照区域等。同时，博物馆也可以增加安保人员和管理人员，加强对游客的引导和监督，确保博物馆的正常运行和文化保护工作的顺利进行。

此外，博物馆还可以通过引入先进技术，如智能监控、人脸识别等，提高管理效率和游客服务质量。例如，可以利用智能监控设备对展厅进行实时监控，及时发现并处理游客的不当行为；通过人脸识别技术，为游客提供更加个性化的服务，提升游客的参观体验。

总之，随着智慧文博建设的不断推进，博物馆工作人员需要积极应对游客增多带来的挑战，通过加强管理和技术创新，为游客提供更加优质、安全的参观环境。

二、在政策的支持下，智慧文博的发展趋势

国家历来都重视历史文物的保护工作，政策的支持为博物馆的发展提供了有力保障。2017年7月，国家文物局发布《关于进一步推动非国有博物馆发展的意见》，为非国有博物馆的发展提供了保障；2018年发布的《关于实施革命文物保护利用工程（2018—2022年）》和《关于加强文物保护利用改革的若干意见》为全面加强新时代文物保护提供了纲领性的指导；2021年8月，陕西省文物局印发《陕西省"十四五"文物事业发展规划》并提出：到2025年，陕西文化强省建设将会取得重要进展，陕西省的文化影响力将得到加强，进而实现全省文博工作的全方位高质量发展。2021年10月，《湖北省文物事业发展"十四五"规划》针对构建文物安全防护系统、加强全省考古科研创新以及加大文物的保护力度、推动文博工作的高质量发展等方面做出详细规划部署；2021年10月，《江苏省"十四五"文物事业发展规划》正式印发，明确"保护为主，抢救第一，合理利用，加强管理"的工作方针，推动江苏由文物资源大省向文物保护利用强省迈进等。在一系列政策的支持下，以博物馆为主导的各类全民文化活动日渐丰富，文博行业也将迎来新的发展机遇。

（一）供给与需求双向提升，共同加速文博行业爆发拐点

展望我国博物馆产业未来的发展动向，将是供给方和需求方双向发展提升的趋势，行业发展的拐点有望在此背景下到来。一方面在供给方，近年来我国博物馆产业扩大容量、提升质量的速度在加快，特别是数字化建设与博物馆逐渐融合，在"战略高度、底层技术、平台中心和落地保障"等方面都有相关布局。另一方面在需求方，随着经济的不断发展、国风文化的兴起，教育改革、产业创新等方面从整体上提高了大众在文博方面的消费意愿。

（二）发展复合型博物馆业态，打造新型城市第三空间

随着大众对文化博物馆认知及接受度的不断提高，以及围绕博物馆所延展的消费方式的供给方的增多，未来的博物馆将朝着复合型博物馆的方向发展。我们在博物馆内不仅能够进行文物展览、教育、研究等核心项目，还可以在博物馆里购买相关文创产品、欣赏文化影视作品、进行多媒体互动、体验相关的文化活动等，让游客真正地感受到博物馆历史文化的魅力、享受新型的文化空间。

（三）构建IP符号，打造特征鲜明的差异化文博IP

有价值的文化IP可以超越其中的内容和产品，独立成为一种"价值符号"，从而占领用户心智，这代表一种情绪、文化、影响甚至是别人对你的态度，而这种"价值符号"通常需要通过有特色的内容和产品，来形成对用户的"共情力"，来吸引

和说服用户。但目前，文博的这种 IP 符号还处于早期阶段，更多地停留在"产品化"阶段，未来还需要从人群、场景、内容等各个方面来形成差异化，打造一个有自己特色的智慧博物馆。

（四）整合行业资源，统一 IP 出口，打造产业平台

当前，我国博物馆属于非营利性的公益组织。我们想要建立具有差异化的 IP 符号，还需要更多的资金支持以及足够的人员储备。近年来，商业化企业发挥自身优势，参与文博行业建设，从各个方面探索文博商业化道路，给智慧博物馆的建设带来了机遇。在抓住机会的同时进行架构式的统筹规划，梳理出标准化的建设流程，充分利用产业上下游资源，从而形成统一的 IP 出口，打造产业平台。

三、信息化技术在智慧文博建设中的应用

随着市场经济的不断深入，在数字科技进步的因素推动下，文博的展示愈加多元化。新科技与文博智慧结合也正改变着文博行业。传统的文物展示已不足以让博物馆吸引更多的流量，同时，博物馆内所收藏和保护的都是具有不可再生特性的文物，其历史文化价值不可估量，所以博物馆文物的安全保护工作也显得尤为重要，建立一个集展览与安防于一体的智慧博物馆渐成大势。

对于博物馆的日常安防，随着物联网、多地图集成模型渲染、人脸识别等技术的不断发展，我们可将传统的二维作战地图升级为三维时空地图，这大大提升了系统可视化和业务应用体验。通过在三维地图中叠加视频监控、人脸卡口、车辆卡口、警力资源等安保资源，我们可以以图层的方式感知数据地图，同时以三维地图作为数据地图，将不同位置、碎片化分镜头的视频监控融合叠加到三维地图上，实现馆内、馆外整体情况的全景态势，解决视频监控视角独立太分散、位置单一有盲区的问题，从而实现全馆态势一图统揽和综合利用。通过在平台上叠加人脸识别、人流量、人群密度等感知数据，现场管理人员可以以上帝视角查看馆内外的人、地、事、物。通过对接视频监控的智能分析算法，当馆内外重点区域发生预警时，我们可以通过系统，快速定位查询预警事件发生的位置，并将周围的视频进行轮询查看；可以利用系统的路网导航功能，在三维地图上绘制出周围警力资源到达该位置最近的行进路线；并联合警力资源，利用融合通信手段将现场画面实时回传到指挥中心以进行现场指挥，从而做到指挥业务的闭环。这样一来，我们就可以实现对全馆场景的资源关联、综合调度和宏观指挥，从而不断提升安全防范管理工作全局把握的实时性、指挥决策的精准性和应急处置的高效性。

对于博物馆的日常运营，5G 和 XR 数字孪生技术将发挥重大作用。5G 作为新基建"领头羊"，目前预计投资将达万亿，2020 年开始全球大规模商用，工信部强

调重点加快独立组网 SA 建设、提升 MEC 边缘计算能力，这都将带来社会与经济的重大变革。XR 数字孪生技术则成为了继文本、语音、图像、视频等之后的全新信息媒介与交互方式，在 2020 年迎来全面爆发，成为连接现实和数字世界的基础设施。我们将二者融合到博物馆建设中，用全新虚实融合技术实现多元化展示，在任意远程环境中"再现"博物馆陈列；体验者可自由穿梭其中，真正践行"让文物活起来、让文化走出去"的理念。利用"5G+XR"数字孪生技术，我们可对任意主题的博物馆环境、博物馆展品进行数字孪生；体验者可通过使用 Pad、手机、眼镜，进入对应的 XR 数字孪生环境中，即可感知到虚拟的博物馆场景、虚拟的博物馆展品介绍等，犹如把真实的"博物馆展厅""博物馆展品"瞬间平移到身边，进行无限沉浸式体验。

二者与博物馆融合的功能例如：第一，XR 讲解员，体验者通过使用 Pad、手机、眼镜，进入对应的 XR 数字孪生环境中，当 XR 展厅出现后，XR 讲解员跟随浮现，形象为博物馆 IP 或主题吉祥物，XR 讲解员会为体验者启动欢迎仪式并介绍 XR 数字孪生展厅的体验方式；第二，XR 导览，体验者通过终端的 XR 激光射线选择 XR 展品即可看到该展品的介绍内容，包含图文、音视频、模型、动画等，同时可以走近 XR 展品进行多角度观看；第三，XR 评论／XR 涂鸦，体验者可以在 XR 展厅或者 XR 展品预设位置发布关于展厅和展品的 XR 评论，并对部分 XR 展品进行 XR 涂鸦，激发体验者对于展品和展厅主题背后的文化思考；第四，XR 数据分析，通过数据分析系统对体验者互动进行记录，建立数据库，精准描绘用户画像或展品画像，用于博物馆知识推送和 XR 展品优化。

智慧文博将是未来博物馆建设的趋势，这种全新的运行模式必然会引领我国文博行业的发展，这必将成为文博行业变革的一个重要里程碑。虽然我国智慧文博建设工作开展得较晚并缺乏相关的建设经验，但对于它的发展，许多业内人士都持乐观态度，相关人员正积极投身到其研究和开发工作当中。我国对于智慧文博的建设还有很长的道路要走，同时文博安全、文博宣传也不是一件简单的事，国家政府需针对性地倾斜资源、加大经费投入，这样才能保障博物馆文物安全、文化宣传；同时需要积极引进先进的信息化技术，使其与博物馆相融合；另外要加强人才建设和软硬件改造，牢牢抓住智慧文博的核心要素，不断推动文博行业朝智慧文博的方向前进。

第四节 新时期文博事业的创新发展

一、新时期文博事业创新发展的必要性

首先，随着社会的快速发展和科技的日新月异，人们对文化的需求也在不断提升。传统的文博事业模式已经不能完全满足公众的需求，因此，创新发展文博事业是顺应时代需求、满足民众日益增长的文化需求的重要举措。

其次，文博事业承载着传承和弘扬中华优秀传统文化的重任。通过创新发展，我们可以更好地挖掘、整理、展示和传播文化遗产，增强民族认同感和文化自信心。

再者，文博事业也是推动文化产业发展的重要力量。通过跨界合作、资源整合等方式，我们可以促进文化产业与其他产业的融合发展，形成文化产业链，推动文化产业的整体繁荣。

此外，创新发展文博事业还可以提升服务品质，加强人才培养，提高从业人员的业务水平和服务意识，为民众提供更加便捷高效的服务方式，满足民众的文化需求。

最后，新时期文博事业的创新发展也是构建和谐社会的重要支撑力量。通过积极创新和改革发展模式，我们可以拉近文博事业与民众之间的距离，提升社会文明程度，为构建和谐社会做出更大的贡献。

综上所述，新时期文博事业创新发展的必要性体现在满足民众需求、传承文化、推动产业发展、提升服务品质以及构建和谐社会等多个方面。因此，我们应该集中力量促进文博事业的创新发展，为我国文化事业的繁荣和发展作出更大的贡献。

二、当前文博事业发展过程中存在的问题

随着信息化时代的迅猛发展，信息技术在社会各个领域都得到了广泛应用。而博物馆在建设发展过程中，也紧跟时代发展步伐，朝着现代化、信息化方向迈进。博物馆通过运用信息化技术手段，不仅可以使日常管理工作的效率和质量得到显著提高，还可以为社会大众提供更为优质的文化服务。然而，从目前的情况来看，部分博物馆在日常的运营发展过程中，对信息技术的运用较为抵触，并未将其充分运用在文博事业的改革发展上。还有些博物馆仍沿用传统方式，理念也过于保守，这就使得博物馆在品牌营销、文化宣传等方面受到限制，而且其竞争力、管理质量也因此受到严重影响，不能为受众创造良好的文化体验。另外，我国各地区文博事业发展存在着极大的差别。那些经济水平偏低的地区，文博事业发展得不是很好，其

主要表现在于馆内展品数量少，想要开办展览，陈列条件不允许，这就使得文博知识无法得到有效的宣传和推广，文博事业发展受限。而在文博事业发展过程中，除了要有足够的资金和大量展品作为支持外，还应有综合素质过硬的人才队伍作为强有力的支撑。而从实际情况来看，高素质人才的匮乏也是文博事业发展受限的一大问题。很多文博事业从业者在创新思维、信息素养等方面表现得不是很好，致使文博事业发展步伐缓慢。在文博事业的发展过程中，我们要想对文物采取科学合理的保护措施，还要有切实可行的、较为完善的法律法规来予以有效规范。然而，目前文物保护相关法律法规尚不健全，这对于文博事业的健康发展是不利的。

三、文博事业实现创新发展的相应对策

（一）加强对文物的保护

首先，加大宣传保护力度，是文博事业持续健康发展的关键所在。文物资源作为中华优秀传统文化的载体，具有极高的历史、艺术和科学价值。为了让这些珍贵的文物资源得到更好的传承和保护，我们必须进一步加大宣传保护力度。相关部门应针对不同受众群体，开展形式多样的文物保护宣传活动，如举办讲座、展览、文化节等，通过传统媒体与新媒体的融合，多渠道宣传文物保护知识，提高公众对文物保护的意识和参与度。同时，我们还应加强文物保护法律法规的宣传普及，让更多人了解文物保护的重要性，形成全社会共同参与文物保护的良好氛围。

其次，加快文物保护场馆建设步伐，是确保文物资源得到妥善保护的重要举措。场馆作为文物展示和保存的重要场所，其建设质量和环境对于文物的保护至关重要。因此，我们应加大投入力度，加强场馆建设规划和管理，确保场馆具备科学合理的文物保存和展示条件。在场馆建设中，我们还应注重文物的分类存放和环境保护，针对不同材质和制作工艺的文物，制定相应的保护措施，确保文物在展示过程中不受损害。此外，我们还应加强场馆的日常维护和保养工作，确保文物始终处于良好的保存状态。

最后，完善文物保护相关法律法规，是推进文博事业法治化建设的必然要求。法律是文物保护工作的有力保障，通过制定和完善相关法律法规，可以明确各方职责和义务，规范文物保护行为，提高文物保护工作的科学性和有效性。我们应针对当前文物保护工作中存在的问题和不足，及时修订和完善相关法律法规，明确文物保护的原则、目标、措施和责任，为文物保护工作提供坚实的法律保障。同时，我们还应加强执法力度，对违反文物保护法律法规的行为进行严厉打击，从而形成有效的震慑力，以确保文物保护工作落到实处。

综上所述，新时期文博事业创新发展的必要性体现在多个方面。通过加大宣传

保护力度、加快文物保护场馆建设步伐和完善文物保护相关法律法规等措施的实施，我们可以更好地推动文博事业的发展，为传承和弘扬中华优秀传统文化、推动文化产业发展和构建和谐社会做出更大的贡献。

（二）优化整合文博资源

首先，打破文博资源的界限感。博物馆要想举办展览活动，就要有充足的文物资源作为支撑；否则，相应的文化宣传活动就难以得到推进。换言之，从博物馆的生存发展角度来说，博物馆要想更好地开展日常工作，就需要有种类丰富且数量众多的展品作为支撑。有些地区的博物馆由于地域所限，藏品难以满足承办不同类型展览活动的需求，但是开办展览活动对于地区文化发展有着非常深远的意义，可以对社会大众起到一定的教化作用，满足他们的精神文化需求。面对此种情况，文博部门要积极发挥自身的职能作用，搞好建设和沟通工作，协助相关博物馆进行外部沟通和联系，将文物资源进行有效整合，从而使博物馆所承办的文物展览活动可以展出种类丰富的文物，以此将地方的深厚文化底蕴更好地展现出来。

其次，优化配置文博资源。博物馆的日常建设与文物展览活动的开展有着极大的关联性。如果博物馆缺少承办文物展览活动的能力，则会让人们对博物馆的建设发展产生一定的质疑。所以，博物馆应采取优势资源互补的方式来优化整合文博资源，以此承办大型的文物展览活动。而从实际情况来看，许多地方博物馆的馆藏资源仍显不足，需要与文博部门联合，对资源进行深度挖掘和整合。地方博物馆之间也可以联合布展，这样就能将优质的资源调配过来，开展文物展览活动，实现各馆藏资源的互补共享，进一步满足社会大众的需求，博物馆也能更加有效地宣传历史文化，弘扬民族精神，更好地担负起自身的职责。

再次，利用好复合型人才。博物馆的馆藏资源虽然具有收藏、展览等价值，可以为社会大众带来良好的审美体验，引导他们了解与文物相关的知识，但是文物能够呈现的信息有限。这就需要相关文物研究人员、高素质的复合型人才对文物进行深入解读，并以展览的方式将解读后的信息呈现出来，以使有需求的人通过参观主题展览活动，提高自身的文化素养和审美品位。所以，博物馆的文博资源要想实现优化整合，就要积极培养高素质人才，加强人才队伍建设。这样才能让文物展览活动内容更为丰富多样，让前来参观的人收获更大。

最后，深入挖掘和运用民间资源。地方的文化建设只依靠博物馆的文物展览和宣传活动是远远不够的，效果也并不显著。因此，文博部门要制定切实可行的方案，深入挖掘民间的优质资源，使地方的馆藏资源变得更加丰富，从而让人们通过广泛的藏品资源展览，对本地区的历史文化、民俗风情等有所了解。同时，文博部门还应积极发挥桥梁作用，协助博物馆与其他相关部门建立起合作关系，以此使博物馆在建设发展过程中，能够在财力、物力上获得充足的支持。这样一来，也能使社会资源和博物馆馆藏文物资源形成互补优势，进而使地方文化建设朝着更好的方向发展。

（三）加快信息化建设步伐

首先，树立文博信息化建设理念。文博事业要想实现更好的发展，就要改变传统理念，紧跟时代发展步伐，科学合理地运用科技手段，推动文博事业迈向全新的发展阶段。信息化技术使得各行各业在发展上都有了新的工作思路，所以，文博事业也应引进信息化技术，并以此为基础对文博事业的未来发展进行整体规划，通过建立科学化的管理体系和标准，加快文物资源的数字化建设进程，使文博事业实现全面化的改革创新。文博部门可以利用数字化技术来录入和保存文物资源信息，并借助新媒体渠道更好地宣传文物资源的文化内涵。

其次，对文物普查进行数据处理。以往文物普查工作人员通常是进行线下普查，对文物进行翻动，并将相关的数据记录下来，这会对文物的保存产生一定的影响。而随着信息技术的日益完善，这一问题得到了有效的解决。文博部门在开展文物普查工作时，可以利用信息化技术手段将文物的数据信息进行线上存储，相关专家就可以通过线上信息共享和传输对相关文物进行考察研究，并将普查数据进行转换，使文物普查数据的保存和分类实现数字化。这样不仅可以有效提升普查工作效率，还可以降低线下文物普查工作的失误概率。这些都是文博事业改革创新的重要表现形式。

最后，采取多样化的文物展览方式。随着信息技术的广泛应用，文博部门可以利用信息化管理方式对文物资源实施动态化监控，并且有效落实线上文物展览活动的开展，让人们能够在官方网站上浏览和观摩文物，进而对文博知识有更加深入的了解。线上文物展览活动还可以将那些不适宜公开展览的藏品更好地呈现出来，让对此感兴趣的人能够更清楚地了解相关文物，这样不仅丰富了展览形式，而且对地方文化建设也起到一定的宣传作用。博物馆还可以充分利用新媒体技术，例如通过VR技术、AI技术等将文物进行虚拟化处理，让人们可以近距离地观赏和触碰到珍贵文物，这种有创意的文物展览方式对于年轻群体来说，更具吸引力，也更能激发起他们了解相关文化的动力。

（四）打造一支高素质的人才队伍

首先，文博事业的快速发展迫切需要培养和引进一批高素质的专业技能人才。当前，文博领域面临着专业技能人才相对匮乏的困境，而文博工作的特殊性又要求从业人员具备较高的专业素养和技能水平。因此，文博部门应根据实际发展需求，制定明确的岗位条件和人才标准，积极引进具备文物鉴定、修复、保护等专业技能的人才，为文博事业的创新发展提供坚实的人才支撑。

其次，随着信息化技术在文博事业中的广泛应用，单一的专业技能人才已无法满足发展需求。因此，文博部门还应注重引进具备信息化技术、市场营销、品牌建设等多方面能力的复合型人才。这些人才能够熟练操作先进设备设施，提升工作效率，并通过多种途径推广地方文化建设。具体而言，他们可以负责开发和维护专业网站、运用新媒体技术等，为文博事业的信息化建设和品牌宣传贡献力量。

最后，加强管理人才队伍建设也是文博事业持续稳定发展的关键。优秀的行政管理人才能够提升整个团队的思想政治觉悟，推动各项工作规范化开展。因此，文博部门应重视行政管理人才的培养和引进，选拔具备良好心理素质、较强组织协调能力的人才加入管理队伍。这些人才可以推动文博事业向着科学化、规范化的方向发展，与高校合作开展课题研究，推广地区性文化品牌，实现文物资源的充分利用和地方文化建设的共同发展。

综上所述，高素质的专业技能人才、复合型人才以及优秀的管理人才是文博事业创新发展的关键因素。文博部门应高度重视人才培养和引进工作，为文博事业的持续发展提供有力的人才保障。

第二章 发挥博物馆的文化传承作用

第一节 传承与交流：博物馆视域下的民族文化展示

一、博物馆在民族文化传承与保护中的地位

中共中央办公厅、国务院办公厅在2017年印发的《关于实施中华优秀传统文化传承发展工程的意见》（以下简称《意见》）中明确要求，各区域各级政府部门务必重视弘扬传统文化所具有的优势，明确推动社会主义精神文明建设的重大意义。政府应积极投入优质社会资源，建立高效、优质的现代化传统文化传承体系。博物馆作为我国公共文化的主要传承机构，与社会、群众建立起文化交流桥梁，具有提升群众素养的教育意义，肩负着重大的公共宣传使命。从我国文化传承上看，全面、系统化是我国传统文化发展的核心特点，这要求各类型博物馆之间建立协同合作、优势互补的发展体系，这样能够使中华优秀传统文化具有更加鲜活的生命力。在博物馆管理、运营的过程中，我们要尽可能使馆内馆藏资源价值效用发挥到最大。管理人员要深入挖掘自身在科学研究、藏品保管、展览及社会公益活动和教育等方面的潜能。各博物馆要紧跟党中央发展政策，响应国家号召，构建强大的资源共享和互助平台，将传统文化传承功能发挥到最大化。

国家颁布相关规定进一步说明了，博物馆在优秀传统文化传承中的法定职责，例如：《中华人民共和国文物保护法》提道，各文物收藏单位要重视和发挥馆藏文物的积极作用，通过历史研究及文物展览等方式向群众传达中华优秀传统文化的深刻内涵，帮助群众解读其史学价值；《博物馆条例》中提道，博物馆在举办陈列展览活动的过程中，其展览主题及藏品类型应符合相关法律法规；在维护民族团结、国家安定的前提下，通过展览活动，为社会提供积极向上的文化传承氛围，增强群众文化认同感及民族文化自信，实现社会和谐、文明进步的发展目标。这要求各大博物馆开展展览工作，务必承担起传承中华民族文化的法定职责，充分发挥博物馆的教育功能。

二、博物馆在民族文化传承与保护中的作用

（一）文化内涵有利于促进文化传承

优秀的传统文化是民族精神凝聚的源泉，是中华民族高层次的价值追求。博物馆作为文化交流平台，是国家历史和文化传承的重要机构和载体。馆内的精品藏品和具有人文特色的历史文物承载着我国古代人民源远流长的精神文明和传统文化，是古代人民智慧的结晶，是历史发展的重要载体。若想让博物馆充分发挥文化传承作用，我们就务必要正视馆内藏品特性，合理开发利用，发挥其真正的使用价值。我们要通过博物馆研究传统文化，尽可能打破传统藏品研究方法的局限，拒绝朝代、类型的束缚，系统、全面地分析与藏品历史背景关联的文化、事件、人物等优质、新颖的研究内容，要求藏品探寻工作尽量深入，探寻新的文化特征。各区域博物馆应加强合作，建立灵活的文物查询平台，积极补充博物馆文物资源管理数据库，并提供更多有效的信息参考，梳理不同区域的文化特点，研究藏品是否具备共性，如果使部分藏品建立联系，那么这将有利于在史学研究方面取得新的突破。深入、系统地研究历史藏品，有助于挖掘藏在文物背后的历史故事和典故。文物是与古代人民建立联系的重要桥梁，研究人员必须细致论证，以防止资料出现偏差，也就是通过文献查阅将文物包含的史学价值和时代价值加以验证，尽量还原全面的历史事实，多层次展现我国传统文化的魅力。

（二）展览形式有利于促进文化传承

优质的展览策划方案能够促进博物馆传承优秀文化，为群众提供便捷、优质的观赏条件和游览服务。中华民族历史源远流长，传统文化底蕴深厚，文化涉及方面广泛，群众生活得到全面的体现。在《意见》中，我们明确说明：应将人文精神、传统美德、核心思想与博物馆展览策划充分融合，构建新型发展思路。高质量的展览形式对设计策划人员的要求极高，这需要策划人员具有全面的考察能力和独特的观察视角及较高的综合职业素养，要具备将美学、建筑及设计等方面专业技能合理融合的能力，还要具备扎实的国学基础和文化素养。展览形式要尽可能展现出该博物馆的特色，要将文物信息、艺术形式、历史背景充分融入展览之中，形成全面、集中的故事情节。展览主题要以多元化文化为主，避免单一形式使群众产生枯燥心理。

随着时代的发展，政府不断在文化事业发展上颁布、实行诸多扶持政策，在资金、政策等方面支持当地文化传承公益项目。博物馆陈列展览要求具备帮助认知、引领审美、娱乐交流等功能，达到陶冶情操、提高素养的目的，促进群众的全面发展。一个优质的陈列展览要具备知识性和通俗性，让群众能够参与到互动中，引导群众接受文化思想和历史发展，让观众瞬间投入历史长河的某个阶段，使群众感受身临

其境的穿越感、历史厚重感，让群众在展览过程中深入了解历史，了解背后的故事，了解历史悠久、博大精深的中国文化，让群众树立强大的文化自信，在潜移默化中触摸历史记忆，扎实文化根基。

（三）教育内容有利于促进文化传承

博物馆作为主要的文物收藏、管理及保护的重要机构，其基本职能主要体现在：将各类馆藏文物进行深入的科学研讨、展览陈列、归档分类，为社会各领域发展提供艺术参考和宣传教育。现阶段，国家不断强化博物馆宣传教育工作，教育形式常采用科学研讨、教育讲座及浏览讲解等形式。近年来，国家为避免外来思想影响新时代下的儿童发展，逐渐让文化传播工作走进校园。部分博物馆与中小学建立起良性互动，使得青少年教育有了更新颖、更大胆的尝试。除此之外，部分博物馆开设了冬令营、夏令营及志愿者讲解活动，引导青少年学生认知、了解传统文化。这成为博物馆与教育融合的重要途径。这些社会公益服务能够充分发挥博物馆效用，不仅为孩子提供了教育环境，还获得教师、家长及各级教育部门的认可和支持。

馆内藏品能够提供给观赏者真实、直观、形象的视觉冲击，便于参观者感知，使其印象深刻。合理利用藏品属性，能够提升社会群众认同感。博物馆紧抓这一特征，义不容辞地履行责任和义务。博物馆的价值主要体现在：研究成果是否与群众紧密联系。我们主要以文物为联系基础，利用多元化展示形式，使博物馆内部形成直观的文化教育模式。从这一形式上看，博物馆在社会文化教育中扮演着重要的角色。我们应合理完成文物收藏、展示研究等工作，发挥博物馆的教育属性。

（四）文创产品有利于促进文化传承

所谓文创产品是指以博物馆馆藏文物为原型，利用相关代替材料经过加工后产生的衍生产品，并受到国家知识产权和相关法律法规保护。博物馆内部馆藏资源丰富，部分服饰、装饰品的风格、形式在当代依然受到追捧，这为文创产品的开发提供了优越条件。近年来，我国颁布的系列文件中表明：政府为相关文创产品提供了政策支持，鼓励自主研发，这为博物馆进一步完成自主研发工作提供了动力。博物馆要想将传统文化融入文创产品中，就需要不断加强探索和实践，注重理论联系实际，以确保文创产品具有鲜明的文化特点和地区风格。现阶段，越来越多的博物馆关注到文创产品开发的重要性，部分博物馆已经取得了突破，例如，故宫博物院在2014年研发出朝珠耳机，获得了群众的一致好评，市场反响良好。

三、中国博物馆参与民族文化展示的启示

当今学界围绕博物馆的文化产权、伦理道德、后现代主义和文化"本真性"等

方面的讨论非常热烈。民族、文化以及学科政治间的连锁式发展，促进了艺术、人类学与博物馆领域之间的对话，而西方对话者的介入，使得博物馆的文化语境越来越开放，使得博物馆能够更好地解释历史、文化实践与艺术传统。传统的博物馆模式及等级秩序，正面临着现代多元文化展示场的新定位。

21世纪以来，一些国际学者也注意到了中西方传统文化观念碰撞下的博物馆实践，如迈克尔·罗兰（Michael Rowlands）通过对中西方博物馆和文化遗产观念的持续关注，提出了社区参与文化还原，以及回归物品原始审美情感的"新型"民族类博物馆的转型等论题。罗兰认为，在中国的语境中理解"文物"和"遗产"，应是基于差异性的地方文化，而不是照搬西方对"物品"的定义来理解文物及其文化价值；同时，当代中国博物馆在文物收集和藏品意义界定方面的动态变化，反映出中国自上而下的遗产实践以及地方层面社会力量的多元尝试，多重力量共同塑造出文物与遗产的当代价值与内涵。大卫·卡里尔（David Carrier）则认为，西方博物馆体系在中国独特的艺术评论传统和审美传统中做出了修正和改变。

关于当代中国民族类博物馆的定位问题，杜辉认为，在当代去殖民化和全球化的情境下，民族类博物馆的自身定位存在着悖论与窘境。因此，对民族类博物馆未来的思考应着眼于其所营造的跨文化空间，通过过去更好地理解当下，而不仅仅是其收藏的他者之物。马腾岳基于台湾两座民族博物馆的创置经验分析认为：在后殖民时代，人们将土著文化视为研究与展示客体的民族类博物馆仍普遍存在，但以民族主体性为展示目的的"民族博物馆"的出现成为新样态的博物馆发展趋势。民族类博物馆在当代社会的新任务应是充当区域文化产业的火车头，将自身发展成为一个展现民族历史、发展民族文化、建立集体认同的公共区域。

纵观中国民族类博物馆的地方实践，由于区域发展的不平衡、地方社会参与程度不高导致的主体性缺失、支持博物馆发展的资金来源有限、缺乏专业人员的有效管理等一系列因素，民族类博物馆，尤其是少数民族地区的地方博物馆普遍存在发展滞后以及功能发挥不力的现象。针对这一现状，学者们从博物馆本身及其与社会环境的融合发展方面提出了诸多建议。如石群勇与龙晓飞认为：民族地区的博物馆应围绕民族文化保护传承、民族文化生态旅游和民族社会进步发展等需求，走特色化、市场化、社会化的道路，使博物馆文化与民众文化需求相协调，以增强民族地区影响力、促进少数民族地区经济社会的发展。潘守永针对博物馆话语权与遗产在地化的中国经验与教训进行了剖析，提出了应对少数民族地区地方博物馆发展乏力的措施，即进行多学科合作管理，对历史和文化遗产展开系统的搜集和整理，在维持与保护地方传统整体性风貌的基础上完善与博物馆有关的配套设施和服务水平，加强专业学者与当地居民的共同参与，借助当前政府及民间的普遍关注，扩大资金来源渠道和人才储备。

在当代背景下，民族传统文化在开放的环境中不断地应对挑战和变革。那些彰显民族个性与审美特征的传统文化遗产，在现代化的浪潮中，其生存空间被不断挤压，传统遗产形态日渐脆弱。博物馆作为收藏、保护最广泛意义上文化遗产的重要机构，也在不断地调整定位，在变革中承担着保护民族文化遗产的重要使命。新时期的民族传统文化传承发展，其关键词应落脚于创新性发展、创造性转化，以及更为重要的"现代性"上。随着博物馆的社会属性由基础的收藏、研究、展示等发展为创造、传播和交流多元文化形态，博物馆的公共属性使其对深入社区及群众进行活态艺术的性质与范畴进行了界定与传承，并且以特定脉络的运作方式进行集中展示。一方面，博物馆场域对民族文化遗产的再创造和再利用，重新解构了人们今天的日常生活，民族元素的价值和传统文化的精神在当代社会找到了存续的空间；另一方面，作为文化记忆与生活本身的民族文化遗产，在博物馆的场域中满足了民族传统的活化传承以及参与现代社会构建的现实需求。

此外，以民族文化展示为主题的博物馆除了传统的陈列展览形式，还愈加注重为民族文化艺术活动开辟空间，以突出民族文化传统的内在与外在的联系。博物馆的在地化思考、信息时代的博物馆知识构建与文化多样性保护、博物馆知识生产与非遗保护呈现的文化政治，日益成为全球化时代博物馆研究所要着重关切的焦点。在强调博物馆自身主体性的同时，跨学科的博物馆研究以及新技术手段在博物馆场域中的应用，也为民族文化新形象的构建形式，这为促进民族文化繁荣发展开辟了渠道和空间。例如民族文化遗产的数字化保护、"云展览"、"融媒体跨界"、"互联网+"、"元宇宙"、"AI人工智能"等，这些新时代背景下的热点概念已然在全球博物馆界层出不穷。作为跨越现实世界与虚拟世界的创造性理念，这些新技术和新理念无论在底层逻辑还是在实践手段上，都将传统博物馆的叙事外延进行了拓展，并且极大地促进了民族传统文化由传承性向现代性转化；借助现代传播与展示手段，位于少数民族地区的博物馆得以超越地理的界限，向不同地域、不同文化背景下的受众进行展示，在交流中获得理解，在对话中进行文化的交融。

第二节 以高质量博物馆建设推动文化传承发展

一、高质量博物馆建设在推动文化传承发展中的作用

高质量博物馆建设在推动文化传承发展中具有举足轻重的地位。作为连接历史

与未来的桥梁，博物馆不仅是展示人类文明的璀璨窗口，更是守护和传承优秀文化的重要堡垒。

首先，高质量博物馆通过系统性的收藏和整理工作，确保文化遗产得到妥善保护与传承。博物馆精心挑选、分类、修复并展示各类珍贵文物、艺术品和历史遗迹，使这些文化遗产得以焕发新的生机，让后人能够深入领略其中蕴含的深厚历史文化底蕴。

其次，博物馆积极运用先进的科技手段，提升展览的呈现效果，为公众带来更加直观、生动的文化体验。通过数字化、虚拟现实等前沿技术，博物馆将文物、历史场景以更加逼真的方式呈现在观众面前，使观众仿佛穿越时空，亲身感受文化的魅力与力量。

此外，高质量博物馆还致力于开展丰富多彩的教育活动，旨在提升公众的文化素养和审美能力。通过举办讲座、工作坊、研学旅行等多样化活动，博物馆为公众提供了深入了解文物背后的故事、制作工艺和文化内涵的机会，从而增强公众对传统文化的认同感和自豪感。

同时，博物馆在推动文化创新方面也发挥着重要作用。通过研发具有独特魅力和文化内涵的文创产品，博物馆不仅拓展了自身的收入来源，更为公众提供了更多了解和接触传统文化的途径。这些文创产品既实用又富有文化气息，让人们在日常生活中也能感受到传统文化的魅力。

最后，高质量博物馆建设对于提升城市文化软实力和国际影响力具有重要意义。作为城市文化的重要组成部分，博物馆以其丰富的展览内容和独特的建筑风格成为城市的文化名片。通过举办国际性的展览和交流活动，博物馆吸引了众多国际游客和学者前来参观学习，推动了城市的文化交流和国际化进程。

综上所述，高质量博物馆建设在推动文化传承发展中发挥着不可替代的作用。它既是保护和传承文化遗产的重要基地，也是提升公众文化素养、推动文化创新、增强城市文化软实力的重要平台。因此，我们应高度重视博物馆建设工作，加大投入力度，不断提升博物馆的运营水平和服务质量，为文化传承发展贡献更大的力量。

二、加强博物馆高质量建设的对策

（一）夯实藏品及管理基础：存量、增量及变量

博物馆的藏品是其灵魂所在，它们不仅是历史的见证，更是文化的载体。每一件藏品都承载着独特的历史信息和文化内涵，对于保护和传承人类文明具有不可替代的价值。因此，夯实藏品及管理基础，对于博物馆而言至关重要。

首先，对现有藏品进行详尽的梳理和分类是必不可少的步骤。这包括对藏品的

年代、来源、材质、制作工艺等方面的全面调查和分析，以便为每一件藏品制定科学合理的保管和展示方案。同时，博物馆还应建立完善的藏品档案，对藏品的保存状况、修复记录、展览历史等进行详细记录，确保藏品的完整性和可追溯性。

其次，博物馆应积极寻求新的藏品，以丰富藏品种类和数量。这可以通过考古发掘、征集购买、接受捐赠等多种途径实现。在征集和购买藏品时，博物馆应坚持严谨的态度和科学的标准，确保新入藏的文物具有历史、艺术和科学价值。同时，博物馆还应加强与其他博物馆和文化机构的交流与合作，共同推动藏品的共享和互利共赢。

此外，随着研究的深入和认识的提升，藏品的价值也会发生变化。因此，博物馆应密切关注学术界的最新研究成果和行业动态，及时调整藏品的保管和展示策略。对于新发现的文物或重新评估的藏品，博物馆应重新制定保管方案，以确保它们得到更好的保护和展示。

（二）建章立制，加强"链"接，激发活力

制度建设是博物馆规范化、科学化管理的基石。一套完善的规章制度不仅可以确保博物馆各项工作的有序开展，还能为博物馆的长远发展奠定坚实基础。

首先，博物馆应建立一套涵盖藏品管理、展览策划、文物保护、安全保卫等各个方面的规章制度。这些制度应明确各项工作的职责和流程，规范员工的行为和操作，确保博物馆的各项活动都在合法、合规的框架内进行。

其次，博物馆还应加强与其他文化机构的合作与交流，形成文化产业链。这不仅可以为博物馆带来更多的资源和支持，还能推动文化事业的繁荣发展。通过与其他博物馆、图书馆、档案馆等机构的合作，我们可以实现资源共享、优势互补，共同推动文化遗产的保护和传承。

此外，博物馆还应加强与社会各界的联系和互动，吸引更多的公众参与到博物馆的建设和发展中来。通过举办讲座、研讨会、志愿者活动等形式，让公众更加深入地了解博物馆的工作和文化内涵，增强他们对文化遗产的保护意识并提升他们的参与热情。

通过加强内、外部链接，博物馆可以激发更大的活力，为公众提供更优质的服务。这不仅可以提升博物馆的社会影响力和美誉度，还能为城市的文化建设和发展贡献更多力量。

（三）科技与人文互相携手，现代实验与传统技艺有机融合

在博物馆的建设中，科技与人文的结合是一种必然趋势。现代科技手段可以为博物馆提供更加生动、直观的展示方式，而传统技艺则能为文物保护和传承提供坚实支撑。

首先，现代科技手段在博物馆展示中发挥着越来越重要的作用。数字化技术、虚拟现实技术等可以将文物以更加真实、立体的方式呈现给观众，让他们仿佛置身于历史的长河之中。这种沉浸式的体验方式不仅可以让观众更加深入地了解文物的内涵和价值，还能激发他们的探索欲望和学习兴趣。

同时，传统技艺在文物保护和修复中也有着不可替代的作用。修复师们可以通过精湛的技艺和丰富的经验，让破损的文物重现昔日的光彩。这些传统技艺不仅是对历史的传承和尊重，也是对未来文化遗产的保护。

博物馆工作者应积极探索科技与人文的有机融合。一方面，我们可以利用现代科技手段对传统技艺进行记录和传播，让更多人了解和认识这些宝贵的文化遗产；另一方面，也可以将传统技艺引入现代文物保护和修复中，为文物保护工作注入新的活力和创意。

通过科技与人文的互相携手、现代实验与传统技艺的有机融合，博物馆可以为观众带来更加丰富、深刻的文化体验，推动文化遗产保护和传承事业的不断发展。

（四）"活色生香"的文创，虚实结合的"风景"

文创产品，作为博物馆文化的一种延伸，不仅承载着深厚的文化内涵，更是连接博物馆与公众的桥梁。博物馆通过开发具有特色和文化内涵的文创产品，将文物的魅力转化为日常生活中的实用与审美，让公众在享受文化产品的同时，也能感受到博物馆文化的独特魅力。

在文创产品的开发中，博物馆注重创意设计与材质选择的完美结合。设计师们深入挖掘文物的历史背景和文化内涵，将其巧妙地融入文创产品的设计中，使每一件产品都充满了故事性和文化性。同时，博物馆还注重产品的实用性和审美性，确保文创产品既能够满足公众的日常需求，又能够展现出博物馆的文化特色。

除了实体文创产品外，博物馆还利用虚拟现实等技术打造虚实结合的展览场景。通过先进的技术手段，博物馆将文物以三维立体的方式呈现在观众面前，让观众仿佛置身于文物所在的历史环境之中。这种沉浸式的展览方式不仅提升了观众的参观体验度，也让他们更加深入地了解了文物的历史和文化内涵。

虚实结合的展览场景不仅为观众带来了全新的视觉体验，也为博物馆的文化传播提供了更多的可能性。通过线上线下的互动与融合，博物馆将文化资源以更加生动、直观的方式传递给公众，让更多人了解和感受到博物馆文化的魅力。

（五）展教结合：博物馆作为"大学校"的特点与优势

博物馆作为一个特殊的教育场所，以其独特的展览方式和丰富的文化内涵，成为公众学习和了解历史文化的重要窗口。与传统的学校教育相比，博物馆的教育方式更加直观、生动，能够让观众在亲身感受中获取知识。

博物馆通过举办各种教育活动，如专题讲座、互动体验、研学旅行等，为观众提供了丰富多样的学习机会。这些活动不仅涵盖了历史、艺术、科学等多个领域的知识，还注重观众的参与和体验，让他们在轻松愉快的氛围中感受到学习的乐趣。

此外，博物馆还积极与学校、社区等机构合作，共同开展文化教育项目。通过与教育机构的深度合作，博物馆将教育资源与学校教育相结合，为青少年提供更加全面、系统的文化教育。同时，博物馆还通过社区文化活动等方式，将文化教育资源延伸到更广泛的公众群体中，推动文化教育事业的普及和发展。

博物馆作为"大学校"的特点和优势在于它的开放性和包容性。它不受年龄、学历等限制，为所有人提供了一个平等的学习平台。在这里，每个人都可以根据自己的兴趣和需求，自由选择学习的内容和方式，实现自我提升和成长。

（六）服务与赋能——为城市发展、时代进步贡献更大力量

博物馆作为城市文化的重要组成部分，其发展与城市的经济社会进步息息相关。在新时代的背景下，博物馆应不断提升服务质量，为观众提供更加便捷、舒适的参观体验，同时积极发挥文化资源优势，为城市的文化产业发展赋能。

在服务方面，博物馆应注重提升观众的参观体验度。通过优化展览布局、提升导览服务、完善设施设备等措施，博物馆为观众提供了一个更加舒适、便捷的参观环境。同时，博物馆还积极开展志愿服务和公众教育活动，增强观众的参与感和归属感，让他们更好地了解和感受博物馆文化的魅力。

在赋能方面，博物馆应充分发挥其文化资源优势，为城市的文化产业发展提供有力支持。通过举办文化节庆活动、开展文化交流合作等方式，博物馆推动了城市文化产业的繁荣发展。这些活动不仅丰富了市民的精神文化生活，也提升了城市的文化软实力和影响力。

此外，博物馆还应积极与旅游、教育等相关产业融合，打造文化旅游精品线路和教育研学基地，为城市的经济发展注入新的动力。通过不断拓展服务领域和提升服务质量，博物馆为城市的发展和时代进步贡献了更大的力量。

第三节 博物馆文物保护与传承发展新路径

一、博物馆文化保护与传承发展的意义和原则

（一）博物馆文化保护与传承发展的意义

1. 有利于文物保护修复

博物馆除了要进行文物陈列展览外，还要加强对文物的保护，并根据文物实际状况进行有效修复。在科学技术迅速发展的背景下，博物馆内的文物修复技术也在持续提升，甚至可以借助数字化技术统一制定修复计划，展开数字化模拟修复，从而提前掌握修复过程中可能会遇到的各项问题，实现科学修复。譬如，一些古籍出土后存在缺字、少页等现象，运用数字技术进行处理后，可以极大地还原书籍本身的面貌，有利于加强文物保护，为文化全面传承及发展夯实基础。

2. 有利于文物全面共享

虽然博物馆具有展陈文物的功能，但还要兼顾文物保护，这对实际的展陈环境、场地、时间等都提出了严格的要求。有些文物经过成百上千年时间的洗礼，材质比较脆弱，不仅不便于展览，还可能会在一定程度上影响正常的学术研究。目前一些博物馆内虽馆藏丰富，但为了保护文物，很多文物并不能直接进行展示，这就很大程度上影响了博物馆作用的发挥。目前，借助新媒体技术的力量，博物馆实现了数字化展览，可以更大程度地实现文物展示与资源共享，这样不仅可以达到基本的展陈目的，还能有效保护文物，为文物研究者提供丰富的研究资源。

3. 有利于历史文化传承

在全球一体化的趋势下，各种文化彼此交织，冲击着传统文化的基础地位，同时社会的进一步发展和综合国力的提升，需要对传统文化进行有效继承与弘扬。历史发展具有不可逆性，其中留存下的各类文物内涵丰富，不仅承载着历史发展的痕迹，也蕴藏着深厚的文化内涵。正确保护文物，能更好地引导大众感知其中的文化魅力与民族精神，增强审美观念和情感体验，从而推进历史文化的持续传承。

（二）博物馆文化保护与传承发展的核心原则

1. 安全性

博物馆对文物进行保护是为了延长文物的寿命，所以要尽可能避免在保护过程中的二次伤害，坚持安全原则，绝不能直接采取难度过高或较为冒险的修复手段，所用修复材料也要保证环保，尽可能节约资源，以提高材料利用率。在实际保护前还需制定完善的工作规划和流程，及时找出可能出现的各种问题，以减少给文物带

来的破坏。另外，不同的文物有不同的修复要求，始终坚持安全原则虽然可能会导致最终效果无法保证，但能有效降低给文物带来的伤害，把握修复周期，实现对文物的科学保护与持续传承。

2. 先进性

现代科学技术的迅速发展促进了文物保护技术的进步，使得文物修复技术与材料等发生了巨大变化，所以参与保护工作的博物馆人员还需持续学习先进的保护手段，不断对传统保护方法进行优化与革新。文物保护本身具有一定的系统性，因此在开展工作中不能过度以偏概全，而是要全方位审视保护方案，比如，文物保存温湿度等都会给文物品质带来影响，所以必须进行综合考量与全面分析，以实现文物长期的传承发展。

3. 科学性

所谓科学性就是要对文物的保护工作情况进行精准判断，以确保保护方案的合理性。文物保护涉及领域众多，不仅需要具备专业知识，还需要有严谨的态度和丰富的经验，如此才能实现对文物的全方位保护。比如在面对多项保护方案时要运用科学手段进行比对，分析各个方案的优缺点，从而及时进行调控，避免出现问题。

二、博物馆文物保护与传承发展路径

（一）落实博物馆的基础工作

1. 强化基础设施建设

博物馆的基础设施建设对于提升展陈效果和文物保护水平至关重要。例如，采用坚固的夹胶钢化玻璃制作展柜，能够有效防止文物因意外情况而受损。同时，根据文物的特性，实时调控博物馆内的温湿度，确保文物处于最佳的保存状态。为实现这一目标，我们采取了多项措施：一是安装温湿度监测器，实时监控保存库和陈设室的温湿度变化，一旦发现异常，立即采取相应措施或使用化学调试剂进行调节；二是对展示柜进行密封化处理，减少文物与空气的接触，防止环境变化导致的文物变质和发霉问题；三是确保文物远离紫外线、灯光等热源，避免直接照射；四是定期使用空气净化器进行除尘、除螨，维护博物馆内的清洁环境；五是严格筛选博物馆内使用的材料，确保不含有甲醛等有害物质，保障文物安全。

2. 完善文物管理制度

文物保护工作的顺利开展离不开健全的管理制度。因此，我们需要根据不同时期文物的特点和当前的文物保护政策，制定和完善相关管理制度，如《博物馆藏品管理办法》《中华人民共和国文物保护法》及其实施条例等。此外，还应做好以下工作：一是及时将藏品档案上报给相关部门备案，防止档案丢失或损坏；二是结合博物馆实际情况，制定开闭馆、应急疏散、安全管理、人员培训、文物提用等方面的专项制度，确保各项工作有章可循，减少出现问题后的责任追究难度。例如，在文物提用方面，应严格按照文物级别和领导审批权限进行报批，填写相关凭证，办理提用手续。提用期间，提用部门及人员需要负责文物的安全保护工作。文物归馆时，应仔细核对文物状况及数量，办理归还手续。如发现问题，应及时记录并上报，由上级进行处理，并将处理意见记录在档案中，以便日后查阅。

（二）加强引入先进技术

1. 引入先进技术

在博物馆文物保护工作中，还需借助信息技术促使文物管理的数字化发展，持续提升文物管理质量。首先，经过千百年的发展，绝大多数文物都比较脆弱，极易受到环境的影响，安保措施往往比较严格，从而导致观赏者难以窥见其全貌，也无法充分了解文物的艺术和欣赏价值。对此，可以借助先进的技术进行文物信息的采集、合成、剪辑，使文物实现图形化、数字化，确保观赏者在虚拟环境中能够感受到文物的魅力。其次，将瞳孔、面部识别等技术应用到文物库房管理中，外出展览时给文物设置定位系统和红外线监视仪，以便在出现意外情况时及时采取处理措施。再次，在文物修复保护中引入现代技术，根据文物实际保存情况采取合适的保护措施，比如可以运用X射线技术对青铜器表面的锈蚀物成分进行分析，检查是否存在有害锈，了解具体的腐蚀程度，从而为后续焊接、整形等修复保护工作提供技术参考。最后，在博物馆内设置数字化展厅，利用虚拟现实、全景漫游等相关技术，带领参观者深入体会文物的价值，沉浸式体验文物本身蕴含的历史文化，为文物的继承发展奠定基础。

2. 建立监管系统

为进一步完善博物馆文物的保护与继承发展，还需建立专门的文物管理系统，针对文物管理状况进行日常检查，同时也为公众参与文物保护提供重要渠道。对于该系统的建立，我们可以尝试从这几方面入手：其一，法律法规平台。即建立文物法规平台，将目前所有和文物保护、继承相关的法律规范都整理出来，在给博物馆工作人员提供政策导向的同时，为公众创建一条了解文物政策的相关渠道。其二，文物信息平台。在该平台集中展示全馆内所有文物的信息，同时运用数据库叠加的形式统一发布，实现文字、图片、视频的相互结合，丰富文物信息，在促进文物保护的同时，为公众了解文物信息提供一个入口。其三，文物保护项目平台。由项目实施方在该平台上提交申请，及时更新项目内容，确保项目开展过程公开透明，便于公众和文物管理人员随时监督。其四，文物动态监测平台。在该平台中，连接馆内各区域的文物监控点，记录监控数据，以便在出现异常状况时及时发现并处理。

（三）创新文物保护传承理念

1. 文物保护层面

经过多年的不懈努力，文物保护工作取得了显著进展。如今，各级博物馆的基础设施已趋于完善，甚至有些重要的博物馆还配备了与世界顶尖技术相媲美的精密设备。为了确保文物信息采集与数据分析的精准性，对文物实施全方位保护显得尤为关键。为此，博物馆需要积极转变传统观念，不断完善文物保护与传承的思维方式，打破固有的思维束缚。通过建立古今共享的模式，我们不仅能够更深入地理解文物所蕴含的真实文化，还能为现代人构建更加完善的审美体系和精神世界。同时，这也为文物的持续传承与发展奠定了坚实的基础，让历史文化的瑰宝得以永存并继续闪耀光芒。

2. 文物传承层面

从目前博物馆的文物保护工作来看，部分还停留在对文物本身的管理上，其中蕴含的精神价值开发较少。为此，在充分落实文物的基础性保护工作后，还需要深度开发其中的文化价值，并进行合理研究，使大众充分了解文物所处时代的历史状况与人文景观。比如博物馆可定期组织开展专题展览活动，基于历史专题，对不同朝代的文物进行统一展览，使参观者充分了解历史发展进程；或加强与传媒机构的合作，制作与各项文物相关的综艺节目，具体可以参考《国家宝藏》《我在故宫修文物》等，使文物真正"活起来"，以此让更多年轻人走进博物馆，与文物展开充分交流，在获得一定文物滋养的基础上充分感知传统文化。同时，还要为前往博物馆的参观者创造更多互动机会，激发观众的情感共鸣，使其主动表达自身所思所想，深化其对传统文化的认同，建立民族文化自信。

（四）优化文物保护传承宣教

1. 强化宣传教育力度

要有效推动博物馆的文物保护与传承工作，单纯依赖馆内工作人员的力量是远远不够的。因此，必须广泛调动社会各界的积极性，形成多方合作、全面监管的文物保护与传承格局。新媒体时代的到来，为我们提供了更为广阔的宣传教育途径。新媒体具有受众广泛、信息传播迅速的特点，使得我们能够迅速地将博物馆的文物保护和传承工作进展告知公众，引导公众积极参与对职能机构的监督，从而确保文物保护工作得以顺利开展。

2. 培养高素质专业人才

博物馆文物保护与传承的核心在于拥有高素质的人才队伍。为此，我们必须加强人才培育工作，使更多新理念、新模式和新技术在文物保护和传承中得到广泛应用，进一步提升工作质量。具体而言，应定期为在职人员提供专业培训，邀请行业内的专家学者来馆举办学术讲座，为馆内工作人员提供更具针对性的指导和帮助，全面优化馆内环境，以确保文物的安全。

随着时代的进步，文物保护和继承的手段也在不断更新。然而，由于各种主客观因素的影响，文物保护工作仍面临诸多挑战，如资金投入不足、信息化水平有待提升、保护与继承之间的协调问题等。为了延续文物的生命力，提高其保存期限，并更好地传承历史文化和民族精神，我们必须夯实博物馆的基础工作，积极融入现代先进技术，不断创新文物保护与传承的理念。同时，优化文物保护与传承的宣教工作，使公众更加深入地了解文物保护的重要性，共同参与到文物保护与传承的行列中来，从而实现对文物的科学保护，提升博物馆文物保护与传承工作的效率和质量。

第四节 博物馆在优秀传统文化传承发展中的地位与作用

一、博物馆在优秀传统文化传承发展中的地位

（一）博物馆构成传承发展中华优秀传统文化的重要体系

《关于实施中华优秀传统文化传承发展工程的意见》之中明确指出，各级政府部门要重视优秀传统文化的积极作用，将文化传承作为现阶段社会主义精神文明建设的重点环节，有计划、有目的地注入社会资源，厚植优秀传统文化资源优势，在整个社会层面构建起现代、高效的中华优秀传统文化传承体系。博物馆作为公共文化机构的重要组成部分，在文化交流、公众教育等方面发挥着关键性的作用。基于这种认知，在中华优秀传统文化传承的过程中，有必要发挥博物馆的作用，推动传统文化传承发展工作的顺利实现。

中华优秀传统文化的传承呈现出系统性、整体性的特点，只有充分发挥各类公共文化机构的作用，才能真正实现中华优秀传统文化活起来、传下去。博物馆在运营管理过程之中，需要以教育、科研为工作主旨，通过多种方式，将不同形式的文物以多样的形式展现在公众面前，充分发挥博物馆在文化建设方面的积极作用。博物馆是连接过去、现在和未来的桥梁，尤其博物馆具有丰富的文化资源、拥有广大的观众等优势，其独特的社会教育形式、藏品、陈列展览等，共同构成传承发展中华优秀传统文化的重要体系。

1. 传承发展中华优秀传统文化是博物馆的法定职责

《中华人民共和国文物保护法》（2017年修正本）第四十条规定：文物收藏单位应当充分发挥馆藏文物的作用，通过举办展览、科学研究等活动，加强对中华民族优秀的历史文化和革命传统的宣传教育。《博物馆条例》第三十条也明确指出：博物馆举办陈列展览，应当遵守——主题和内容应当符合宪法所确定的基本原则和维护国家安全与民族团结、弘扬爱国主义、倡导科学精神、普及科学知识、传播优秀文化、培养良好风尚、促进社会和谐、推动社会文明进步的要求。博物馆的陈列展览，承担起传承发展中华优秀传统文化的法定职责，充分体现了博物馆教育功能的重要性。

2. 传承发展中华优秀传统文化是博物馆的责任担当

中华优秀传统文化是中华民族最深层次的价值追求，是中华民族民族凝聚力的源泉，是中华民族不断发展的动力。博物馆作为一个文化平台，是一个国家收藏历史、传承文化的重要机构，在国民素质提升以及精神文明建设等多个领域发挥着关键性作用。博物馆在运营管理过程中，要充分认识到自身的社会职责与历史使命，结合实际情况，不断思考，充分发挥博物馆在中华优秀传统文化传承发展过程中的积极作用。基于这种认知，在博物馆开展公众教育的过程中，有必要在博物馆展览主题方面做出一定的优化调整，确保中华优秀传统文化的传承与博物馆展览的紧密衔接。同时，借助于创新手段、优化传播方式等，实现博物馆展览贴近生活、贴近群众的目的，构建起博物馆工作方式的互动性，使得社会公众能够在潜移默化之中接触到优秀传统文化，使祖国和民族珍贵的文化遗产得到应有的保护，让中华优秀传统文化世代相传。

（二）博物馆的藏品是中华优秀传统文化的物质载体

博物馆之中的藏品具有极高的历史价值、科学价值，并通过不同的形式，展现出人类历史发展进程以及科学文化发展成果，是人类智慧成果最为直接的表现。博物馆的藏品种类多样、形式丰富。馆藏文物不仅是对前辈优良传统的直观表现，也是对后来文化传承发展的一种促进。馆藏文物作为国家与民族历史不可替代的载体，在很大程度上影响着一个国家、一个民族的思想价值追求。一般藏品都是先民流传下来的具有历史、艺术、科学等价值的文物，它们形成的原因及过程都是先民在生产、生活实践中根据自己的物质生活需要、精神需求不断总结经验，经过实践检验所形成的适合当时社会需要的物质产物。这些藏品是当时社会生活、经济状况、宗教信仰等最直观的实物见证，也是我们传承发展中华优秀传统文化的物质载体。

1. 博物馆的藏品是中华优秀传统文化的重要载体

博物馆文物藏品是中华优秀传统文化的重要组成部分，博物馆藏品类别多样，有陶瓷器、金银器、玉石器、书画、简牍、丝织品、漆木器、青铜器等。藏品让我们穿越时空，感受先民生产生活的点滴——即使在物质和各种社会资源都相对匮乏的古代社会，也创造出让我们为之惊叹的先进文化。在生产力极其低下的当时，先民创造出超越当时社会极限的种种奇迹。博物馆的藏品作为民族文化、民族精神的重要载体，记载着中国故事，无不体现出民族智慧。因此，在中华优秀传统文化传承的过程中，要从系统性研究层面出发，加强馆藏文物文化价值的开发。

从实际情况来看，博物馆馆藏文物的研究，要向纵深发展。在研究过程中，研究人员要以人、物以及文化作为价值导向，开展相关系统性、研究性的工作。这种研究方式，能够打破过往的文物研究方式，解放了文物研究的固有思维，同时在这一过程中，开展文物普查，利用计算机技术、数据库技术，建立起文物数据库，为后续研究工作的开展提供便利。因此，各地博物馆在研究过程中要进一步挖掘文物背后包含的各类文化故事，发挥文物背后的历史价值与文化价值，更为直观地展现文物的文化价值。在这一过程之中，研究人员要突出现代科技的技术优势，加强对历史资料的整理以及数据库建设，为后续文物研究以及优秀传统文化传承发展工作的进行创设便利条件。

2. 藏品是进行思想教育的生动教材

藏品具有真实性、形象性、直观性等特点，能使人产生难以忘怀的印象。有效利用藏品对社会公众进行思想教育，是博物馆义不容辞的责任和义务。而且，这种思想教育方式是潜移默化的，和其他形式相比，取得的效果看似无形，实则成效巨大。如麻城博物馆藏品中的一级文物陶埙、湖北省第一次农民运动大会宣传大纲、北宋瓷枕、牙雕八仙等，这些藏品都具有丰富的内涵及重要的历史价值。一个博物馆存在的价值就在于有效地将藏品及研究成果与社会公众联系起来，这种联系的手段或方式，博物馆教育以文物作为物质基础，借助于多维度的展示形式，在博物馆内部形成最为直观的文化教育模式。因此，从这一层面来看，博物馆肩负着宣传教育的社会责任。我们通过文物收藏、展示以及研究等工作，确保博物馆教育价值的实现。

二、博物馆在优秀传统文化传承发展中的作用

（一）展览促进优秀传统文化传承发展

博物馆是我国社会文化事业的重要组成部分，在弘扬与传承中华优秀传统文化的道路上起着不可磨灭的重要作用。为了能帮助博物馆更好地实现自身的社会价值，博物馆可以通过策划展览的方式进行文物的展示。从《意见》中我们得知，博物馆可以从核心思想、传统美德、人文精神入手进行策划。由于我国地理环境、人文因素、建筑风格等不同的原因，博物馆可以依据地方特色策划集美学、设计、建筑于一体

的文化主题，让文字、器具、建筑、服饰等极具文化历史气息的文物带我们走进当时的社会，进而了解到当时人民的生活方式、经济发展等实际情况。生动形象的优秀传统文化展览有助于帮助人民群众近距离地欣赏与浏览文物，不仅能够帮助人民群众有更好的参与感，还可以加深他们对优秀传统文化的印象，更清晰地了解到优秀传统文化传承及发展的全过程，进而实现弘扬和传承中华优秀传统文化的目标。

（二）教育促进优秀传统文化传承发展

博物馆存在的意义就是见证历史，依据我国的国情，我们将博物馆划分为历史类、艺术类、科学与技术类、综合类这四种类型。划分清楚是为了方便馆方进行管理，同时也方便人民群众学习与参观不同类型的博物馆。同时，博物馆还对馆藏文物按照时间、地址、人文、习俗等特点进行划分，以便于更好地对人民群众起到宣传教育与艺术欣赏的作用。随着新时代的发展，我国人民群众了解优秀传统文化的方式发生了质的改变。博物馆通过开展线下趣味活动、文化讲座、短视频平台直播、线上云参观、虚拟展馆等方式，走进人们的视野。为了帮助中小学生更好地了解中华优秀传统文化，故宫博物院在线下开展并推出了"2019年故宫暑假知识课堂"等活动。近几年来，博物馆制定了许多线上参观方案，以便满足人民对文化的需求。中国国家博物馆在线下进行公开讲座的同时，也在线上开启直播课堂。中国国家博物馆直接开通了网上博物馆。在网上，我们不仅能够了解到中国国家博物馆馆藏的文物，还能了解到中华民族五千年的发展历史过程，也让人们感受到了科技的进步。通过中国国家博物馆的虚拟参观功能，我们仿佛身处中国国家博物馆之中，在感受中华优秀传统文化魅力的同时，也不禁感慨我国科学技术的飞速进步。我们也因此实现了足不出户，逛遍中国国家博物馆的目标。与此同时，故宫博物院在2020年和2021年在快手短视频直播平台，推出了弘扬优秀传统文化"快！故宫开讲啦"等系列直播课和足不出户学知识"故宫知识课堂"等系列直播课。其他博物馆也可以学习一下中国国家博物馆和故宫博物院，这将有利于我国优秀传统文化的传承与发展。博物馆是国家公共优秀传统文化的主要传承机构，博物馆对保护和传承人类文明起着十分重要的作用。

（三）文创促进优秀传统文化传承发展

文创产品体现了现代人与古代人智慧的完美结合。根据博物馆中馆藏文物的设计理念和文物背景，进行一系列加工后形成了具有中华优秀传统文化的现代产品。这既融入了我国的优秀传统文化，又满足了当代人对潮流的追求。文创产品受到国家知识产权的法律保护。近几年来，我国有关部门出台了一系列关于文化创意的政策，越来越多的人加入文创的行列中，这也为我国的文化创意发展融入了新鲜的血液。

2018年，故宫博物院与北京广播电视台联合推出了《上新了·故宫》文化季播节目。在专家的带领下，人们可以通过节目探寻珍贵宝藏并感受文物带来的浓郁历史气息，了解故宫中每一座台亭台楼阁、宫殿城墙、花鸟鱼池背后所蕴含的故事。在节目中，我们还看到一些故宫博物院从未对外界开放的区域，了解到故宫不为人知的另一面。在人们了解到故宫博物院的同时，故宫博物院也没有闲下来，而是联合设计师和高校设计专业学生一起脑洞大开。随着每期了解的文物及场所不同，设计者们根据文物进行灵感构思，每期节目都会设计不同的文创产品。由于文创产品具有优秀传统文化的特色又紧跟时尚潮流，因此更多的年轻人爱上了故宫文化并将文创产品带回了家。其他博物馆也可以参考故宫博物院这种先进的思想，学习在实践中不断探索的精神，将地域特色和文化融入实用的文创产品中。在当下，让传统创意融入生活的每一个细节，这样才能够更好地弘扬和传承中华优秀传统文化。

（四）文物促进优秀传统文化的传承与发展

博物馆要在优秀传统文化传承与发展的路上走下去，就必须要将馆藏文物充分利用起来。文物是我国古代人民将中国特色与生活紧密结合所创作出来的智慧成果，文物凝聚着我国古代人民的智慧与心血。中国拥有5000年的历史文化，拥有56个民族。因此我国的传统文化源远流长，我国历史文化底蕴十分厚重。因此，我国博物馆经常按照时代、朝代、地域等分类研究我国优秀传统文化。在当下，我们应打破常规，不断创新研究的方向。随着数字信息的时代不断发展，我们可以加强博物馆之间的交流，从而更加系统全面地了解中华优秀传统文化。我们可以从文字、人物、事件等文物入手，进行深入研究。我们可以灵活运用互联网以及科学技术手段，让文物"活起来"，让人更好地了解我国的优秀传统文化。随着新一代青年对文物的热爱，我国掀起了一波"国潮风"，这是青年文化自信的表现。通过他们对传统服饰的热爱，更多人见识到中华优秀传统文化的魅力。因此，作为新时代的人民，我们要保护、弘扬、传承好中华优秀传统文化。

三、博物馆在优秀传统文化传承发展中的实践与探索

（一）加强馆员培训，提升优质服务水平

我国博物馆多以古建筑遗址为基础发展而来。以江苏为例，苏州博物馆馆址为太平天国忠王李秀成王府遗址，南京博物院的前身为1933年蔡元培等倡建的国立中央博物院。诸如此类的博物馆皆为全国重点文物保护单位，其建筑主体受国家文物相关法律保护，不宜大规模改建。此类博物馆游览观赏的一个重要不足是缺乏残障人士的无障碍通道，缺乏对社会特殊群体的基本照顾。近年来，随着国家对博物馆

重视程度的逐步提高，新建博物馆基础设施越来越完善，但许多场馆依旧存在诸如未提供物品寄存、餐饮、文创销售、多媒体体验等服务。博物馆并未将开放服务理念真正地体现出来，在开放时间上未将社会公众实际需求考虑在内，大多数博物馆还存在中午闭馆午休的情况，未考虑到公众参观的便利性，也未制定相应的开放时间。此外，博物馆在提供接待讲解服务时，对馆藏文物的讲解服务总是浅尝辄止，缺乏深度，不够细致。绝大多数博物馆因自身条件的局限性，无法提供多语种的语音导览讲解服务。博物馆作为公益文化类服务单位，应把满足观众的实际需求作为首要问题予以研究，把提升馆员专业化能力作为重要任务，以优质服务提升游客的舒适度和满意度。

（二）组建博物馆联盟

博物馆因馆藏文物、经费来源和服务对象的不同，大致可分为综合类、历史类、科技类和艺术类等几种类型。受各个独立博物馆的机构规格和岗位设置等因素的制约，国内博物馆普遍缺乏从事藏品研究和展陈策划方面的专业研究人才，各个博物馆对自身馆藏文物资源的科学研究和充分利用的深度、广度都严重不足。因此，博物馆可以通过博物馆联盟的形式加强馆际交流与合作，以馆藏文物的类别为基础组建成立博物馆联盟组织，将联盟内各成员单位的专家、学者进一步整合起来，打造出一支专业性较强的科研团队，将馆际相融相通的传统文化传承项目统一研发出来，以实现资源整合、优势互补、成果共享的目的。近年来，有许多城市已率先开启此类博物馆联盟的探索尝试。2017年5月，丝绸之路国际博物馆联盟在北京首都博物馆成立；2018年5月，长春市24家博物馆成立长春市博物馆联盟；南京都市圈8市共同签署了《南京都市圈公共博物馆合作联盟协议》；2018年12月，全国工业博物馆联盟在北京成立。此类博物馆联盟的组建，进一步扩大了联盟博物馆的学术研究范围，实现了馆际人才、资源和信息交流的实时共享，为更好地发挥博物馆在社会教育和文化传承方面的功能创造了有利条件。

（三）探索"博物馆+"模式

博物馆馆藏文物是最珍贵的不可再生资源。对馆藏文物的深入研究是科学进步的主要推动力。在"互联网+"的新时代背景下，博物馆跨界融合、创新发展必将成为一种新业态。"博物馆+互联网""博物馆+学校""博物馆+媒体""博物馆+金融"等新模式层出不穷。2017年，中央电视台推出的大型文博类探索节目《国家宝藏》将国内九大国家级博物馆的珍贵文物搬上荧幕，豆瓣评分高达9.3分，引发热议，真正做到了让国宝"活起来"，让历史可听、可看、可感，是"博物馆+综艺"的著名范例。

2017年12月，故宫博物院授权民生银行使用故宫文创IP版权形象，推出故宫文创主题信用卡；2019年1月，故宫博物院授权工商银行推出故宫联名信用卡是"博物馆+金融"的新探索，为深入挖掘中华优秀传统文化内涵、实现互惠共赢探索出了新模式。

此外，博物馆在社会教育职能方面采用最多的是加强与教育部门的密切合作，开创馆校合作的新模式。在博物馆文化传承内容的开发过程中，我们应充分考虑到学校对校外课程资源的需求情况，结合学校教育教学大纲，与广大师生加强沟通，有针对性地安排课程内容，而不能只考虑到博物馆已有的资源情况，要对教育内容做出随机安排。博物馆要充分利用馆藏资源，注重对学校学生服务模式创新，开发灵活多样的课程项目，为教师培训和校本课程的开发提供优质服务。

（四）优化展陈设计，打造博物馆传统文化传承网络平台

文物的陈列展览是一门专门的艺术，需要设计者根据文物的特征，别具匠心地设计展台和展出顺序，赋予展品一定的主题与情感，从而引发参观者的情感共鸣，向参观者展现文物的独特文化底蕴。文物本身不会说话，需要策展人用心观察、仔细研究，从而代替它们发出自己的声音。博物馆为增强对社会公众的吸引力，拓宽传统文化的传播范围，应该主动精心优化展陈设计，为公众提供更好、更舒适的游览观赏服务，让人们真正感受到文物本身蕴含的文化内涵，以促进传统文化的传承发展。随着当前科技与文化的融合越来越深入，在数字技术发展与应用过程中，博物馆学领域逐步涌现出数字博物馆、虚拟博物馆、移动博物馆、泛在博物馆和智慧博物馆等概念。国际博物馆界也逐步在藏品管理、安全监控、藏品运输、陈列展示、教育活动、文创开发、宣传推广等方面应用数字技术，让博物馆的发展有了更多的活力。当前我国多数博物馆的数字化建设仅停留在个别展厅以多媒体形式播放专题资料片层面上，不能满足游客对馆藏文物观赏和研究的实际需要。此外，博物馆"两微一端"等网络宣传媒介应用力度也严重不足，需要各博物馆提高重视程度，加快博物馆数字化信息库建设进度，打造传统文化传承网络共享平台，力求在时空上寻求突破，进一步扩大文化传承的覆盖面。

第五节 数字博物馆助力中华文化传承与文化自信培育

一、数字博物馆对文化传承和文化自信培养的作用

数字博物馆是数字化技术在博物馆领域应用的新生事物。我国于2000年实施"中

国数字图书馆工程"，旨在通过整合文化信息建立数字资源库。"数字故宫"的建成标志着我国进入真正意义上的数字博物馆发展阶段。作为汇集历史、文化、教育、现代文明等多重数字博物馆助力中华文化传承与文化自信培育元素于一体的新技术产物，数字博物馆在文化的传承中扮演着关键角色。

（一）数字技术赋能文物生命力

随着数字产业化和产业数字化的发展，利用数字技术提升中华优秀传统文化的核心竞争力成为文化建设的重要一环。数字博物馆也借助数字化技术使文物获得了"重生"。

虚拟现实技术对现实场景的模拟，能够对历史文化资源中的故事进行虚拟演绎，充分发掘历史文化内涵，如"数字圆明园"项目便是利用虚拟现实与增强现实技术"复原"了圆明园原貌。3D动画技术能够有效提升文物扫描的精度与分辨率，使观众获得更真实的视觉观感，如上海博物馆推出的三维藏品，通过空间分割以及视觉高差设计打造了层次丰富的虚拟场景。此外，数字技术还实现了对受损文物的虚拟修复，如科研人员采用激光扫描仪对兵马俑碎片进行扫描，获得裂面数据后进行碎片拼合，成功复原了兵马俑头部。幻影成像技术利用光学错觉原理将现实情景与历史场景叠加，让历史"活"起来。

中国古老文化与数字技术的结合不仅焕发了文物的生命力，也彰显了中华优秀传统文化与时代同频共振的先进性，这也为增强文化自信提供了重要依据。

（二）数字化连接延展了馆藏文物的时代价值

依托互联网技术建构的赛博空间，数字博物馆实现了空间的数字化连接。通过信息的超链接以及智能化检索功能，数字博物馆能够对藏品资源信息进行时空延展，使馆藏文物及历史文化得以全方位、立体式展现。数字技术也可以对文物的外部形状、内部构造、制作原理、使用方式、应用领域及改进创新状况进行全景展示，帮助观众沉浸式理解博大精深的中华文化内涵。如故宫博物院的项目"超越时空的紫禁城"，借助数字技术形象生动地再现了故宫建筑及故宫文化。

（三）数字技术保护本土文化与历史文脉

数字博物馆作为中华优秀传统文化的积淀与浓缩，是传承中华文明、中华文化和民族精神的物质载体。数字技术革新了传统文化的保存方式与展示形式，建设动态的传统村落数字博物馆对于传播村落文化、保护农耕文明具有重要意义。

2017年，中共中央办公厅、国务院办公厅印发《关于实施中华优秀传统文化传承发展工程的意见》，提出实施中华文化新媒体传播工程，充分发挥博物馆等公共文化机构在传承发展中华优秀传统文化中的作用。同年，住房城乡建设部办公厅印发《关于做好中国传统村落数字博物馆优秀村落建馆工作的通知》，正式开启中国传统村落数字博物馆建设工作。在数字技术的加持下，传统村落数字博物馆建设取得了长足发展，为还原村落全貌、发掘村落文化、保护历史文脉做出了突出贡献。

例如，以贵州省铜仁市石阡县国荣乡楼上村为原型建设的数字博物馆，展示了该村的全景风貌、历史文化、环境格局、传统建筑、民俗文化、美食物产和旅游景点等内容，开放式、共享式、全景式的数字平台使独特的村落文化和风土人情获得了更多"被看见"的机会，这不仅能够有效保护城镇化浪潮裹挟下日渐式微的村落文化，也能够通过对传统村落价值、文化内涵与文化魅力的挖掘与展示，推动村落文明的发展与中华优秀传统文化的传承。这种触摸历史、感知文脉的方式，对于增强全体国民文化自信和文化自觉至关重要。

二、数字博物馆文化传承和文化自信培养的路径

（一）数字技术的创新应用

首先，数字化展示与交互。借助虚拟现实（VR）技术，观众可以"穿越"到古代，感受历史的厚重；通过增强现实（AR）技术，文物上的细节和纹理仿佛触手可及，为观众带来前所未有的感官体验。这种高度沉浸式的参观方式，不仅让年轻人更容易被吸引，还能让他们对传统文化产生更浓厚的兴趣。

其次，数字化修复与保护。利用数字技术，受损的文物得以重现昔日风采。通过高精度扫描和三维建模，我们可以对文物进行无损检测，发现其内部的损伤情况；再利用计算机图形技术，对文物进行虚拟修复，恢复其原貌。这不仅为文物保护提供了新手段，也为文化传承提供了更多可用的资源。

（二）丰富的教育资源开发

首先，在线教育平台。数字博物馆可以建立专门的在线教育平台，针对不同年龄段和学习需求的人群，提供丰富多样的文物知识和历史文化课程。通过视频讲解、互动问答等形式，让学习变得更加有趣和生动。

其次，互动学习工具。开发各种互动学习工具，如文物识别APP、历史场景模拟游戏等，让学习变得更加轻松和有趣。这些工具通过寓教于乐的方式，让公众在娱乐中了解和学习传统文化，提升文化素养。

（三）跨界合作与共享

首先，与其他文化机构合作。数字博物馆可以与图书馆、档案馆等机构建立合作关系，共享彼此的资源，共同开发文化产品。例如，可以联合举办展览、出版图书、制作纪录片等，将文物和历史故事以更加多元的形式呈现给公众。

其次，跨界合作推广。数字博物馆还可以与影视、游戏等产业进行跨界合作，将文物、历史故事等元素融入影视作品、游戏产品中。这种方式可以让更多人在娱乐中了解传统文化，扩大文化传承的影响力。

（四）公众参与与互动

首先，社交媒体互动。数字博物馆可以利用微博、微信等社交媒体平台与公众进行实时互动。通过发布文物介绍、历史故事等内容，吸引公众的关注；同时，积极回答公众的疑问，分享文物背后的故事，增强公众对文化的认同感和归属感。

其次，线上活动与竞赛。举办线上文物知识竞赛、文化创意大赛等活动，不仅可以激发公众参与文化传承的积极性，还能挖掘和培养更多对传统文化感兴趣的人才。这些活动通过竞赛和奖励的形式，让公众更加深入地了解和学习传统文化。

（五）文化自信的培育

首先，传播正面文化价值观。数字博物馆在展示文物和历史故事的同时，也要注重传播中华优秀传统文化中的正面价值观。通过展示诚信、尊老爱幼、和谐共处等优秀品质的故事和案例，让公众更加深入地了解和认同这些价值观，从而增强文化自信。

其次，展示文化创新成果。数字博物馆还可以展示文化创新成果，如非遗技艺的数字化传承、传统艺术与现代设计的融合等。这些创新成果不仅展示了传统文化的活力和现代价值，也为公众提供了更多的文化选择和体验方式，进一步增强了文化自信。

综上所述，数字博物馆通过数字技术的创新应用、丰富的教育资源开发、跨界合作与共享、公众参与与互动以及文化自信的培育等途径，可以有效地推动文化传承和文化自信的培养。这些路径不仅为数字博物馆的发展提供了广阔的空间和机遇，也为社会的文化繁荣和发展做出了积极的贡献。

第三章 革命历史纪念馆与青少年教育

第一节 革命历史纪念馆红色文化传播的实践

一、革命历史纪念馆概述

革命历史纪念馆是指纪念我国近现代史上重大历史事件及历史人物的专题性博物馆。它们依托于有关的革命遗址、纪念建筑和文物资料，是这些重要元素的重要收藏机构、宣传教育机构和科学研究机构。革命历史纪念馆是陶冶情操、净化心灵的场所，又是一个振奋民族精神、强国兴邦的课堂，更是一处集历史文化、爱国主义教育与旅游观光于一体的胜景。

（一）革命历史纪念馆类型

1. 按人物划分

中国近现代史的洪流中涌现了一大批抵御外侮、救国救民的革命英雄，为铭记革命历史，悼念革命先烈，人物类革命历史纪念馆应运而生，其主要分为重要历史人物纪念馆与革命烈士陵园两大类。

（1）重要历史人物纪念馆

以纪念重要历史人物为主体的历史人物类纪念馆是革命历史纪念馆的主体，其通过大量具体翔实的文史资料与影视素材，重温中国革命历史，再现中国共产党人的光辉事迹与精神风貌，铭记为中华民族复兴伟业披荆斩棘的革命先辈。北京毛主席纪念堂、河北白求恩纪念馆、山西孙中山纪念馆、南京鲁迅纪念馆、淮安周恩来纪念馆等，诸如此类人物纪念馆树立了"一个名字一座丰碑，一个故事一条脊梁"的不朽传奇。他们共同筑起了中华民族灵魂的高塔，共同编织了从衰败没落到独立自强的大国神话。缅怀英雄先烈不仅可以弘扬英烈精神，提振民族志气，增强民族斗志，而且利于凝聚人心，培育民族情感，强化民族认同感与自豪感。2011年，由3D虚拟技术引领的"领袖人物3D虚拟纪念馆"正式上线，其不仅提供了参观游览的仿真虚拟环境，而且设置了鞠躬、献花、写悼词等互动体验，是对历史人物纪念馆展陈方式的又一次创新。

（2）革命烈士陵园

革命烈士陵园是为纪念在战争中抛头颅、洒热血的革命先驱以及为中国革命事业披肝沥胆，献出宝贵生命的英雄先烈们修建的具有纪念意义的陵园，主体由烈士墓陵构成，附有碑、柱、塔、亭等纪念建筑。在中国革命历程中，无数革命先烈心怀远大理想，用生命焕发信念之光，谱写中华民族壮丽的历史诗篇。中国共产党历来重视褒奖革命先烈的光辉事迹，传承革命先烈的精神品质以启迪后人。例如上海市龙华烈士陵园以1500余张照片、400余件实物，涵盖油画、铜版、玻璃刻画等艺术作品，集中展示了257位英雄先烈的生平事迹，生动还原了一位位真实的英雄；南京雨花台烈士陵园主体由烈士就义群雕、烈士纪念碑、倒影池、纪念桥、忠魂亭等组成，门庭伫立着刻有"日月同辉"的花岗岩石雕，象征着革命烈士与山河共存、与日月同辉的豪迈气概。但无论革命烈士陵园以何种形式呈现，其始终诠释着中国共产党人的初心使命，激励着后人踔厉奋发。

2. 按事件划分

以事件为主要内容的革命历史纪念馆，志在纪念中国近现代发生的对历史进程产生重大影响的历史事件。泱泱大国从满目疮痍至百废俱兴，从风雨如晦至海晏河清，从内忧外患至国泰民安，中国革命史乃至世界史一次又一次地被改写，中国共产党创造了一个又一个奇迹，无不生动诠释着肩负民族复兴坚如磐石的信念。为存留历史记忆、纪念重要历史事件，革命历史纪念馆依据事件类型，主要分为会议旧址类、办公遗址类、运动起义类以及重大战役四大类。

（1）会议旧址纪念馆

中国革命进程不是一帆风顺的，它经历了多个生死攸关的转折点。每一场紧急会议都是决定中国革命方向的"指南针"，检验中国共产党人的"试金石"，救中国革命事业于水火之中的"操盘手"。每一处会议遗址都承载着中国共产党人为中国革命事业殚精竭虑的炙热情怀，寄托着为中国人民谋求和谐幸福的美好愿望。为纪念中国革命进程中产生的重要会议，会议旧址纪念馆应运而生，其通常以具体会议为载体，通过不断修缮刻画还原会议会址原貌，以简单朴素、原汁原味为主要特征。诸如古田会议纪念馆、遵义会议纪念馆、洛川会议纪念馆、中共一大会址等在宣扬历史史实、传承革命精神等方面发挥着独一无二的赓续作用。近年来，会议旧址纪念馆大踏步赶上时代，搭上科学技术发展的快车，不断创新展陈形式，开发琳琅满目的文创产品，辅之宣誓、诵读、献花等仪式，日渐强化其潜在的思想政治教育价值。

（2）办公遗址纪念馆

以上海中共中央机关办公地遗址、闽南工农革命委员会等为代表的办公遗址类纪念馆被列为各地重点文物保护单位，这是革命历史纪念馆的特殊形式之一。其区别于其他事件类纪念馆的主要特点在于，一方面，其不依托特定的重大历史事件，而仅凭借简陋破旧的办公楼成为纪念中国革命历史的重要载体；另一方面，办公遗址类纪念馆所存留的历史记忆内容广泛，涉及经济、政治、文化等各个领域，通常可以映射出完整的一段中国革命历程，反映这一时期的社会全貌。以中共中央西南局缙云山办公地遗址为例，其再现了邓小平、贺龙、刘伯承等革命党人在西南地区推动经济建设、建立巩固政权、发展体育文化事业以及开展革命斗争等社会实践，激励着人民群众与广大青年群体慎思笃行，协心勠力，自觉投身于实现中华民族复兴伟业的生动实践之中。

（3）运动起义纪念馆

运动起义纪念馆中绝大部分同时隶属于爱国主义教育基地，是开展党史教育、熏陶爱国情感的重要场所。回溯中国革命历史上著名的起义运动，武昌起义敲响封建王朝统治的丧钟；南昌起义打响武装反抗第一枪；秋收起义勇创中国革命新道路；五四运动破开新民主主义的大门，如此等等。为突出表彰此类运动起义在推动中国革命进程中所产生的积极意义，特于各地增设专题性纪念馆，以此铭记诞生于革命起义之中的各类革命精神。此外，由于起义必然带来牺牲，因而此类革命历史纪念馆大都采用灰色、青色等颜色以渲染凝重肃穆的氛围。

（4）重大战役纪念馆

中国革命事业的胜利绝不是轻轻松松、敲锣打鼓实现的，而是一场场残酷的战役、一条条鲜活的生命、一包包沉重的炸药铺就的取胜之路，是具有深厚底蕴的历史场所，是英魂盘踞的重要阵地。新四军黄桥战役纪念馆、渡江战役纪念馆、济南战役纪念馆、辽沈战役纪念馆、四平战役纪念馆等，这些著名战役纪念馆凝结着珍贵的历史经验，蕴含着克敌制胜的重要法宝，对当今时局形势的剖析具有深刻意义。习近平总书记曾在参观时指出，重大战役的胜利充分展现了老一辈革命家非凡的战略眼光与战略谋划。如今，将个人置于革命战役的真实场景之中，有利于参观游览者从全局出发，综合分析考量战争发生背景、战争特点以及所采取的战略策略等因素，从而与彼时的共产党人产生共情，更加坚定共产党人决策的科学性以及领导的正确性。

（二）革命历史纪念馆的特点

1. 教育内容的科学性

革命历史纪念馆不仅是历史的殿堂，更是科学的殿堂。其科学性育人特点主要源于三方面。首先，作为政府机构直接管辖的公共文化服务机构，革命历史纪念馆的陈列内容须经严格审核与考证，以确保其真实性与科学性，以维护政府形象并发挥思想政治教育功能。其次，馆藏文物作为纪念馆的主体内容，多为书籍、报纸及革命人物遗物等一手资料，具有客观性，让参观者能与真实历史"对话"。最后，革命历史纪念馆的收藏研究功能使其肩负还原历史、解决实际问题的职责，通过多种方式征集资源，力求最大限度地还原历史真相。

2. 教育资源的多样性

多样性在革命历史纪念馆中体现为陈列主题的丰富性、馆藏文物的多元性和展陈形式的多变性。展览主题作为纪念馆的生命与灵魂，可根据不同馆藏资源和条件细化分类，吸引更多参观者。文物的多元性源于人类实践活动的多样性，无论形式如何，都是历史的载体。展陈形式则随通信技术的发展而创新，融合多种媒介，向网络化、数字化、智能化发展。这些创新不仅丰富了纪念馆的育人价值，也显著提升了育人效果。

3. 学习资源的直观性

直观性属于艺术范畴，是其基本属性之一，主要表现在两方面：一是具体性，即每一位审美对象都能凭借自己的艺术感受及心灵感官做出具体明确的审美判断，并在脑海中产生与其相符的审美意象；二是直接性，当人们处于审美环境中，针对审美对象无须经过逻辑思维的反复推理，便可获得令人愉悦的审美感受的过程。革命历史纪念馆的陈列展示功能为人们创设了获得审美直观性的优越条件，其通过红色书信、报纸、图片等革命文物讲述"历史故事"，将漫长的革命历程及艰巨的革命斗争过程直观地展示在人们面前，面对面地传达革命先烈们舍生忘死的英雄气概与坚贞不移的革命信念，使人们尤其是青少年在熟悉中国革命史基本内容、把握历史发展脉络的同时，增强对中国共产党以及中华民族历史文化的认同感与归属感。此外，随着科学技术不断赋能革命历史纪念馆建设发展，5G博物馆、虚拟体验博物馆等创新性成果不断涌现，革命历史以更加直观可视的形式环绕在人们周围，身临其境般的现实体验不断强化革命历史纪念馆的思想政治教育功能。

4. 教育价值的潜隐性

潜隐性是革命历史纪念馆育人育才的显著特点，主要体现在两方面。首先，教育价值具有潜在性。革命历史纪念馆馆藏文物的多样性不仅增强了游览的趣味性，也提升了纪念馆的吸引力。这些文物所蕴含的信息和价值往往远超表面，它们在不同历史背景下潜藏着丰富的教育意义，如红色歌谣，不仅具有艺术价值，还能揭示革命史实和人民真实生活。在新时代，通过推广这些歌谣，能在无形中发挥思想政治教育的功能。其次，教育过程具有隐蔽性。革命历史纪念馆日益受到青睐，成为人们休闲游历的选择。这不仅因为人们文化修养的提升，更因为纪念馆通过多样化的展示形式，使人们在不知不觉中既学习了革命知识，又得到心灵的净化。这种内化过程与学校课堂的显性教育形成鲜明对比，体现了纪念馆教育的隐蔽性特点。

二、新时代下革命历史纪念馆传播红色文化的意义

（一）引领社会价值观

在科技信息飞速发展的背景下，互联网获得了非常广泛的运用和认可。但无法否认的是，时代发展虽然要有先进科学技术的支持，但同时也更离不开传统历史的支撑。历史不但是我国文化的传承，更是一种增强民众思想意识的有效途径。因此，革命历史纪念馆的工作人员应发挥出科学技术和历史文化的作用，促使广大民众把传统历史与红色文化牢记在心中，不断学习我国先进历史人物的伟大精神，这已经成为现代纪念馆工作人员的主要任务。国家和社会在不断发展的过程中，需要全方位传播与弘扬自己的传统文化。红色文化是我国乃至全世界发展中一段非常重要的历史进程，它代表了英勇大爱与顽强不屈的精神。在当前，大多数纪念馆主要是通过纪念馆中现有的机械设备，如地理沙盘、投影仪等，结合传统的模式，给人们详细讲解我国红色文化当中的经典历史事迹。通过革命先辈们用过的生活用品、书籍物件等文物，潜移默化地转变人们的思想意识，使其认识到伟大的革命先烈对我国社会发展的巨大付出，使人们和这些文物产生共鸣，从而继承和弘扬红色历史文化与精神，这对引领和提高全国各族人民的社会价值观有重要的意义。

（二）实施爱国主义革命教育

在传播和弘扬我国红色文化的过程中，时刻牢记和贯彻落实爱国主义的革命教育是革命历史纪念馆的重要任务。为了纪念革命先辈的红色精神，我国设立了很多革命历史纪念馆，来保存和展示先辈们遗留的宝贵文物。实际上，这些革命历史纪念馆就是继承红色文化的载体，在具备有效载体的状况下，最大限度地运用与发挥其作用和价值，把爱国主义理念植入所有人心中，切实提升我国广大人民群众的思想高度，这也是革命历史纪念馆的现实意义所在。当前，传播与弘扬红色文化、实施爱国主义革命教育是革命历史纪念馆的重要任务及存在的意义。可见，爱国主义教育必须尽快落实，全面实施，由此激发人们对祖国的热爱，培养人们的爱国情怀，促使我国广大人民群众都能团结一致，尽快实现复兴中华民族的伟大中国梦。

（三）进行干部党性教育

红色历史文化具备政治性特征，是中国共产党的一面旗帜，它蕴含了共产党的伟大奋斗历史，诸多鲜活真实的历史事件对人们起到了巨大的激励效用。因此，进一步推动革命历史纪念馆的发展，大力弘扬传统文化，也是对现阶段党员干部开展党性教育的有效措施，有利于对中国共产党的政权进行良好巩固。根据我国当前的发展状况来分析，应针对党员落实好相关的党性教育活动，将革命历史纪念馆的作

用和功能最大限度地发挥出来，积极弘扬红色文化，切实提升党性教育的效果和质量，以此促进和实现更加理想的红色教育成果，这也是建立革命历史纪念馆的实际意义。

（四）提高群众信仰

革命历史纪念馆的建立，对于提高人民群众的革命信仰也有巨大的促进作用和意义。究其原因，主要在于红色文化的民族性、人民性、时代性及开放性等特点。它蕴含了中国共产党人坚持不懈的宝贵精神财富，这些珍贵的革命精神文化可以很好地提升人民信仰，对社会主义核心价值观的践行起到了引领作用。革命历史纪念馆在推广红色文化时，还能给公众开展爱国主题的教育活动。抗战类专题纪念馆中储存了很多革命先辈用过的战争实物、生活用品等，有了这些珍贵的历史文物，广大人民群众既可以对革命先辈进行缅怀，又可以在很大程度上对其造成潜移默化的影响，使其更加坚守共产主义信仰。此外，革命历史纪念馆是弘扬红色文化的主要阵地，常常为广大民众声情并茂地进行爱国主义内容的讲解，把红色精神积极传播给大众，使他们更加深刻地体会到共产党人抛头颅洒热血、不畏艰难险阻的伟大精神，以此有效激发他们的爱国情怀，让他们在其中获得鼓舞与启发，提升我国广大群众的信仰，从而为实现中华民族伟大复兴的中国梦做出更多贡献。

三、促进革命历史纪念馆传播红色文化的措施

（一）加强专业馆员的队伍建设

在革命历史纪念馆传播红色文化的过程中，基层工作人员是最重要也是最直接的实行者，在很大程度上决定着红色文化传播的效果。因此，纪念馆应该增强对专业馆员队伍的建设，严格遵循"以人为本"的原则，多方面多途径地培养专业的优秀馆员，使之更好地将红色文化的精髓与功能最大限度地发挥出来。第一，可以为馆员争取和安排更多的专业学习机会，为其提供专业的学习平台等。同时，纪念馆还应不断引进高素质、高技能的人才，培训更多懂内容设计、懂文物保护与鉴定的综合型人才，给工作人员打造积极融洽的工作环境与发展空间，将人才作用充分发挥出来，进一步促进革命历史纪念馆的可持续发展，为革命历史纪念馆的红色文化弘扬工作提供有力的人才基础。第二，馆员应掌握充足的基础知识和扎实的实践技能，利用职业教育和实践培训相结合的模式，在持续实践和培训中不断提升自己。第三，纪念馆还应全方位落实责任制，把职责细化到所有人身上，严格问责以及追责产生错误的工作人员。第四，建立切实可行的激励制度，鼓励工作人员进行积极革新，全方位推行质化和量化并重的考评模式，以此保证馆员队伍的有序长远发展。

（二）进一步强化史料收集工作

革命历史纪念馆不但应采集和本身主题相符的革命照片、遗物、新闻报道等一手资料，还需要注重口述史料的重要意义，自觉承担起抢救"活资料"的重大责任。在征集革命文物史料的方法中，口述史料是比较有效的，其获得的史料都是十分宝贵的原始资料，一般是经过邀请、走访以及慰问那些参加过革命的同志，通过他们亲口讲述曾经历或接触过的历史事件和人物，表达自己的观点。如果一些老同志已经离世，可邀请他们的子孙来讲述自己听闻、看过的革命事迹和人物，然后利用录音、录像等形式来采集与规整。在走访、慰问老革命家之前，应拟定相应的计划，明确访问目标以及提纲，这样才能够采集与掌握更加精准、真实以及可靠的史料。收集口述史料不仅可以使革命历史资料更加丰富，弥补由于其他因素导致的档案文献、历史细节的空白，还能够有效促进革命历史纪念馆加强宣教革命文化，利用宣传口述史料采访的音频，深入挖掘更多的新资源，给广大群众带来更加丰富、真实、有价值的历史文化，加强革命传统以及历史教育的感染力、信服力，进一步推动革命文化的弘扬与传承。

（三）举办红色活动，讲好革命历史故事

革命历史纪念馆不仅是学生了解革命文化、人民缅怀先烈的主要基地，也是举办红色主题活动的重要阵地。革命历史纪念馆应该积极运用特殊节日、重大革命事件纪念日、节假日等组织举办与红色革命有关的主题实践活动。根据相关调查研究显示，部分革命历史纪念馆会通过特殊节日，组织各种各样的红色革命文化相关活动，全方位、多角度地推进红色革命文化与学校、社会、当代生活等层面的充分融合；拍摄与"红军长征八十周年"相关的纪录片，提供给人们进行学习与观看；举办"重走红军长征路""红色歌曲演唱会"等一系列宣教活动。一些革命历史纪念馆会定期开展与革命人物伟大精神以及英勇传奇等相关的红色主题歌颂活动。利用丰富多样的红色主题活动来积极推广与宣传革命故事，促进娱乐性与教育性的有机融合，积极鼓励广大党员干部及社会大众树立远大理想，形成崇高品质，坚定理想信念，积极承担历史使命，加强人民凝聚力，提高自身整体素养，在实践当中自觉践行追求和信仰。所以，革命历史纪念馆需要重视全面组织与举办可以体现革命纪念馆教育作用的实践活动，重视革命纪念馆中特色主题和纪念活动的真实体验感、庄重仪式感以及筹划完整性，促使人民群众在多样有趣的红色活动中弘扬革命文化、宣传历史知识，最大限度地发挥革命精神的激励作用。

（四）严格遵循"三贴近"原则创建传播平台

在创建新时期文化的过程中，革命历史纪念馆对红色文化的传播具有十分关键

的作用。地方纪念馆具有历史性、艺术性、文化性,在传播传统历史以及红色文化中承担着非常重要的职责,需要在实现全方位建设新时代文化、文化大繁荣期间贡献更大的力量。因此,纪念馆在开展各项工作的过程中,应严格遵循"三贴近"的原则,即贴近实际、贴近公众、贴近生活。而要做到这一点,需要革命历史纪念馆管理人员积极解放思想、转变观念,紧跟时代发展潮流,将纪念馆传播红色文化的时代使命和社会责任进行充分结合,高效传播红色文化,提升革命历史纪念馆的社会影响力,加强广大人民群众对革命精神和传统文化的敬畏感与认同感,以此进一步实现革命历史纪念馆的长远稳定发展。具体可以通过以下几点加以实现。一是转变思想观念,化被动为主动,深入人民群众,结合馆中的陈列展览进行有目的性、针对性的问卷调查。对大众的反馈信息和建议应引起高度重视,详细掌握广大群众的具体要求,想尽一切办法使他们可以积极主动地加入纪念馆红色文化传播工作中,在观赏历史文物的过程中获得身临其境的体验,尽可能缩小纪念馆和大众之间的距离,从而真正实现红色文化的双向传播。二是主动深入挖掘。纪念馆应根据自身优势并深入挖掘历史资源,组织开展各项寓教于乐的文化传播活动。同时利用大面积的传播与弘扬工作建立极具自身特色的传播平台,确保各项工作都能够贴近实际、贴近公众、贴近生活。

(五)运用革命文化素材建立传播产业链

革命历史纪念馆中蕴含了十分丰富的革命文化资源,红色文化的弘扬与传播不可能仅仅依靠大众到革命历史纪念馆中的学习和参观,还需要革命历史纪念馆具备多样丰富的文化呈现形式,从革命时期到新时代,从收集革命题材到弘扬革命精神,红色文化的内涵越来越丰富、呈现形式也更加多元,遵循与时俱进的原则,更好地满足不同群体、时代与传播红色文化的要求。所以建立集红色刊物、红色旅游等于一体的传播产业链,使人们可以时刻体会到红色文化的熏陶和洗礼是十分必要的。

第一,革命历史纪念馆可以与出版社合作,把馆中的革命事件、伟人故事编写成极具理论性、可读性的出版物让人们进行阅读浏览,加强弘扬红色文化,广泛传播革命知识。第二,利用媒体平台,把获取的各种口述史料制作成回忆录,不断拓展红色文化的受众范围,加强人们对红色文化的深入认识。第三,可以把馆内的红色素材拍成影视作品,利用形象直观、情感饱满的形式呈现出红色文化,有助于提升人们对革命文化的学习积极性,体会到崇高的革命精神,激起心中的爱国热情,另外,还能够将其当作馆内的陈列展览内容,吸引越来越多的人来学习与传播。第四,还可以研发出具有参与性和体验性的战斗小游戏,人们能够在革命历史纪念馆的微信小程序、官方网站等平台内应用,在游戏中融入革命故事以及真实场景,将革命历史背景和战争发展真实还原出来，密切贴近史实，指导人们更加深刻地认识革命的各种事件，利用潜移默化的教育模式促进红色文化的传播与弘扬。

（六）馆校合作，深化教育功能

革命历史纪念馆应重视对当代年轻人的教育工作，特别是应该高度重视对当代学生的教育，把红色文化和革命精神的种子播种在他们的心中，促使现代年轻人在学生阶段就开始受到红色文化的教育，并在潜移默化中树立良好的传播与弘扬意识。要想更好地使学生在思想认识上深刻领悟到极高的素质教育，革命历史纪念馆应进行不断革新并重新思考，在向他们介绍红色文化和革命精神的过程中，给他们留出充足的提问机会和思考空间，以此培养更多优秀人才。为了鼓励学生主动思考，热爱红色文化，教师和馆内工作人员应从诸多方面进行考虑，如对传播的内容应有针对性地选取，激发学生的学习热情和求知欲，传播方式也应根据学生的年龄特点、喜好、认知进行选择，以此提高传播效果。

第二节 革命历史纪念馆开展青少年爱国主义教育的独特优势

一、纪念馆开展青少年爱国教育的独特优势

（一）拥有丰富的陈列展览资源

纪念馆作为服务于社会发展的公共文化服务单位，办展览是其提供公共文化服务的重要方式。纪念馆除了拥有以纪念的杰出历史人物或重大历史事件为主题的常设展览外，还会不定期推出各类临时展览。这些展览资源可以为青少年提供丰富的历史文化知识和思想道德滋养，对于青少年陶冶情操、丰富学识，具有显著作用。青少年平时是在相对封闭的校园环境中接受教育、学习文化知识，以课堂学习为主。而纪念馆是一所开放的"大学校"，是展示实物的课堂。纪念馆的陈列展览以文物、图片、艺术品、多媒体展项为主，具有直观生动、信息量大等特点，对青少年有很强的吸引力。在知识传授方面，纪念馆能与学校的课堂教学形成互补，被誉为青少年的"第二课堂"。青少年走进纪念馆，不仅可以参观常设展览，还可以参观纪念馆不定期举办的各类临时展览。临时展览不定期更新，为青少年提供持续参观纪念馆的"兴趣点"。

（二）拥有专业的宣教人员队伍

社会教育工作是纪念馆的重点业务工作之一。通常情况下，纪念馆都配备了专

职或兼职的宣教人员。纪念馆的宣教人员充当着讲解员、辅导员、咨询员、宣传员、教育员等角色，他们有着丰富的社会教育经验，不但对纪念馆所纪念的杰出人物或重大事件的历史十分了解，而且对青少年的年龄特征和心理特点也比较了解，能采取有针对性的讲解方式对青少年实施教育。例如，青少年走进纪念馆参观展览时，宣教人员不仅能为青少年提供有针对性的讲解服务，将纪念馆所展示的文物和资料中蕴含的历史文化娓娓道来，而且能与青少年互动探讨，及时解答青少年观展时产生的疑问。纪念馆宣教人员也会不定期深入校园，为青少年学生送去精心准备的教育课程，或与学校教师联合策划开展各类教育活动，将纪念馆所承载的历史文化和价值理念传递给广大青少年，让青少年从中受益。专业的宣教人员队伍为扩充青少年的历史文化知识、培育青少年的民族精神和爱国情怀提供了重要的人力资源保障。

（三）拥有丰富而珍贵的文物、旧址资源

纪念馆通常拥有得天独厚的文物、旧址资源，这些文物文献资料和旧址资源见证着历史、承载着文化，是纪念馆开展社会教育的生动教材。这些宝贵的文物文献资料对青少年具有很强的说服力和感染力。青少年在学校学习的一些概念性知识较为抽象，而纪念馆展出的文物文献资料从视觉上就可以直接被感知，易于被青少年理解和接纳，从而容易在他们脑海中留下较深的印象。纪念馆拥有的旧址资源，不仅具备建筑学上的价值，也蕴含着丰富的历史文化。青少年通过观看文物、参观旧址，聆听关于文物和旧址的故事，建立起对历史文化的直观认知，感悟历史，珍惜当下，走向未来。

二、革命纪念馆对青少年思想政治的教育价值

新中国成立后创建时间较早的革命纪念馆——延安革命纪念馆，陈列的革命文物凝结着党中央在延安时期的光辉历史。下面我们将通过延安革命纪念馆为例，介绍革命纪念馆对青少年思想政治教育的价值。

（一）延安纪念场馆内红色记忆的生成逻辑

延安纪念空间中红色记忆的生成是围绕馆藏展品、叙事逻辑、文化创意三个部分展开的，三个部分具有不同的记忆建构特征，在纪念空间的生产中扮演着不同的角色，是红色记忆生根、发芽、成长的重要基础，它们共同促成了馆内红色文化的传播。

1. 馆藏展品：记忆萌生的意义之源

馆藏展品是延安纪念场馆的重要组成部分，更是纪念空间形成、红色记忆生产的重要基础、意义起源，在建构整体纪念场馆的文化构建中发挥了重要的基础性作用。

历史主题是纪念场馆记忆类型的划分依据，是建构红色记忆的逻辑起点。在不同的历史主题牵引下，一桩桩历史事件串联起大众的过往记忆，纪念场馆也据此展示了延安不同主题的红色记忆。延安革命纪念馆讲述了党中央领导人在延安十三年领导中国革命走向胜利的光辉记忆；中共中央西北局纪念馆展示了西北革命根据地创建、壮大的地方发展记忆；南泥湾大生产运动纪念馆讲述了南泥湾怎样在三五九旅战士的辛勤劳作下，响应"自己动手，丰衣足食"号召，积极组织大生产，变身为"陕北好江南"的奋斗记忆；延安新闻纪念馆与延安文艺纪念馆分别聚焦新中国新闻出版事业的发展历程和延安文艺的多彩篇章与文化记忆。延安纪念场馆正是以丰富的历史主题作为记忆出发点，进一步传播延安的红色文化。

馆藏展品是纪念场馆中的核心记忆话语，也是生成红色记忆的重要基础。纪念场馆中的历史主题各有侧重，政治、经济、文化、外交的不同背景拥有不同的阐释逻辑。在一个个鲜活的人物形象、历史事件背后，馆藏展品是刻画人物形象、还原历史现场、传承革命精神的关键载体。无论是延安革命纪念馆中记录了毛泽东为中央党校亲笔题词的石刻"实事求是"，还是延安新闻纪念馆中的《人民日报》创刊号和解放日报社大门石刻，抑或是延安文艺纪念馆中目前存留的唯一一件延安鲁艺人自制乐器小提琴，以及中共中央西北局纪念馆中毛泽东为清涧县县长黄静波题写的"坚决执行党的路线"奖状……这些展品都承载着历史的记忆，为我们呈现了延安的革命历史岁月，成为纪念场馆中的物质性话语。相比于其他话语形式，它们更具有鲜明的凝聚性和感染力，成为触发参观者情感共鸣的物质节点，更是馆中参观者红色记忆的意义起源。

革命历史的最集中物质展现就是馆藏展品，这些展品承载着伟大的革命精神，穿越历史的长河，作为一项文化遗存的实体与大众在现代语境中相遇。当游客在观看这些展品时，仿佛就穿梭在当时的历史语境中，将现实空间和几十年前的革命岁月紧紧相连，形成了一种空间层次的经验回溯。参观者在铭记革命历史的同时，也在重温当年的革命精神，展品由此与大众直接相连，帮助大众感知当年的革命岁月，感知纪念空间提供的直观、深刻的体会，生成更具厚度的红色记忆。

2. 叙事逻辑：记忆内涵的线索编织

以历史展品为记忆源头，延安纪念场馆依托历史线索、主题偏向、时空顺序、精神遗产等元素，按照不同的叙事脉络打造出特色鲜明的叙事逻辑，编织起红色记忆的文化表征。

历史线索是纪念场所的空间组构逻辑，是红色记忆的流动路径。延安纪念场馆的叙事逻辑集中体现在诸多历史发展线索的铺陈之中：延安革命纪念馆沿着革命的时间线索，为我们逐一讲述那段革命岁月的人物、事件、成就，展示过往革命历程的艰辛与浪漫；延安文艺纪念馆沿着不同文艺形式的发展线索，呈现出延安时期百花齐放的美术、音乐、戏剧等多样的文艺形式，讴歌时代的人文艺术情怀；延安新闻纪念馆全面展示了新华通讯社、党报、出版事业、广电事业的发展历程，呈现出新中国新闻出版事业的光辉成绩；中央红军长征胜利纪念馆讲述了中国工农红军1934年10月到1935年10月之间进行的史无前例的长征，歌颂了长征这一中国革命史上气壮山河的英雄史诗和伟大的长征精神。

空间叙事是打造叙事逻辑的理论路径，也是红色记忆的生成指引。在每一寸的历史时空中，延安的纪念场馆综合利用馆藏展品、照片图像、话语说明等多种展示形式，形成"物—像—文"的三层空间叙事逻辑，将每一次的历史重大时刻空间化，形成历史沿革中的人物与事件的空间镶嵌，呈现出一段段有血有肉的革命历史传承与红色记忆书写。每一项展品的背后都蕴含着许多历史典故、英烈事迹，也同时拥有专属自身的历史时空轨迹和文化背景。一件件展品构成了馆内的陈列布局，这些展品陈列深刻地反映了我党在延安的革命历程，其轨迹也交织成馆内红色记忆的意义网络。延安纪念场馆不仅沿着历史的时空发展脉络重现历史，更讲述历史与现实的勾连，歌颂了传承至今的延安精神。革命精神的内涵由此连接古今，体现在南泥湾大生产中克服经济困难、实现丰衣足食的历程之中，更体现在文艺作品百花齐放的盛况之中，讲述着革命精神、红色记忆的现代价值。

延安的纪念场馆将古与今相连，为大众展示那一段波澜壮阔的革命历史，无论是革命历史还是人物传说，无论是经济生产还是文艺传媒，大众在不同维度的纪念场馆参观中缅怀革命先烈，并由此生成纪念性的记忆累积，形成对实体空间的内涵填充，缅怀与铭记成为大众在遵循不同场馆叙事逻辑时形成的鲜明感受。这一层次的记忆形成机制可称为"空间压缩"，即纪念场馆将长线的历史发展和广袤的地理空间用极小的时空篇幅与精巧的逻辑设计，概括为浓缩性的内涵呈现，推动记忆的生产，完成纪念的意义。大众由此在短途的纪念馆参观过程中，就能够感受到当年的历史岁月、人物事迹与精神传承。正是源于上述的记忆机制，延安纪念场馆中红色记忆的文化表征得以丰富，这里的表征是指对革命精神的系统化发扬与现代性传承。也正是因为各类叙事逻辑的存在，延安的精神传承得以超越地理空间中物质遗存的简单陈列模式，形成一种受众更易接受的模式完成输出，发挥其现代价值。

3. 文化创意：记忆活力的空间赋予

在延安的纪念场馆中，许多场馆运用各类文化创意元素，打造出特色鲜明的创意空间设计，形成对历史记忆元素的巧妙复刻，形成空间的再造与创新，赋予红色记忆生机与活力。

革命元素是馆中文化创意的表达主题，是提升红色记忆活力的重要出发点。近年来，创意文化产业的蓬勃发展为红色记忆的表达方式提供了新视野，多重展示技术的丰富也为红色记忆的多维呈现提供了新可能。在延安的纪念场馆中，围绕革命元素的解读，文化创意与展示路径的巧妙结合，让许多红色记忆的文化形态超出原有的受众范围，拥有更广阔的受众群体，也为不同主题馆藏展品的文化传播提供了新的方式。这些红色记忆的新形态不仅形成了更出众的传播效果，更让馆内的红色记忆拥有新的活力。

红色文化的科技化、现代化表达是当前活化红色记忆的重要动力。延安的纪念场馆基于历史发展的文化特色、阶段特征，聚焦革命故事和精神传承，运用科技、艺术、动漫等多重手段全方位呈现红色记忆的魅力，把革命元素和流行文化结合，让红色记忆更为立体地呈现在馆中，更易于融入年轻人群体，同时也为红色文化赋予新时代的气质，发挥更出色的传播效果。如延安革命纪念馆中集图像、建筑等元素合力展现的陕甘宁边区参议会空间场景、延安文艺纪念馆中通过声光电的技术融合对黄河大合唱场景的创意再现、中共中央西北局纪念馆中对横山起义的幻影成像技术表达，都充分体现了文化创意与历史记忆之间的交织。此外，也有纪念场馆有效利用原地旧址，如延安新闻纪念馆不仅紧挨新中国新闻广播、出版印刷事业的起源地——清凉山革命旧址，还充分利用了保留在馆内的原始窑洞，将中央印刷厂印刷车间、中央印刷厂排字车间、新华社收发报室、延安新华广播电台播音室、职工宿舍等都陈列在参观者眼前，深化了红色记忆的呈现。

此外，在纪念场馆的空间构建中，纪念场馆中的创意布局等空间设计构成了场馆的基础设施，这些基础设施不仅构成了纪念场馆运行的骨骼、为大众的日常参观提供了便利，更与不同主题的红色记忆形成空间层次的内涵融合，其独特的设计风格往往彰显出纪念场馆自身的文化特征，推动参观者个体经验、情感共鸣的形成，这种经验与共鸣也会参与到纪念场馆自身的空间记忆构建中来。如在延安革命纪念馆，馆中展区标题的红色碑柱雄伟壮观，具有强烈的视觉冲击力，内容表达更为立体化，帮助观众形成更为直观的历史阶段发展认知；在延安新闻纪念馆，其外形设计呈现大众熟知的窑洞形状，寓意着我党的新闻事业是从窑洞走出并发展起来的，让纪念馆在视觉层面与大众贴得更近。此外，纪念馆中《东方红》《南泥湾》等革命歌曲的运用、毛泽东经典语录的运用、党徽造型的运用，都成为基于大众的共时性认知、扩大红色记忆影响力的路径。

延安纪念场馆中文化创意的空间塑造是一种复刻重现，是基于不同介质、对于革命元素的巧妙映照。这里的元素映照不仅包括展馆中的藏品陈列设计、文创阅读空间打造，也包括各种微观的文化创意产品设计，帮助大众铭记革命历史，形成红色记忆的创意生产。从空间构成角度来看，文化创意的注入让文、人、地三者的情感输出形成了巧妙的共鸣，形成一种空间再造模式，这种空间再造不同于馆藏展品的空间回溯和叙事逻辑的空间压缩，其呈现的空间是基于关键性元素再造的新型文化空间，是一种创意空间生产。这种空间生产赋予了纪念场馆空间记忆的新活力，更加契合年轻人的喜好与思维方式，拓展了记忆的受众范围，红色记忆的传播由此融入各种巧妙的创意设计之中，呈现出更具广度的传播效果。

综上所述，在延安的纪念空间中，不同元素发挥着不同的红色记忆建构功能：馆藏展品在纪念空间的生成中扮演基础性的角色，是红色记忆生成的意义之源；叙事逻辑成为纪念空间的强化，布局了记忆流动的多元化逻辑；文化创意为纪念空间提供发展的动力，活化了红色记忆的表达，并赋予其时代色彩。

（二）革命纪念馆对青少年思想政治教育的价值体现

1. 有助于了解中国共产党的奋斗历史，树立正确党史观

首先，革命纪念馆是青少年学习党史的重要阵地。革命纪念馆是青少年党史宣传学习的重要阵地。习近平强调：发挥好革命文物在党史学习教育、革命传统教育、爱国主义教育等方面的重要作用。青少年利用革命文物学习党史、接受红色教育，对学好历史意义重大。延安革命纪念馆是新中国成立后创建时间较早的革命纪念馆，全面展示了从1935年10月到1948年3月期间，党中央在延安领导全国抗日战争和解放战争取得胜利的光荣历程。延安革命纪念馆陈列的革命文物凝结着党中央在延安时期的光辉历史，有助于青少年深入了解延安时期中国共产党人把握时代大势，勇担历史使命的历程，时刻提醒人民不忘革命先烈的奋斗历史，有助于青少年全面系统地掌握党中央在延安十三年的发展历程。

其次，革命纪念馆有助于青少年树立正确的党史观。牢记党的初心使命，坚持正确的政治立场和唯物史观根本方法，是树立正确党史观的具体表现。近年来，历史虚无主义思潮不断泛滥，给青少年价值观的形成带来了严重的负面影响。青少年由于其认知水平和分辨是非的能力尚不完备，缺少社会实践经验，对中国共产党百年奋斗的恢宏历史尚未形成系统的核心价值理念，所以容易受历史虚无主义的冲击和影响。延安革命纪念馆利用其丰富的革命文物挖掘党史资源，开展党史教育实践活动，可以使青少年了解历史事实，树立正确的党史观，自觉积极抵制历史虚无主义的影响。中国共产党的百年历程，是一部实现初心使命的历史，更是一段党和人民群众息息相关的伟大历程。延安革命纪念馆有利于帮助青少年正确认识和科学评价中国共产党的历史，旗帜鲜明地抵制历史虚无主义等错误思潮的侵蚀。

2. 有助于青少年树立崇高的理想信念，增强情感凝聚力

首先，有助于提升对青少年的价值引领。延安革命纪念馆的陈列蕴含着革命先

辈坚定的理想信念，例如图片展陈中有八路军高级将领左权，他参加过许多战役，取得多次战斗的胜利，1942年5月25日，日军对太行抗日根据地实施了大"扫荡"，左权在掩护部队行动突围时不幸牺牲。革命纪念馆中有很多像左权、张思德和江竹筠这样的革命烈士，他们能够将生命置之度外，面对敌人的残暴，毫不畏惧、视死如归，这是因为在他们心中有着比生命更加重要的东西，那就是为实现共产主义而奋斗的崇高理想信念。革命纪念馆中老一辈无产阶级革命家坚定信念的故事，是青少年树立崇高理想信念最有说服力的教材，有助于振奋青少年的民族精神，时刻提醒他们不忘革命先烈的光辉历史，激励大学生更紧密地凝聚在中国共产党周围，为实现中华民族伟大复兴而努力。

其次，有助于凝聚青少年的情感向心力。追求理想虽然很难，但生命需要理想。习近平强调，"志存高远方能登高望远，胸怀天下才可大展宏图。火热的青春，需要坚定的理想信念"。要积极引导广大青年学生树立崇高的理想信念，帮助青年学生增强爱党、爱国、爱社会主义的情感，凝聚新时期青少年的情感向心力。有国才有家，国家强大，人民才会幸福。革命纪念馆的爱国主义教育主题永不褪色。通过组织青少年零距离接触革命历史文物，沉浸式体验革命历史，探寻红色记忆，让红色文化在学生心中绽放出夺目光华，让理想信念教育更具广度和深度，引导青少年将爱国情、强国志融入实现中华民族伟大复兴的中国梦之中，让他们认识到中国取得今天如此辉煌的成就，离不开党的领导和人民的坚强奋斗，以此增强他们对国家的使命感和归属感，使其成为爱党、爱国、爱社会主义的时代新人。

3. 有助于青少年领悟中国共产党人精神谱系的深刻内涵，赓续红色血脉

首先，有助于青少年领悟中国共产党人精神谱系的深刻内涵。革命纪念馆记载了中国共产党与中国人民奋不顾身、勇往直前的光辉历史，凝聚了中国共产党的优良革命传统与革命精神。延安革命纪念馆承载的革命历史，使青少年不仅能学习党中央在延安十三年带领中国人民取得的伟大成就和胜利，更能学习延安精神的科学内涵。延安精神是中华民族珍贵的精神财富，是传承伟大建党精神的必然硕果。革命纪念馆已成为集中展现中国共产党人精神谱系的重要场所，青少年作为弘扬中国共产党人精神谱系的主力军，要不断学习并领悟其本质内涵，逐步具备顽强拼搏、努力奋进的精神，永远保持着革命者的大无畏气概，以昂扬向上、奋发进取的精神状态，不断推进中国式现代化取得新进展、新突破。

其次，有助于青少年传承红色基因，赓续红色血脉。革命纪念馆是传承红色记忆、讲述党史故事的重要场所，有助于青少年传承革命先辈们优良的精神品质。新时代，我们要积极发挥革命纪念馆对青少年的教育价值，使其留存在一代又一代青少年的心中，激励着他们不忘初衷，牢记使命。一是有助于培养青少年勇于创新的精神。

延安革命纪念馆的专题展"延安精神永放光芒",是中国共产党人崇高品德和伟大情怀的集中体现,展馆里丰富的红色资源,对传播中国红色基因,铸魂育人,让中国红色精神浸润人心、照亮未来至关重要,向青少年生动地展示了创新精神的深厚价值。二是有助于青少年高尚道德修养的塑造。新时代,青少年只有塑造高尚的道德修养,才能根据自己的特长和能力为国家和社会做贡献。

4. 有助于青少年汲取奋斗智慧,发扬奋斗精神

首先,有助于青少年汲取奋斗智慧。延安革命纪念馆成立 70 多年来,始终坚守初心,宣传党中央在延安十三年的历史,充分发挥红色资源的教育作用,让红色传统发扬光大。延安革命纪念馆序厅的浮雕展陈无不体现出共产党人的奋斗智慧:背景浮雕是中国革命的精神标识——延安宝塔和一轮磅礴欲出的红日,左上角"1935—1948"延安的标志,象征着中国共产党和毛泽东等老一辈无产阶级革命家在延安时期领导的革命斗争从低潮走向胜利的光辉岁月。左侧浮雕是轩辕黄帝陵和蜿蜒于群山之巅的万里长城,右侧浮雕是中华民族之魂的黄河,左右两侧浮雕表明了延安在中华五千年文明历史长河中的地位。青少年想要汲取共产党人的奋斗智慧,成为社会主义建设的开拓者,就要好好学习。革命纪念馆就是一间"行走的学校"、一本"永远读不完的书",是青少年汲取奋斗智慧的源泉。

其次,有助于青少年发扬奋斗精神。一要强化理论知识,培养青少年的奋斗精神。新时代青少年通过学习理论知识,了解中国人民在战争年代艰苦奋斗的过程。革命纪念馆承载的革命传统和革命文化,是青少年理论知识的补充,为其营造了发扬革命传统、赓续奋斗精神的浓厚氛围,从而潜移默化地将奋斗精神融入他们的学习和生活中。二要在社会实践中培养青少年的奋斗本领。青少年要结合社会实践活动,弘扬共产党人的奋斗精神,在实践中锻炼自我,增强奋斗本领。延安革命纪念馆作为一座红色基因库,每年暑期都吸引着全国各地青少年开展专项社会实践活动和志愿服务,在活动中借助丰厚的红色资源,用自己学到的理论知识帮助他人,这样不仅收获了浩如烟海的革命历史知识,领悟了奋斗精神的深刻内涵,同时让奋斗精神潜移默化地渗透进自己的心灵深处,推动革命奋斗精神的弘扬与传承。

第三节 发挥红色纪念馆在青少年思想道德教育中的作用

一、红色文化和红色纪念馆

（一）红色文化

红色文化是指新民主主义革命时期，在中国共产党的领导下，由中国共产党人、一切先进分子和人民群众共同创造的，具有中国特色的先进文化，它是物质文化、制度文化和精神文化三者的有机统一体。

（二）红色纪念馆

红色纪念馆是为了纪念我国在重大革命历史事件中有突出贡献的人物或事件而建立的场所。这些纪念馆收藏和保护着各种革命资料，旨在通过展览、宣讲等方式，进行爱国主义教育和革命传统教育，同时也为科学的革命史料研究提供了宝贵的资源。

红色纪念馆通常具有以下几个特点。一是历史意义深远：纪念馆所纪念的人物或事件，通常在我国革命历史上具有重要地位和深远影响。通过参观纪念馆，人们可以深入了解历史事件的经过、背景和意义，增强对革命历史的认知和了解。二是展览内容丰富：纪念馆内通常设有多个展区，通过图片、文物、模型、多媒体等多种方式，展示革命历史的各个方面。这些展览内容既有对历史的重现，也有对革命精神的解读和传承，使参观者能够全面、深入地了解革命历史。三是教育功能突出：红色纪念馆是开展爱国主义教育和革命传统教育的重要场所。通过组织各种形式的教育活动，如讲解员讲解、主题展览、互动体验等，参观者在接受教育的同时，也能感受到革命先烈的英勇事迹和崇高精神。四是公共性和永久性：红色纪念馆作为非营利性的公共机构，具有永久保存和展示革命历史资料的责任。它们通过不断更新展览内容、提升服务水平等方式，吸引更多的人前来参观学习，使革命历史得以传承和发扬。

在我国，有许多著名的红色纪念馆，如西柏坡纪念馆、韶山毛泽东同志纪念馆、遵义会议纪念馆、延安革命纪念馆等。这些纪念馆不仅是对革命历史的传承和弘扬，也是人们了解历史、缅怀先烈、坚定信仰的重要场所。

（三）红色纪念馆在青少年思想道德教育中的作用

红色纪念馆传承着中国共产党人和革命先烈们的革命历史、革命事迹和革命精神，随着红色文化、红色旅游的兴起和发展，逐渐成为兼具推动旅游产业经济发展、红色文化的交流与传播、革命道德教育等功能的特殊载体。我们对广大青少年的思想政治教育，已经由以往形式单一的传统灌输式教育模式向多元化教育模式转变，通过组织广大青少年对红色旅游、革命类纪念馆的缅怀学习、参观游览、组织实践活动等，提高青少年对红色旅游教育功能的认识，这有助于提高青少年的思想道德修养。

1. 革命类纪念馆具有教育功能

（1）发展红色旅游，推进爱国教育

红色旅游是一笔宝贵的精神财富，为我们展现了革命战争年代无数革命先烈、无数仁人志士抛头颅、洒热血，上下求索，经受百般磨难，甚至付出生命的可歌可泣、不屈不挠的高尚爱国情操和大无畏的革命斗争精神。红色旅游资源正是这种精神的载体，是传承发展爱国主义教育和革命传统教育的好形式。以革命先烈和仁人志士们的革命精神、英雄事迹、革命实物、影视资料等来激励、教育和引导广大青少年继承革命传统，热爱祖国、热爱社会主义，自觉抵制不良现象，自觉远离腐朽思想和不健康文化的侵蚀。

（2）发展红色旅游，促进道德建设

国家的长治久安，社会的和谐稳定，在很大程度上取决于社会公民的基本道德素质。人与自然的和谐发展，人际关系的协调处理，保持社会安定团结，维护社会公平正义，都要不断提高全社会的文明程度和广大青少年的思想道德素质。因此，大力发展红色旅游文化，加强广大青少年的思想道德素质教育，抓好社会主义道德文明风尚建设，是社会和谐的重要特征。红色旅游无形中传承和弘扬着老一辈无产阶级革命家和无数革命先烈们艰苦创业的革命传统和革命精神，弘扬了中华民族传统美德，为社会主义现代化建设提供强大的精神动力，使全国人民始终保持昂扬向上的精神风貌，使我国公民的思想道德教育水平提升一个高度。

（3）发展红色旅游，提升荣辱观教育

红色旅游资源，不仅具有厚重而深刻的历史文化内涵，又有与时俱进、价值永恒的普遍意义。利用红色旅游对广大青少年进行社会主义荣辱观教育，以培养广大青少年的爱国情感，不断激活青少年的爱国主义热情，以增强他们的民族自豪感和民族自信心，具有重要的现实意义和深远的历史意义。红色旅游以其独特的历史文化价值，对广大青少年的社会主义荣辱观教育起着重要的作用。

红色旅游资源遍布全国各地，是青少年道德建设的一部教科书。这部书内容丰富全面，形式多样，适合各阶段、各层次不同的广大青少年，充分体现了革命先辈的崇高理想、坚定信念和高尚品质，蕴涵着丰富的革命精神和厚重的历史文化内涵，对于帮助广大青少年树立崇高的理想、远大的人生奋斗目标，养成良好的道德品质和文明行为，促进广大青少年全面发展、成长成才具有很强的教育意义。外出旅游参观，参加革命旅游活动，开展实践教育活动等也是青少年比较喜爱的课外活动，以此对其进行爱国主义教育、革命传统教育和民族精神教育，他们无论在思想上还是行动上都比较容易接受，无论从生理上还是心理上都对我国的革命历史、革命精神有了亲身经历和实地体会，并且能够使广大青少年通过真实的历史实物资料，深切地认识到中国新民主主义革命从弱到强、从小到大的全过程，使他们在主动参与中接受熏陶，在潜移默化中完成耳濡目染的教育，这样的教育才能达到最佳效果。

发展红色旅游，开展红色教育，坚持与时俱进，在新的社会历史背景下不断赋予红色旅游文化以新的内涵、新的思想，不断培养广大青少年的爱国主义和社会主义观念，培养他们的民族精神、民族气节，引导广大青少年从小就深切关注中国国情，时时感受中国的荣辱与兴衰，将国家的命运和个人的命运联系起来，树立远大理想，养成艰苦奋斗、自强不息的良好行为习惯。

（4）发展红色旅游，推动青少年实践理论教育

红色旅游具有深入浅出、潜移默化、耳濡目染等教育特点，借助这种寓教于乐、寓教于游的方式，把加强青少年的爱国主义教育、弘扬民族精神教育和加强广大青少年的思想道德素质教育结合起来，融入青少年喜闻乐见的外出旅游参观、革命旅游、开展实践教育等活动之中，使我们党的革命史、奋斗史、光荣史，革命先辈们的崇高精神和英雄事迹淋漓尽致地展现在学生面前，使其成为活生生的教材，达到"游中学，学中游"的效果。这样可以使广大青少年的思想情感得到熏陶、精神生活得到充实。通过这样的教育方式、学习方式，在很大程度上避免了学生因长期以来的书本纯理论学习的枯燥乏味和教师单一的"说教"教学而对传统思想政治教育产生排斥心理，从而使枯燥乏味的历史资料变得生动有趣，使书本记录中理论化单一化的英雄人物、英雄事迹更加贴近学生，产生亲和力，使广大青少年在无形中得到感染和熏陶，得以更全面深刻地理解历史，这对于广大青少年形成正确的世界观、人生观和价值观具有十分重要的意义。通过红色旅游的教育实践活动和对红色旅游产品的切身体验，青少年真切地感受那份厚重的历史感、特有的亲切感和独具魅力的美感，并借助这种内部诱因的支撑，使他们对中国革命和建设史，产生浓厚的学习兴趣，更加真切地感悟革命前辈的崇高理想和价值追求，领悟中华民族的传统美德。

2. 红色革命纪念馆教育的主要内容与实现途径

加强纪念馆工程完善，精心打造青少年爱国主义教育红色经典景区，为青少年思想道德教育创造条件，精心设计活动载体，调动广大青少年接受教育的积极性和主动性。不忘历史，才能更好地珍惜今天。学习先烈，是为了更好地创造未来。根据革命纪念馆的实际情况，我们扎实地开展贴近青少年身心成长的教育实践活动。

首先，加强革命纪念馆与中小学校的联系，积极开展道德共育活动。纪念馆应与学校德育教育内容有机结合，精心选择适合开展道德教育的馆藏文物、图片资

料展览活动等,为学校开展党团活动和组织学生参观提供方便条件。纪念馆可与省内外的一些中小学校签订"共建精神文明单位协议",在清明节、五一、六一、七一、八一、十一等重大节日期间,与学校共同举办主题班会、夏令营、少先队队会、入团宣誓等纪念活动,把纪念馆作为加强中小学生德育教育的重要场所。

其次,革命类纪念馆应合理安排参观活动,努力达到最佳的宣传效果。针对中小学生的特点,把党史和革命史深深植入孩子们的心灵。讲解语言要简洁、生动,以讲故事的方式让孩子们体会老一辈革命伟人的高尚情操。讲解参观结束后,在游客中心接待处开展互动活动,在互动教育中实现自我教育的升华,增强教育效果。

最后,精心设计活动载体,组织开展丰富多彩的教育实践活动。各学校定期到纪念馆开展教育活动,并将纪念馆作为传播革命先辈光荣传统和开展思想道德教育的重要阵地。在每年的红色纪念节日,我们都组织广大青少年到革命纪念馆参观,重温革命历程,亲身了解和感受英雄真实的生活经历,掀起"学英雄事迹,知英雄精神,走英雄道路,争做新时期的合格新人"主题教育活动的热潮。我们要不断探索青少年思想道德教育的新途径,用革命先辈的光辉事迹,引导和激励青少年崇尚英雄模范、学习英雄模范,从榜样的力量中受到鼓舞、汲取力量。

二、当前青少年思想道德教育存在的问题

随着改革开放的深入和市场经济的发展,广大青少年在拓宽视野、丰富知识的同时,也面临着观念与环境的巨大冲击。在新旧观念的交织碰撞中,他们往往难以确立清晰正确的人生观、价值观和是非观。随着社会经济形态、就业方式、创业形式、利益分配方式的日趋多样化,社会意识形态的多元化和大众生活的功利化、情绪化,出现了思想观念的多样化。学校、家庭的传统德育教育与现实生活的反差,使青少年产生疑虑和困惑,出现价值观扭曲、拜金主义、享乐主义、极端个人主义等不良现象,这对青少年的健康成长产生了极大的负面影响。

青少年思想活跃、个性鲜明,求知欲强,追求新知,具有鲜明的时代特征。然而,他们的社会适应能力相对较弱,抗挫折能力不强。在信息化时代,青少年的信息来源愈发复杂多样,不仅有来自家庭和学校的信息,更有来自广播电视、报纸杂志、网络等渠道的各种信息。不良文化和有害信息对青少年思想道德建设构成严重威胁。网络信息技术的快速发展在为人们带来便利的同时,也传播了不良信息和不健康文化,腐蚀着青少年的心灵,给青少年的思想道德教育带来了新挑战。受此影响,部分青少年缺乏理想信念,迷失方向,甚至走上违法犯罪的道路。青少年犯罪问题日益突出,这已经成为社会关注的焦点。

现代青少年往往缺乏追求理想、实现抱负的品质,他们往往思想颓废,精神迷

惘，贪图安逸，集体主义观念淡薄，缺乏奉献精神和艰苦奋斗精神。作为独生子女，他们从小受到祖辈和父母的宠爱，生活条件优越，缺乏吃苦耐劳的精神，相互攀比，追求物质享受，劳动观念淡薄。在学习上，他们往往缺乏刻苦精神和恒心。

此外，部分青少年缺乏安分守己、严于律己的品质，目无法纪，甚至知法犯法。不良文化和网络诱惑使他们陷入"文化毒品"的包围。影视节目和网络内容的良莠不齐及监督管理方面的漏洞，使他们容易接触到不良信息，并影响到他们的言行举止。网络聊天、网络游戏等也使他们沉迷其中，难以自拔，甚至离家出走，给社会和家庭带来不安定因素。青少年犯罪问题日益严重，这已成为继吸毒贩毒、环境污染之后的第三大公害。

最后，部分青少年缺少理想信念，精神迷茫，行动盲目。他们缺乏对父母、长辈的尊重和礼貌，自我中心意识强烈。在面对生活困难和挫折时，他们往往心理承受能力较差，容易灰心丧气。在学校中，拉帮结派、打架斗殴、顶撞老师等不良行为时有发生。在思想意识上，他们往往盲目追星，忽视了对父母和老师的尊重，这是一种令人担忧的人生观失衡现象，亟待引起社会的高度重视。

三、红色革命纪念馆开展青少年教育实践的策略

（一）搞好红色纪念馆文化建设，营造高雅的道德教育环境

革命类纪念馆，作为承载着深厚革命历史和红色文化的重要场所，对其周边环境进行净化、绿化和美化，无疑是对青少年进行德育教育的有效途径之一。一个整洁、优美、宁静的环境，不仅为参观者提供了舒适的体验，更能在无形中传递出革命精神的庄严与崇高。通过环境的营造，让青少年在参观过程中感受到革命历史的厚重，从而激发他们对红色文化的热爱与尊重。

而革命纪念馆的基本陈列，更是其灵魂所在，是宣传革命历史、弘扬革命精神的主体。一个精心策划、内容丰富、形式多样的陈列展览，能够生动地再现革命历史场景，展现革命先烈的英勇事迹，让青少年在参观中深刻领会到革命精神的内涵和价值。通过陈列展览的引导，青少年可以更加直观地了解革命历史，感受革命精神的力量，从而增强他们的爱国情怀和民族自豪感。

当然，要发挥革命纪念馆的教育功能和作用，离不开一支高素质、专业化的宣教队伍。这支队伍不仅要具备丰富的历史知识和红色文化素养，还要掌握先进的宣教理念和方法，并能够针对青少年的特点和需求，开展有针对性的宣传教育活动。通过对他们的讲解和引导，青少年可以更加深入地了解革命历史，理解革命精神的实质，从而在心灵深处得到深刻的触动和启迪。

同时，革命纪念馆在对青少年进行宣传教育的过程中，还要积极转变观念，主

动出击，登门宣教。这意味着革命纪念馆要走出馆门，主动与学校、社区等合作，开展形式多样的教育活动。通过组织讲座、展览、互动体验等方式，将革命历史和文化送到青少年的身边，让他们在参与中感受到革命精神的魅力。

总之，革命类纪念馆在对青少年进行德育教育方面发挥着举足轻重的作用。通过净化、绿化、美化纪念馆周边环境，精心策划基本陈列展览，建设高素质、专业化的宣教队伍，以及积极转变观念、主动出击开展宣教活动，革命纪念馆能够更好地发挥其教育功能和作用，为培养青少年的爱国情怀和民族自豪感做出积极贡献。

（二）馆校合作，开展形式多样的道德实践活动

德育的"育"是指培养的过程，因此，丰富多彩的教育活动和社会实践活动是德育的重要载体。江泽民曾指出"不能整天把青少年禁锢在书本上和屋子里，要让他们参加一些社会实践，打开他们的视野，增长他们的社会经验"。实践教育不仅提高了青少年的人文素质，而且使他们的科学精神和创新能力得到了培养，因此，要把德育的实践性放在德育工作的突出位置，为青少年营造一个宽广的、覆盖课堂以外的方方面面的实践空间，引导青少年积极参与各种实践活动，使其在实践中获得道德体验，培养高尚情操，养成良好的道德习惯。只有调动全社会的积极性，我们才能逐步构建起"全方位育人、全过程管理、全社会支持"的大德育工作新模式。

（三）广泛合作，构建德育工作新模式

革命纪念馆遍布全国各地，但各馆之间都存在着资源和地域的局限性。如井冈山革命纪念馆、遵义会址、三线建设、西安革命公园、长征纪念馆、革命圣地延安等，可以说，中国的每一寸土地都留下了革命先烈的足迹，都渲染着革命先烈的鲜血。革命先辈们不仅培育了伟大的爱国主义革命精神，还为我们留下了极其丰富而又弥足珍贵的革命文化遗产。革命纪念馆有着丰富的文物资源优势，就是一部生动形象的爱国主义和思想道德教育的教科书。

为了加强馆际横向交流，实现资源共享，各展览馆文物资源实现了跨地区、跨行业的互联互动，实现了资源共享和优势互补，丰富了展览内容，保持纪念馆的常办常新。我们可以利用周末、寒暑假，联合学校，组织学生到基地参加生产劳动，从而教育青少年敢于吃苦，敢于面对困难、设法解决困难的决心和勇气；教育青少年逐渐养成吃苦耐劳、顾全大局、遵纪守法、积极向上的高尚品德和自强不息、艰苦奋斗、志存高远、开拓进取的精神。我们可以组织系列主题鲜明、青少年参与面较广的主题活动，采取生动活泼、实在有效的形式，增强教育实效，使青少年在各种活动中都能得到爱国主义思想和精神的感染熏陶。

（四）发挥红色资源地域优势，深入思想道德教育实际

革命老区、革命圣地井冈山革命纪念馆、遵义会址、三线建设、西安革命公园、长征纪念馆、革命圣地延安等都是爱国主义教育基地。我们可以在红色纪念节日，组织广大青少年到革命纪念馆参观学习，进行革命斗争史、英雄人物史的教育，组织参观、祭扫、寻访、学习等活动，重温革命历程，使其亲身了解和感受英雄真实的生活经历，并对其进行生动的革命传统教育，使他们真切感受到：今天的幸福生活来之不易，创造幸福生活更需要年轻人继续奋斗努力，从而坚定青少年走中国特色社会主义道路的信心和决心。

（五）营造校园红色文化环境，潜移默化进行道德教育

为了实现红色教育的全面渗透，积极营造校园红色文化环境，让青少年学生在体验中受到教育，我们可以通过开展红色校园文化建设，滋养青少年学生的思想，美化师生内在的精神气质，促进教育质量的进一步提高。

（六）开展红色社会实践活动，以所见所闻进行道德教育

社会实践是对青少年进行思想道德教育的有效途径。在开展红色之旅社会实践活动中，我们应充分发挥广大青少年的积极性，组织丰富多彩的红色革命经典活动。

综上所述，少年强，则国强；少年富，则国富。青少年能否健康成长，关系到整个民族的兴衰。我们应把推进和加强青少年思想道德建设作为当前一项艰巨而紧迫的任务，充分发挥红色旅游、革命类纪念馆对广大青少年的教育功能。这不仅可以发展红色文化、红色旅游，而且对广大青少年的思想政治教育以及世界观、人生观、价值观的塑造与影响，对开拓广大青少年的思想视野、传承优良精神文化具有重要意义。

第四节 纪念馆开展青少年教育的路径

一、纪念馆是青少年理想的校外学习场所之一

纪念馆作为实施社会教育的机构之一，拥有丰富而珍贵的文物、旧址资源。这些实物资源是其他教育机构所不具备的，同时也是纪念馆开展社会教育的实物基础。青少年是纪念馆实施社会教育的重点人群，纪念馆则是青少年接受爱国主义教育和增长见识、开阔视野的理想场所之一，同时也是青少年的"第二课堂"。相较于学校的课堂教学，青少年在纪念馆的学习相对自由、灵动，且没有考试考核的要求，

是自主学习的理想方式之一。青少年可以徜徉在纪念馆历史文化的海洋中，自由地观看文物展品，选择自己喜欢的方式进行学习。青少年在纪念馆既可以倾听讲解员的解说，也可以借助智慧导览设备自主学习，还可以在自己感兴趣的文物文献资料前反复观看，获取相关知识。可以说，纪念馆是一所开放的"大学校"，是青少年理想的校外学习场所之一。

二、纪念馆开展青少年教育的路径

（一）深挖和利用展览教育资源

青少年作为未来的栋梁，参观学习革命历史纪念馆对他们来说尤为重要。他们或在学校的组织下，或跟随父母亲友的脚步，踏入这片历史的殿堂。而在其中，讲解员的角色尤为关键——他们不仅是历史的传递者，更是青少年心灵上的引路人。

考虑到青少年正处于身心发展的关键时期，讲解员在准备讲解内容时，会特别注重内容和表达方式的适切性。他们会精心撰写针对青少年的讲解词，避免使用过于专业或复杂的术语，确保每一个故事、每一个细节都能被青少年所理解和接受。

在讲解的过程中，讲解员会迅速与青少年建立起亲切的联系，通过活泼生动的语言，消除他们初来乍到的陌生感。他们会根据青少年的兴趣特点，灵活调整讲解方式，用青少年喜欢的方式讲述历史，让历史变得生动有趣。同时，他们还会巧妙地设置问答、设问等环节，与青少年进行互动，让他们在参与中感受历史的魅力，保持对讲解内容的关注。

当讲解员带领青少年参观基本陈列时，他们会针对展览的重点内容进行深入讲解。由于基本陈列内容丰富、空间有限，无法为每一件文物或图片配上详尽的说明，因此讲解员会根据青少年的理解能力和兴趣点，选择性地介绍一些重要的文物和展板背后的故事。他们用青少年易于理解的语言，讲述这些文物和展板所承载的历史信息，让青少年在听的过程中产生共鸣，从而取得更好的学习效果。

此外，纪念馆还注重与学校的合作，共同策划各类社会教育活动。这些活动不仅丰富了青少年的学习和生活，还培养了他们的参与意识和团队精神。同时，纪念馆还会根据展览内容制作配套的学习手册，让青少年在参观前对展览有一个整体的了解，带着问题去参观，在寻找答案的过程中深化对历史的认知。

在举办临时展览时，纪念馆还会增加一些互动性强的多媒体项目，如触摸屏答题等。这些项目不仅增加了青少年观展时的体验感和获得感，还让他们在参与中更加深入地了解历史，感受到历史的厚重与深远。

总之，革命历史纪念馆在针对青少年的讲解和教育方面下足了功夫，力求让每一位青少年都能在这里收获满满的知识和感悟，为他们的成长和发展奠定坚实的基础。

（二）策划实施青少年教育活动

对于青少年而言，参观纪念馆的展览是他们接受爱国主义教育、革命传统教育和思想道德教育的一种方式。然而，这种单纯参观展览或听讲解员解说的方式对于活泼好动的青少年而言，体验性和互动性仍有不足，青少年依然是处于被动接受教育的状态。因此，纪念馆宣教部门应主动与学校对接，联合策划并开展一系列的青少年教育活动。青少年教育活动的形式多种多样，比如，选拔青少年担任纪念馆的"小小讲解员"、围绕展览主题和时政热点开展演讲比赛、征文比赛、绘画比赛等。这类青少年教育活动能充分调动青少年参与的积极性，改变被动接受知识的学习方式，把展示和讲述的"舞台"留给青少年，为青少年提供一个锻炼自己和展示才艺的平台，充分发挥青少年的聪明才智和创新思维能力。

在教育活动实施前，纪念馆宣教部门应制定教育活动的规划和实施方案。纪念馆宣教部门应首先确定好开展活动的宣教人员和任务分工、拟定开展活动的学校和学生的学段及人数、活动开展的内容和形式等具体事项。一般需要指定 2 至 3 名宣教人员负责整个教育活动的全部流程。人员确定后，宣教人员需要与学校负责开展教育活动的工作人员取得联系，及时确定教育活动的形式、教育活动实施的学生对象的学段和人数；教育活动开展的时间和步骤等细节。同时，还要与学校商定教育活动开展前的推广和宣传、氛围营造等具体事项。在教育活动各方面细节都得到妥善沟通并安排妥当后，方可进入教育活动的正式实施阶段。在教育活动正式实施的过程中，纪念馆的宣教人员需要注意及时与学校负责教育活动开展的人员沟通联系，因为纪念馆工作人员对于教育活动实施的对象——学生的情况难以详尽掌握，因而必须全程与学校负责教育活动开展的人员沟通联系，及时跟进，才能处理好整个活动过程中可能发生的问题，确保不出差错。与此同时，我们也要注意充分调动青少年参与的积极性。如果采用的是竞赛的形式，如演讲比赛、征文比赛等，要注意培养青少年的自信心，鼓励青少年积极参与。青少年教育活动完成后，要及时总结教育活动的经验，听取参与教育活动师生的反馈意见，为下一次教育活动的开展积累经验。对于效果好、反响佳的青少年教育活动，可以考虑将其打造为经常性开展的教育活动，形成纪念馆的特色青少年教育活动品牌，并通过媒体宣传等手段，扩大青少年教育活动品牌的影响力。

（三）对接青少年的研学旅行

作为青少年亲近自然、了解社会、感悟历史的一种新兴方式，研学旅行近年来在全国各地逐渐兴起。研学旅行为青少年打开了一扇增长见识和丰富认识的大门，有利于青少年的健康全面发展，是素质教育的创新形式之一。作为青少年研学旅行的目的地之一，纪念馆应从课程开发、课件打造、配套设施、文化创意等方面发力，全面对接青少年研学旅行的深入开展。

在课程开发与课件打造方面，纪念馆可以结合所纪念对象的历史和文物文献旧址等特有资源，深挖其中蕴含的文化内涵和历史信息，因地制宜，集思广益，开发适用于小学、初中、高中各个学段的研学课程。课程的质量是研学授课成功与否的关键因素之一，事关青少年接受研学教育的体验和收获，因而非常重要。课程的开发与课件撰写可以由宣教人员、研究人员等专业技术人员合作完成。课程讲稿的具体组成部分宜由宣教人员提出，因为宣教人员具备较丰富的讲解宣教经验，是在日常工作中与青少年群体直接打交道的人员，因而对青少年的认知水平、心理特征、行为习惯等较为了解。纪念馆的研究人员则对陈展文物和文献蕴含的深层次知识和最新的学术研究动态有较好的把握。因此，宣教人员撰写的课程讲稿，可请本馆的研究人员和领导专家进行审阅。研究人员和领导专家不仅可以对讲稿所涉史实进行把关，而且可以提出宝贵的修改意见，让课程讲稿内容更加完善。经过多轮的修改和完善后的课程讲稿，集合了各个领域专业技术人员的智慧，是内容比较完善和质量较高的讲稿。课程讲稿配套的 PPT、背景音乐、视频音频资料等，也需要经过反复修改与磨合，方能达到与课程讲稿完美契合的状态。经过审定合格的课件，才能正式用于研学旅行的课程教学。研学授课通常由纪念馆宣教人员或资深专家担任。在授课过程中，应根据不同年龄段的青少年学生的特点传授知识，同时注意与青少年学生之间的互动，以增加课程的生动性。授课结束后，相关工作人员应及时收集研学学生的反馈意见，这对于改进教学效果、适当调整教学内容具有重要的参考价值。

为了确保研学旅行的效果达到最佳，纪念馆在配套设施方面应不遗余力。在经济条件允许的前提下，纪念馆应配备一系列适用于青少年教学活动的设施设备，如多媒体教学设备、话筒、音响以及清晰明了的标识标牌等，从而为青少年营造一个充满历史文化氛围的学习环境。这样，青少年在参观纪念馆的过程中，便能在无形中接受到深厚的历史文化熏陶。而在文化创意方面，纪念馆更应发挥创意，结合研学课程，开发出一系列深受青少年喜爱的文化创意产品。这些产品不仅能让青少年将研学期间的美好回忆和学习体验以"实物"的形式带回家，更能将纪念馆的文化内涵延伸到青少年的日常生活和学习中。通过这种方式，纪念馆的文创产品能够走进千家万户，进一步拓展纪念馆社会教育的功能和影响力。

纪念馆作为重要的社会教育机构，其优势在于拥有其他教育机构所无法比拟的文物文化资源。因此，纪念馆的宣教人员需要充分发挥智慧，齐心协力，深入挖掘和利用纪念馆的文物资源和展览资源。他们应将这些资源转化为青少年乐于接受的教育教学资源，以轻松愉悦的教育方式向青少年传播历史文化知识。这样，历史文化便能深深滋润青少年的心田，激励他们从小立志成才，勇毅前行，未来成为对祖国和人民有贡献的栋梁之才。

第四章 智慧博物馆的建设和管理

第一节 新技术助力博物馆服务更加智慧化

一、博物馆智慧服务设计的融合媒介创新应用

（一）线上视听智慧服务设计

在互联网技术快速发展的时代背景下，越来越多的人通过互联网平台获取所需的信息，以线上公共文化服务为代表的博物馆智慧服务受到了众多群众的青睐和支持。各地区博物馆要想吸引更多忠实用户，就必须借助新媒体平台加强博物馆智慧服务设计工作，为受众提供更加个性化的服务，进而满足不同用户的博物馆服务体验需求。比如，博物馆可以开通官方微信公众号，将博物馆的重要藏品信息、展览信息以及预约服务等加入公众号中，合理运用微信公众号开展线上视听智慧服务设计工作，为受众轻松获取线上智能服务提供方便。单从提升用户关注度和兴趣出发，博物馆可以借助先进技术开展创意智慧服务设计工作。此外，游戏闯关的形式可以吸引更多用户积极主动地参与到博物馆推广活动中，提升用户对博物馆线上智慧服务的关注度。以天津博物馆的线上智慧服务设计为例，其在微信公众号上加入 VR 天博、文博游戏等功能，在一定程度上扩大了受众范围，全面提升了广大用户的服务体验。随着 5G 技术的不断发展，越来越多的新媒体平台出现在大众面前，博物馆要抓住这个发展机遇，利用主流新媒体平台展开线上视听智慧服务设计，为用户提供多样化的智慧服务，创设出足不出户即可观看博物馆展览的线上视听体验情境，满足用户的线上视听体验需求。

（二）线下媒介融合智慧服务设计

现如今，我国越来越多的博物馆开始尝试建立数字博物馆、智慧博物馆以及虚拟博物馆。这些功能丰富的线上博物馆的设立，能够极大程度地满足用户通过网络快速便捷获取博物馆服务的需求，也能激发受众到线下参观博物馆的热情。因此，各地博物馆一方面要加强利用信息技术完善线上智慧服务，为网络用户提供高质量的视听服务；另一方面要通过线下媒介融合智慧服务设计，将线上体验与线下参观

游览有机结合到一起。博物馆线下媒介融合智慧服务设计需要结合用户行为特点展开适应性设计，确保能够为用户创建出良好的三维立体交互情境。比如，博物馆可以将传统纸质海报进行三维设计，以三维动画视频的方式在大荧幕中进行展示，进而为现场受众带来更好的视觉体验。在融媒体时代背景下，博物馆不仅可以借助新媒体平台进行展品的宣传推广，还可以基于对用户数据的分析进行线下展厅的设计，进而提升现场受众互动体验的趣味性，实现博物馆智慧服务设计创新发展，促进博物馆文化的广泛传播。

二、博物馆智慧服务设计的主要特征

（一）交互性

与传统博物馆服务相比，智慧服务具有明显的交互性特征。受众不再是被动接受博物馆所提供的各项服务，而是能够亲身参与到博物馆文化宣传推广中。在智慧服务设计中，博物馆所引进、应用的各种先进智能设备与软件系统能够为博物馆智慧服务设计提供支持，帮助博物馆拉近与受众之间的距离以及实时了解受众的各项意见和需求，从而有针对性地改进博物馆智慧服务的内容与工作模式，进而赢得更多受众的认可和支持。比如，博物馆可以在即时服务中心以 AR 互动、机器人问答等方式加强与受众的交流互动，为其提供更加优质的服务。现代博物馆智慧服务设计的强交互性特征能够改变受众在博物馆服务过程中的被动地位，使其参与到博物馆智慧服务设计中。

（二）可感知性

智慧服务作为一种能够实时实地被感知的服务模式，能够有效满足不同受众的个性化需求。现代博物馆的智慧服务能够让受众享受博物馆提供的更多文化服务，同时也可以让博物馆实时获取用户的行为、体验等数据信息，从而更好地改进智慧服务，全面提升服务水平。智慧博物馆在运行过程中，每天都会产生大量的用户数据信息。博物馆可以借助大数据技术对这些数据进行处理和分析，从中挖掘有价值的数据信息，并以此为依据改进服务，最终为受众提供个性化、精准化、差异化的智慧服务。

（三）可融合性

博物馆智慧服务设计能够将多样化的服务内容与服务方式整合到一起，受众可以根据自身的需求选择相应的博物馆服务。在传统博物馆数字化建设中，各项服务存在各自孤立的情况，而高度整合后的基于微服务架构的博物馆信息系统能够打破这一局限，为受众提供紧密互通、全面可靠的博物馆文化服务。除此之外，受众在体验博物馆提供的各项智慧服务时，也可以根据自己的体验向博物馆提出意见反馈，帮助博物馆智慧服务进行更有针对性的改进，进而更加精准、快速地服务广大受众。

（四）高可得性

在传统博物馆服务模式中，博物馆与受众之间存在着一定壁垒，受众只有到线下博物馆空间中才能够享受到各项服务。而在博物馆智慧服务模式下，受众可以随时随地登录并使用博物馆提供的智能化信息系统，在平台上轻松体验各项服务，快速获取自身所需的文化信息。博物馆智慧设计的高可得性主要表现在以下几个方面。第一，在互联网平台上，博物馆智慧服务能够不受时间与空间的限制。博物馆管理人员可以随时将整理、制作好的信息上传至平台上，供用户浏览和学习；用户也可以随时检索、下载相关资源，为用户学习和工作提供了极大便利。第二，博物馆智慧服务设计所涉及的各系统能够有效地覆盖移动端、PC端以及线下屏幕端等终端，在5G技术、定位技术等技术的辅助下，受众能够基于自身所使用的终端随时随地获取博物馆提供的多样化信息资源，从而及时全面地掌握重要信息。

三、博物馆的智慧保护和智慧管理

（一）博物馆的智慧保护

博物馆保管着的大量文物具有极高的历史、科学、文化和艺术价值，这些藏品是中华民族文化遗产的重要组成部分。从源头上预防性地保护文物，提升馆藏文物保管环境的监测、调控和评价工作，为延续藏品寿命而努力，成为我国文物科技保护领域重要的研究课题。

智慧博物馆体系下的智慧保护主要指的是藏品保存环境下的预防性保护。馆藏文物的保存环境指的是存放和展示各类文物的空间及所属，主要包括场馆的展厅、展厅内的展柜、文物的库房等空间中的相关物理、化学及生物状态。文物的预防性保护就是采用一些与博物馆大小环境有关的各项科学技术和研究成果，全程监测和适时控制馆藏品的保存状态，最大程度上地减少空间环境中的各类因素对藏品的相关破坏，做到从源头上保护文物。

文物预防性保护属于文物修复保护的范围，但却是早于文物实际保护和修复的一项工作。文物预防性保护是近些年来文化遗产保护事业发展中已被国际博物馆普遍接受并快速采用的文物保护办法，国内博物馆对此的共识也越来越高。文物预防性保护成本较低、参与性较强等特征迎合了当前可持续发展的趋势，逐渐发展成为一个独立的研究体系，成为当今各国文物保护领域新的发展趋势。

在智慧博物馆中，智慧保护主要利用无损检测技术和智能感知技术，对博物馆文物的自身健康情况及影响要素进行全面的分析，以及智能化的数据分析处理，保证藏品在可能发生损坏之前提前掌握情况。同时，以二维建模形式立体呈现出可视化的效果，形成一个集藏品外表、内部构造、周边环境影响要素于一身的藏品诊断、分析、处理和评价体系，进而期望实现比较完整的监测、评估、预警、调控的预防性保护流程。

例如，作为新兴的互联网信息技术，物联网做到了对实体的智能化识别、定位、跟踪、监控和管理过程。利用射频识别、全球定位系统、红外感应器及激光扫描器等传感设备，物联网把一切现实中的实体与互联网按一定的约定协议相连接，实现信息互通，目前这一技术已经应用于文物保护领域。在2008年举办的"奇迹天工——中国古代发明创造展"中，因为展厅属于临时性建筑，展厅内部没有办法实现恒温恒湿控制，这就需要加强对展厅柜体内微小空间环境的测量与控制。这次文物展览运用了无线传感技术在线监控文物保存微环境，有效保障了参展文物的安全；在2010年上海世博会城市足迹馆和世博会博物馆中，陈列了来自全球多个国家及我国多个省市的300多件（套）文物珍品。除个别展厅有恒温恒湿空调系统外，大部分展厅对湿度不能调控。对这批参展文物，主办方全方位采用无线传感网络技术，远程、实时监控文物保存微环境的变化，为确保参展的珍贵文物保存环境的安全稳定性发挥了积极的支撑作用。

以物联网技术应用为代表的博物馆智慧保护，可以推动文物保护领域汇总预防性保护实践的开展。智慧保护以高效智能的方式，极大地提高了馆藏文物的预防性保护能力和水平，并为完善预防性保护工作提供技术支撑和基础理论支持，实现"风险可识别、险情可处理、效果可评价"的预防性保护目标。

（二）博物馆的智慧管理

智慧管理是智慧博物馆不可或缺的前提条件。智慧博物馆体系下的智慧管理以先进的智能控制技术为支撑，优化传统博物馆的管理模式和工作机制，为与博物馆管理的计划、组织、领导、控制等内容相关的决策活动提供支持，使管理工作更为科学、智能、高效。具体体现在博物馆内部管理与外部管理的智能化，既减小了管理压力，又提高了管理效率。

内部管理包括博物馆藏品资源、博物馆资产和博物馆人力资源等三大部分管理的智能化提升。

藏品资源管理的智能化提升以文物入库为开始，对藏品的账本录入、全程保管及临时流动等工作进行监管，利用文物的定位和识别、藏品进出库智能感知、日常智能巡视等科技手段，避免文物藏品在管理隐患上的主要安全问题。例如，文物失窃、提取中出现的损坏等，可以很大程度上解决部门之间责任不清或推卸责任的情况；财产资源管理的智能化提升以博物馆实际业务需求为出发点，为大的科研设备、馆内固定资产及往来资金的分配、使用和调度等决策提供管理层面的帮助，财产的使用效率可以得以提高；人力资源管理的智能化提升主要为建设人才的梯队化和科学化绩效管理人员提供智能化帮助。

外部管理是采取加强同博物馆外部的利益相关者联络的手段，实现博物馆自身能力的提高。当前，博物馆外部管理重点结合公众及社教活动展开，依赖对来访公众的举止、学历、要求、内心等综合数据的汇总和分析，从确保文物安全、提升展览水平、优化观众体验、改善服务能力等需求出发，为相关部门提供技术支持。随着各项改革的不断推进，博物馆的外部联系由观众服务延展到社会服务，做到对中小学生、社会团体、周边社区、企业厂矿、部队、媒体及一般大众的全覆盖。

在博物馆智慧管理方面，法国巴黎的卢浮宫博物馆走在了世界的前列。卢浮宫是全球参观人数最多的艺术类博物馆，在超过6.06万平方米的展厅中，陈列着近3.5万件（套）的艺术品，时间跨度从史前直至21世纪。随着时间的推移，不论是展品还是展厅本身都会慢慢老化，需要做到很好地保存馆内大量的设施以及这些世界知名的艺术品，卢浮宫需要全天候地保持馆藏环境安全稳定。卢浮宫的主要目标之一是要确保大部分展馆每天都能正常开放。为实现这个目标，同时要完成每年高达6.5万余次的养护与维修工作，卢浮宫采用计算机化的维护管理工具，让其预防性的维护工作更加简单、高效。2012年3月，卢浮宫宣布与IBM合作，借助于后者的软件，实现了对整个基础设施的多维可视化。例如，集成数据库能够对卢浮宫各个工作流程进行可视化的操作，包括各种设施系统和展室的最初规划、维护清洁和废弃处理的流程等。卢浮宫的建筑本身就是一个非常大的系统，里面又有很多小的系统，只有让这些系统之间互相交流，才能使其变得更加智慧。卢浮宫收藏着数以万计的历史与艺术珍品，需要妥善保管，同时每年还要接待数以百万计的游客，这是一个非常大的挑战。卢浮宫所使用的智能管理系统可以整合分析博物馆内各系统的数据，在集合的数据库中监控所有设施设备的资产状况，从而能够让博物馆更好地掌握其资产，包括拥有的资产量、所在位置和历史维护记录等，并能够随时跟踪、调度和记录维护活动，向馆内外工作人员提供每项资产的统一且实时的信息汇总。

第二节 智慧博物馆建设的目标厘定、逻辑架构与路径构建

一、智慧博物馆概述

（一）智慧博物馆的组成要素

智慧博物馆指的是用先进技术手段对博物馆运行过程中产生的各类信息进行实时动态的采集、分析、处理，为博物馆工作的开展提供可靠的依据，使博物馆研究、教育、陈列展览等都能得以稳步进行，其社会职能也将充分展现出来。一般来说，智慧博物馆的构成要素主要包括以下几个方面：第一，实体博物馆，智慧博物馆是在实体博物馆基础上搭建的智能生态系统；第二，先进科学技术，物联网、大数据、云计算等技术是智慧博物馆建设的有力支撑；第三，信息传递，将信息进行整合、分析、处理、利用，智慧博物馆才能得以健康发展；第四，对社会公众的服务，智慧博物馆建设的最终目标就是更好地服务于广大社会公众，给公众提供便捷化、智能化的服务。

（二）智慧博物馆的主要特征

智慧博物馆具有以下几个重要特征：一是资源的整合性，将博物馆资源加以高效整合和优化配置，保证博物馆资源得到科学合理的使用，以促进历史文化知识的传播，确保陈列展览和研究、教育等工作的有序开展；二是主体的人本性，智慧博物馆改变了以往的服务模式，将社会公众的需求摆在首要位置，想方设法地吸引公众参与到博物馆活动中，同时还向公众推出一系列个性化的产品和服务，这些都是传统博物馆无法比拟的；三是数据的再生产性，智慧博物馆运行期间产生的数据量十分庞大，通过对陈列展览活动及社会公众行为等相关数据信息的分析，了解博物馆工作存在着哪些缺陷和不足，有针对性地加以改进，博物馆工作将取得显著成效，智慧博物馆也能够保持非常迅猛的发展态势。

二、智慧博物馆建设的目标

结合博物馆的功能定位和智慧博物馆的组成要素，智慧博物馆是以社会公众的服务需求为引领，以实体博物馆的核心业务为主导，通过新技术的介入运用，强化公共文化资源的集成化、智能化，向社会公众提供菜单式、定制式、便捷式服务的博物馆发展新模式。以此为依据，我们可以将智慧博物馆的建设目标概括为"一二三四"，即"一个主体、两个维度、三个智慧、四个全面"。"一个主体"指以参观者（人）为主体，"两个维度"指服务体验度和智慧建设度，"三个智慧"指智慧服务、智慧管理和智慧保护，"四个全面"指全数据赋能、全集成融合、全

领域覆盖、全场景联动。

（一）一个主体——以人为主体

博物馆的受众主体是人，不论是传统博物馆"物—人"的静态单向输出，还是智慧博物馆"人—物—数据"的动态双向多元交互，都是以人的需求为导向，人在其中占据主体地位。由传统转向智慧建设，人由单纯受众转向了参与主体，背后体现的是"以人为中心"的人本思想。《意见》强调文化数字化是为了人民，文化数字化成果由人民共享。"一个主体"体现出智慧博物馆育民乐民的核心思想，揭示了博物馆教育从人群中来、到人群中去的本质。

（二）两个维度——提升服务体验度和智慧建设度

智慧博物馆的建设需要双方参与：一方是服务者，即博物馆的受众，是接受智慧博物馆服务的外部群体；一方是建设者，即博物馆的建设者，是参与建设智慧博物馆和提供应用服务的博物馆内部人员。大体上来讲，智慧博物馆建设的服务体验度以服务者为核心，智慧建设度以建设者为基础。《意见》指出，以国家文化大数据体系建设为抓手，推动中华民族最基本的文化基因与当代文化相适应、与现代社会相协调。这就要求智慧博物馆在做好基础设施建设、数据集成等硬件的基础上，还应提升应用服务和算法精度，为受众提供智能服务。当智慧博物馆能够充分满足受众的精神需求和潜在的观览期望，充分发挥其功能时，它就提升了服务体验度和智慧建设度。

（三）三个智慧——打造智慧服务、智慧管理和智慧保护的智慧环境

智慧博物馆以物联网、云计算、大数据和移动通信技术为支撑，为公众所提供的是更透彻的感知、更全面的联动和更深入的智能化，打造更为丰富、更为沉浸的智慧服务、智慧保护和智慧管理。智慧服务主要是针对公众的服务需求，通过多维的交互展示形式，实现人、藏品、信息之间多元交互的高集成融合，为公众提供个性化的定制服务，主要包括沟通式服务平台、智能感知与识别应用、藏品智能化和多场景沉浸式联动体验等。智慧管理需要搭建智能综合控制系统，整合大数据资源，通过智能应用与分析，优化传统博物馆的管理模式和工作机制，建立事件数学模型，为管理者进行相关决策提供支持。具体表现为整合设备、档案、后勤管理、人事等多个管理应用系统，将内外部的管理智能化，既减小管理压力，又提高管理效率。智慧保护包括两层含义，一层是对藏品实物的物理保护，另一层是对藏品数字资源逻辑保护。智慧保护建立"监测—评估—预警—调控"预防性保护流程，利用RFID、数字孪生等技术对藏品进行数字信息搜集，通过智能感知技术和无损检测技术，对藏品环境和本体健康状态进行监测和全面量化分析，建立三维模型，呈现科

学评估结果，延缓藏品损坏氧化期限，最终形成一个集藏品表象、内部结构、周遭环境于一体的馆藏文物预防保护体系。

（四）四个全面——全数据赋能、全集成融合、全领域覆盖、全场景联动

智慧博物馆建设的目标具体体现为四个"全"。全数据赋能指通过数据实现智慧驱动，促使"事后被动管控风险"向"事前主动防范风险"转变；通过数据实现智慧分析，为智慧管理、智慧服务、智慧保护提供数据支持；通过数据实现个性化的定制，高效精准地处理主要信息和重点工作，整合主要数据，精化服务。全集成融合既包括硬件设施与软件服务的集成，也包括数据集成。硬件设施与软件服务的集成要求将博物馆工作的常用硬软件系统进行整合，能够实现跨系统的集成管理，而无须切换操作和重复登录；数据集成要求建立数据信息库，将管理信息库、保护信息库和服务信息库三库融合，实现数据集成的巨细无遗。全领域覆盖既包括博物馆的运行覆盖，也包括全建设覆盖和全应用覆盖，对博物馆的各个建设板块和应用服务的各个模块全覆盖。全场景联动指实现智慧博物馆线下场景与线上场景、电脑端与移动端、不同感官体验场景的应用与服务联通、联动。

三、智慧博物馆建设的逻辑架构

智慧博物馆建设要求将时下科学技术与博物馆功能有机融合，因此在明确智慧博物馆建设目标后，应厘清智慧博物馆建设的逻辑架构。这里根据博物馆建设的实际需求，将智慧博物馆建设的架构分为四层。四层分别是基础设施层、数据管理层、应用服务层和智慧中枢层。智慧中枢层是智慧博物馆的大脑，它是智慧博物馆建设技术架构的核心，建立在基础设施层、数据管理层、应用服务层的基础上。

（一）基础设施层是智慧博物馆建设的基础

基础设施层是智慧博物馆建设的基础，主要由硬件、软件、网络平台和相关技术组成，提供底层物理设施和先进技术支持，包括物联网技术、云计算技术、人工智能技术等，是智慧博物馆建立的基础。具体来讲，它主要分为技术区、管理区、服务区和保障区。技术区主要包括机房和网络，机房包含空调系统、网络服务器、高速交换机、安全系统、移动终端等。网络包含内部网络、公共网络、物联网络、数据中心网络等。管理区主要是办公基础设施，包括会议系统、办公系统、智能门禁等。服务区主要是面向社会公众开放的区域，包括智慧展览系统、信息发布系统、沉浸体验系统、客流监测统计系统、售票系统、智能卫生间系统等。保障区主要是指库房、安防和消防区，包括文物保存环境监测控制系统、RFID库房管理系统等。例如知识图谱技术在展览策划方面的应用，物联网技术在藏品管理方面的应用，AR/

VR/全息投影技术在文物展示方面的应用，5G+AI 在观众导览方面的应用，3D 打印在藏品巡展和文物保护方面的应用等。

（二）数据管理层是智慧博物馆建设的关键

数据管理层是智慧博物馆建设的关键，它进行数据的挖掘、采集、计算、处理，为智慧中枢提供决策依据，为应用服务提供服务支撑。数据管理层的建设程度直接影响其余层面的数据分析质量。数据管理层全面整合各业务系统，不间断地监控博物馆各业务系统及相关设备的运行状态，利用大数据技术挖掘多源异构数据，通过信息技术与云计算技术对数据进行管理和分配，最终实现数据深度学习后的自然语言处理和决策支撑。例如，云计算能够实现博物馆藏品信息、文物研究等学术资源的共享，美国国家艺术博物馆通过数字化手段，实现了首个在线学术图录的编撰工作，让用户在一个地方就能获取到藏品的全部信息。

（三）应用服务层是智慧博物馆建设的导向

应用服务层是智慧博物馆建设的导向，直接服务于公众，背后是基础设施层、数据管理层的综合支撑，是智慧博物馆系统中进行"人—物—数据"双向多元交互的场所，是智慧博物馆建设的导向。该层面的建设质量直接决定了参观者的情感体验和信息接受实效。应用服务层旨在通过数字技术进行全视角、高清晰的场景构建，让参观者通过沉浸式、交互式的观览体验，获知最新的藏品研究成果，感受历史与文化的魅力。

江苏省博物馆打造了"云上博物——江苏省博物馆数字展览空间"，以 VR 全景展示的方式使观众能够在线上观览书画、文物、史料这类实体展物；常州博物馆打造的"腾飞之龙——从龙到鸟的演化之旅"中，不仅有化石，还有化石复原的形象；南京博物馆上线虚拟人服务，观众可拥有自己的虚拟人形象，使用不同的手势动作与虚拟人同步，以虚拟人身份在"云上博物"各数字展厅间穿梭浏览。此外，中国国家博物馆推出虚拟数智人员工"仝古今"，知识水平已达到博士级别。随着机器人技术、深度学习、神经网络、超级 AI 的发展和应用，AI 嵌入博物馆的发展，架起观众与文物沟通的桥梁，帮助博物馆的管理实现智能化。

（四）智慧中枢层是智慧博物馆建设的核心

智慧中枢层是智慧博物馆建设的核心，建立在基础设施层、数据管理层、应用服务层的基础上，是数据管理层数据分析的结果，应用服务层的各项管理服务都绕不开智慧中枢层。借助算法，对数据管理层数据进行分析，可以得出行动对策和分析预测，针对不同应用采取不同的算法，综合应用则使用多重算法进行多维分析。从技术角度来看，计算机算法能够覆盖智慧博物馆的全系统，基于算法分析的智慧博物馆能够对整个业务系统进行智能优化。从效果上来看，智能中枢层包括三个业务系统：管理系统主要包括办公和资产管理，服务于博物馆内部人员，搭建博物馆统一办公平台和人力资源管理服务体系，构建管理一体化系统，优化业务流程，支撑高效协同办公；核心系统主要是围绕馆藏文物进行的文保、展示、导览等，和围绕参观者进行交互体验、场馆运行等，对馆藏文物和参观者进行行为和感知数据的全面分析，提升展览与服务质量；保障系统主要是硬件设备、安保、物业管理等，感知博物馆日常运维的情况，解决运维中出现的问题。

四、智慧博物馆建设路径

（一）以互联网思维为指导

首先，智慧博物馆建设必须要有充足的资金和资源作为强力后盾，而单单凭借我国博物馆的经济实力通常是不能满足要求的。这就需要博物馆能够遵循实事求是的原则，对自身资金和资源情况予以准确把握，积极争取地方财政拨款，缩小两者之间的差距，为智慧博物馆建设提供资金方面的有力支持。此外，博物馆还要积极构建信息化系统，针对所有博物馆资源进行统筹规划和协调管理，致力达到物尽其用、人尽其才的最佳成效。

其次，智慧博物馆的建设和运营离不开人才的引领，博物馆要加强对在职员工的培训，注重提高他们的专业素质、管理能力和计算机操作水平，增强员工的服务意识，确保全体工作人员都能明确职责，将岗位工作落实到位，热情地为公众服务。最为关键的是要激发员工的自主学习意识，这样员工才能主动参与到培训活动中，他们的专业素养也能不断提高，进而真正将自己当作博物馆的一分子，在智慧博物馆建设和运营中贡献最大的力量。

（二）构建双向互动的智慧博物馆运行模式

通过构建双向互动的运行模式，社会公众能在参观博物馆时牢牢把握主动权。他们可以根据自身偏好和需求选择参观场所，只需要在移动终端上登录智慧博物馆信息化系统，浏览博物馆信息，就可以对博物馆陈列展览情况予以全面掌控，进而自行设计参观路线，这会让公众在参观博物馆时更具计划性，灵活度相应更高，不但可以节约公众的宝贵时间，也能让观众获得非常美好的参观体验。以承德市文物局热河文庙管理处为例，为进一步提升博物馆现代化服务水平，该博物馆自主开发了手机自助导览系统，并实现了开放区域免费 Wi-Fi 全覆盖。公众只要通过手机进入博物馆信息平台，就能下载相关数据。博物馆在长期服务过程中积累了完善的导览数据，这些数据为手机导览 APP 开发提供了大量翔实资料，公众只要按照相关提示就能制订自主的导览路线。

（三）建立全方位的智慧博物馆服务体系

智慧博物馆体系应包含智慧化的信息管理系统、观众行为管理系统、移动导览系统和在线 3D 展馆等。智慧化的信息管理系统主要通过三维虚拟技术，将藏品的基本数据、使用情况和研究内容等转化为数据库，存储于电子信息系统之中。用户只要通过智慧博物馆信息系统，就能够快速查询到藏品的基本信息。观众行为管理系统的主要功能在于观众在进馆之后，电子门票就可以为其提供线路导引和位置确定等服务，借助数据系统跟踪、自动感应技术了解当前人流量信息，并根据观众数量进行科学合理的疏导，提高博物馆参观的舒适度。在线 3D 展馆主要利用三维成像和信息化图形技术，将智慧博物馆相关活动区域和展品进行 3D 镜像制作，并上传到网络，公众只要通过智慧博物馆平台进入 3D 展馆就可以观赏展品；用户还可以对自身的参观情况加以点评并反馈给博物馆。相关工作人员将结合这些意见对博物馆服务加以改善，促进博物馆服务水平的稳步提高。

第三节 智慧博物馆沉浸式体验空间的营造

一、沉浸式体验的概念和特点

沉浸式体验（Immersive Experience）是指通过环境、技术等多种手段，让观众在展示场景中身临其境、沉浸其中，通过多感官体验来深入感知和理解所展示的历史和文化。沉浸式体验具有以下几个特点：一是多感官体验，沉浸式体验通过音频、视频、光影等多种手段，将观众带入一个多维度的感知体验中，使得观众可以更加全面地了解所展示的内容；二是互动和参与，沉浸式体验注重观众的参与和互动，让观众成为展示的一部分，深度融入历史和文化中；三是艺术性和科技性，沉浸式体验的实现需要借助高科技手段和艺术创作，将展览与舞台艺术相结合，使得展示更加生动有趣。

二、沉浸式体验在博物馆中的应用

（一）情境展示

情境展示通过使用多媒体技术和空间设计，将观众带进真实的场景中，让人们身临其境地感知历史和文化。例如在展示古代城市的时候，可以在博物馆空间中创建一个城市模型，在模型周围设置多媒体投影，模拟城市生活，让观众感受古代城市的生活和文化。

（二）交互式体验

交互式体验通过使用触摸屏、VR等新型技术，增加观众与展品的互动性。例如在展示恐龙的时候，可以为观众提供VR眼镜和手柄，让他们可以亲身感受恐龙的世界，探索恐龙的生活。

（三）艺术性展示

艺术性展示通过艺术表现手段，将博物馆空间设计成为一个大型的艺术作品，让观众在欣赏美术作品的同时也可以了解历史和文化。例如，在展示中国古代历史的时候，可以采用书画艺术作品，将历史和文化以生动活泼的方式呈现出来，让观众更加深入地了解历史和文化。

三、博物馆沉浸式交互体验中陈展设计应用创新

（一）基于功能要求，融合传统艺术理念

博物馆的沉浸式陈展设计样式主要包含构成型沉浸式陈展设计的元素，但与传统绘图样式不同的在于：装饰型沉浸式陈展设计更加注重装饰效果的强化，通过借鉴美学和民间美术的形式，让整体沉浸式陈展设计更能够满足大众需求，并且能够更有效地让观众沉浸于其中。我国当代设计师丁绍光就十分重视对民间艺术和我国传统艺术的研究，并形成十分有特色的装饰型沉浸式陈展设计，将国内国外的装饰特性融为一体，使其呈现出更加华丽复杂的装饰美感，并将这样的沉浸式规划理念融入博物馆的陈展设计中，这样就会有效地增强沉浸效果。

（二）合理搭配色彩，增强空间交互体验

现代博物馆空间沉浸式陈展设计的创新，首先就是构成意识得到了整体的强化。而这也包括团块概念的强化和"点、线、面"理念的整体增强。一方面，由于现代的博物馆对于设计内容、形式以及构成的关注较为明显；另一方面，合理搭配的沉浸式陈展设计吸取了西方设计的透视特点以及光影处理方法，让传统博物馆空间有了更加深远的发展，同时也增强了空间的深度以及写实性。

（三）符合博物馆沉浸式交互的体验需要

随着19世纪新艺术风格的产生，博物馆陈展设计也已经不再是传统的独立设计。陈展设计与我们周围的环境产生了十分密切的关联。同时，在当前信息时代的发展中，陈展设计在形式内容和材料等方面都有了更为深远的包容性。而不同种陈展设计艺术的相互借鉴，可以让陈展设计新材质得到研发。在博物馆的室内空间陈展设计中，

我们发现，陈展设计艺术的装裱和展示也被纳入沉浸式陈展设计范围之内。而现代博物馆空间沉浸式陈展设计的不断发展，是扎根在我国悠久的民族文化之上的，所以其与我国传统博物馆空间的沉浸式陈展设计也有着较为密切的关系。继承和发扬博物馆空间的整体沉浸式陈展设计理念是十分重要的。但因为时代的不同，博物馆空间的沉浸式陈展设计也在不断发展，需要体现时代特性和陈展设计沉浸式陈展设计形式本身的意味，这也就要求现代博物馆空间沉浸式陈展设计应当综合多种艺术进行发展，并具备一定的包容性。

（四）遵循色彩及沉浸式规划的情感规律

不同的颜色会带给人不同的心理感受。在进行博物馆空间的色彩陈展设计时，我们需要尤为注意这一点。例如红色、橘色带给人们积极、温暖、爱、活力的感觉；绿色传递给人们平和、自然的静谧感觉等，不同的颜色有着不同的含义。博物馆空间在进行沉浸式陈展设计时基本是从整体把握的，全局上更为感性和主观，也更多会注重"意"与"境"的处理，在内容和形式的关系上也被陈展设计的内容所纠缠。从形式整体来说，没有做到真正的独立，仅成为陈展设计内容的附属品。这样的情况并不能说人们对博物馆空间沉浸式陈展设计形式不理解，只能说其构成行为没有形成体系。传统的沉浸式陈展设计法则与平面构成法则也有着较多的异同点，这样才能彰显出博物馆空间所具备的"交互性"特征。

四、智慧博物馆沉浸式体验空间的营造方法

（一）多维沉浸的营造技术

多维度、多感官的沉浸感是营造智慧博物馆沉浸式体验空间的目的之一，是通过底层和应用这两类技术所集成构建的"沉浸式空间"。其中，底层技术是智慧博物馆区别于其他类型博物馆的分水岭，如物联网、云计算、移动通信等技术。而应用技术则是营造智慧博物馆多维度、多感官沉浸式体验的关键所在，如虚拟现实是通过计算机软、硬件创建虚拟世界，借助头戴式显示器，让观众可以在虚拟世界中自由观看而不受限制，以此来获得沉浸感；增强现实是一种通过计算机系统提供的信息，来增强用户对真实世界感知的技术，即通过头戴式或移动终端显示设备使得现实世界和虚拟信息叠加呈现，从而达到一种超越现实世界的感官体验；全息投影作为一种投影技术，只需将影像投射到一定的介质上便可直接观看到三维立体图像，而无须借助任何头戴式设备；空间传感是一种使观众与动态传感设备进行交互的具象技术，即通过计算机分析处理得出实时交互信息，并同时获得设备反馈是这种技术的最大特征；三维展示是指在三维建模软件中，通过三维建模并以屏幕设备为表

现载体的展示技术，来复原或模拟藏品和场景，为参观研究提供丰富的资料，使得数字化大规模展示和精细化藏品展陈成为可能。这些应用技术不仅很大程度上提升了智慧博物馆空间的沉浸感，更是极大地增强了观众的观感体验。

（二）人、物、数据三方交互共生

智慧博物馆沉浸式体验空间的核心是人、物、数据三方的动态双向多元信息交互。从信息传递的角度来看，人和物的实际接触是传统博物馆的核心业务，而数字博物馆则通过将物转化为数字信息，强调数据和人的信息交互。智慧博物馆则是以数据为基础，一方面作为数字博物馆功能上的拓展，更重要的是它以建立更为全面、深入和泛在的互联互通为目标，使人、物、数据三方之间形成系统化的协同工作方式，以形成更深入的智能化博物馆运作体系。因此，智慧博物馆沉浸式体验空间的营造不再以展示和利用数字资源为核心，而是把数据作为其底层技术下的产物，通过物联网来感知和互联，通过大数据来整合博物馆资源，借助云计算来实现大数据的处理和分析，所以这种沉浸式的体验是源于智慧博物馆不断向大数据层传输数据和接收数据，注重人与物之间的信息交互，为观众提供智慧型沉浸式观览体验。观众能感受到的，不再是冷冰冰的由计算机软、硬件生成的虚拟场景，而是依托数据，如运用增强现实技术，实现视觉化的增强效果，可以在博物馆中看到虚拟与实体场景相互交融的情景；借助空间传感，观众利用移动终端实时查看展馆的基本信息及具体参观路线，并在参观过程中提供个性化的展品信息、图文语音和周边导购等服务。搜集、传输、分析数据使智慧博物馆实现人、物、数据三方交互共生，同时也是观众获得沉浸式观览体验的关键。

（三）需求导向，以人为本的设计原则

智慧博物馆沉浸式体验空间的重要特征是"以人为本"，即以人的需求为导向，通过多维沉浸的互动方式，实现观众与沉浸式体验空间的高度融合。最近十年，数字技术的突飞猛进带来了一场广泛而深刻的产品革命，各种媒介的数字化趋势势不可挡。所以长期以来，博物馆的建设与发展陷入了以技术为主导的误区，导致声光电等数字化技术在博物馆空间中的滥用，使得沉浸式体验空间的内容空洞，质量不高；或是数字化技术应用浮于表面，只是单纯地将静态博物馆资源动态化，机械地将历史场景进行还原，不仅不利于观众对历史文化的识读，也忽视了观众在空间中的感受和参与度。因此，以需求和服务为导向，从观众的视角并结合博物馆的核心业务，在充分分析观众需求基础上建设智慧型沉浸式体验空间，是符合智慧博物馆自身需求和特色的重要体现。高技术手段的叠加不是建设智慧博物馆沉浸式体验空间的最终目的，技术应主要服务于沉浸式内容的建设，并制定相应的系统建设标准，在不

同系统间需设置好标准接口，形成以需求分析、内容创意、标准制定三步走的开发战略。

以人的需求为核心，突破以馆藏资源和技术叠加为中心的参观模式，选择合适的技术助力沉浸式内容的建设，为观众提供美妙而深刻的参观体验，是智慧博物馆沉浸式体验空间建设中不可忽视的前期准备。

五、智慧博物馆沉浸式体验空间营造策略

（一）构建沉浸式主题故事

主题和故事赋予了空间"存在"的意义，是营造智慧博物馆沉浸式体验空间的先决条件。无论空间的内容是真实物理还是仿真模拟，具有特定意义的主题或跨越时空的永恒故事，都能给予受众感受和理解空间的领悟。因此，我们要营造智慧博物馆沉浸式体验空间，就必须首先选定如历史穿越、艺术体验、剧情讲述等主题。在确定主题之后，我们还需严格围绕主题选取相关素材，将"构想"转换为"构建"沉浸式体验空间，以"虚实共生"的数字化手段，用故事建立主题和素材两者之间的联系。这种故事通常不具备经典叙事的显性剧情，但仍然具备叙事的基本特征，即非游戏性故事。如山西博物院首个文物数字化展览"壁画的平行世界——狄仁杰带你探北朝"，分为四个展览单元：华彩重生、北朝风貌、壁上人间、神隐仙踪，以此演绎北朝历史、社会、文化和艺术风貌；同时山西历史名人、大唐"名探"狄仁杰将化身"导游"，在第一展览单元就"现身迎宾"，带领观众穿越时空回到北朝时期，并全程与观众互动参观、体验、游戏；又如故宫打造的首个"数字·实景·剧情"互动式展览"金榜题名"，该展览基于三个符合当代教育精神的主题"知识改变命运""教育的公平性""行行出状元"，以及清代科举流程规划展览动线，以倒叙的逻辑，分为序厅、观榜回梦、童试、乡试、会试、殿试和传胪大典这七个展览单元。

所以，智慧博物馆沉浸式体验空间的主题故事的完整性构建在于以下三方面：赋予场景意义的主题；选取符合主题意义的素材；串联主题和故事，使观众在参观过程中探索和互动。

（二）营造沉浸式物理环境

物理环境是承载各种媒体信息、感知方式、互动体验的媒介，沉浸式物理环境依然是博物馆作为物的场域延伸。智慧博物馆沉浸式体验空间不是对传统博物馆实体空间的颠覆，也不是对数字博物馆技术泛滥的继承，而是连接过去，立足当下，面向未来，以更深层的互动、全方位的互联，来创造观众个性化的体验与经历。与

虚拟展厅、数字展馆、云展览、云参观和云演艺等完全虚拟的数字博物馆新业态不同，智慧博物馆沉浸式体验空间更为注重线上线下和虚实相结合的体验，即实体与技术的并存空间。从实体空间的角度来讲，较之传统博物馆展陈，智慧博物馆沉浸式体验空间注重数字内容的创意和交互方式，以提高展品资源的数字化利用和展示水平，使得文物活化，实现展陈方式的多元化发展，达到数实融合的沉浸式交互体验。如故宫博物院端门数字馆自开馆以来，在集成故宫多年数字化基础上运用了虚拟现实、人工智能和语音图像识别等新技术，通过大型沉浸式投影屏幕、虚拟现实头盔、体感捕捉、可触摸屏等设备，先后举办了"故宫是座博物馆""发现·养心殿"等多个数字展览。在常设展"故宫是座博物馆"中，数字绘画《写生珍禽图》和书法《兰亭序》为观众创造了独一无二的沉浸式交互体验。以数字书法《兰亭序》为例，即通过拼接三块55寸高清屏幕，搭配32点触控技术，来模拟"曲水流觞"的溪流，每当观众点击靠近岸边的漆器"觞杯"，前面的平板电脑上就随机打开《兰亭序》中的文字，用带有压感的触笔模拟毛笔进行书写或临摹，观众写的字就会融入原作中，与原作进行对比，让观众更加贴近和理解展品；在主题数字体验展"发现·养心殿"中，运用虚拟现实、人工智能等技术设置了"召见大臣""朱批奏折""亲制御膳"等体验皇宫生活的智能互动活动。以"召见大臣"为例，观众通过选择手机屏幕上的红、绿签来选择要召见的大臣，配合人工智能技术，观众可以与所召见的大臣进行自由对话。

（三）路径化沉浸式数字技术

沉浸式数字技术是底层和应用技术两者综合运用的体现，在智慧博物馆沉浸式体验空间中，沉浸式数字技术的存在和选择主要侧重于以下两点，即智慧化服务和沉浸式体验。而以智慧化服务为主的技术与底层技术关联较多，以沉浸式体验为主的技术则与应用技术更相关。但值得注意的是，以底层和智慧化服务为主的技术是智慧博物馆沉浸式体验空间运营的基石，如果脱离了以上两者，被五光十色和日新月异的数字技术所吸引，那么沉浸式体验空间将无法避免地再次陷入技术的"秀场"。过多技术的堆砌不仅会增加博物馆的运营成本，还会弱化观众对展陈本身的关注，背离其核心职能，降低其社会效益。智慧博物馆沉浸式体验空间需要数字技术，其应用和选择应重点围绕着以智慧化服务和沉浸式体验为主的技术，并融入博物馆的核心生产链，坚守核心业务需求。因此，按照智慧化服务和沉浸式体验这两条技术路径，对营造智慧博物馆沉浸式体验空间的数字技术进行系统收集和归纳总结，有利于这两条技术路径的融合发展，进一步合理建设智慧博物馆沉浸式体验空间。

第四节 博物馆智慧化文物保护体系建设

一、博物馆智慧化文物保护建设探索

随着信息技术的快速发展，智慧博物馆是一种在智慧化发展理念驱动下诞生的运营新模式，它利用物联网、云计算、移动通信等信息化技术，实现了智慧化服务、文物保护及管理的几种模式。作为未来智慧博物馆的重要组成部分，智慧文保的探索与实践，也一直在继续着。

（一）"互联网+"理念

"互联网+"的理念首先涉及文物的数字化保存与信息挖掘。数字化保存是通过数字化的分析、采集、记录，将文化遗产相关资料，以声像、文字、图表等形式进行记录并保存起来，在保存形式上实现实体与虚拟的双重档案式保护。数字化挖掘是利用文献资源及合作组织网络，建立数字化有声档案及相关网站平台，并组织出版各类相关的文献书籍、唱片专辑、研究成果、纪录片等，形成资源开放共享的文化遗产"素材库"。另外，"互联网+"还应满足研究文物的需要，尤其对馆藏文物的保护与利用，不能只满足参观者参观博物馆的便利，停留在展示文物的层面。如浙江大学教授鲁东明设计了一种基于万维网的文物保护的探究协同讨论系统，在敦煌的数字化文物保护中进行实际运用。通过两种模式，一是二维的壁画，以评论、邮件交流进行异步讨论；二是三维的彩塑，则以多用户的聊天室进行同步讨论。

（二）数字化技术与应用

5G技术现已在多家博物馆实现案例运用展示。如俄罗斯艾尔米塔什博物馆是全球首个运用5G技术的博物馆，在博物馆部署的5G试验区内，将触觉技术、虚拟现实技术和机器人技术相结合，包括遥控机器手臂进行艺术品修复，通过高比特率及低延迟的特性，技术精湛的修复师在远程可实现复杂及高精度的修复工作。另外，5G技术解放了学习空间限制，可实现世界各地远程学习的突破性改革，在面向学生使用遥控机器人手臂展示艺术品修复的精密技巧的同时，还可利用VR眼镜及演示4K视频，使学生与修复师身临其境。

在国内也已有多家博物馆联手互联网公司进行技术合作。如湖北省博物馆将5G技术运用于文物展示馆区管理，协同中国移动湖北公司共同打造全国首家5G智慧博物馆。与其类似，湖南博物院也通过中国移动公司打造5G覆盖的博物馆。河南博物院与河南联通、华为合作，运用5G网络实现4K超高清视频直播联动，在央视播出

镇馆之宝"象牙白菜"的实时高清画面。"5G智慧故宫"的打造由故宫博物院与华为合作完成，在文物保护与展示、科技研究等方面均实现全方位数字化，更好地为游客及网络观众提供数字化连接服务。另外，还有山东博物馆、中国（海南）南海博物馆、首都博物馆等与中国联通等互联网通信企业，共同打造"5G+智慧博物馆"相关技术运用，如"5G+AR"在文物修复工作中的创新尝试、创建"5G+智慧博物馆"实验室，在文物藏品修复、展陈、教育等相关领域实现5G技术的应用，全面推动国内博物馆智慧化的建设进程。VR技术为文化遗产保护体系的改革和开拓创新提供技术支持，改善了传统文化遗产保护工作中工作量大、管理监督烦琐、进程缓慢、容易忽视细节等问题，在引入VR技术之后，文物保护、藏品管理等部门可以联合建立VR技术保护模式，更加立体化、自动化、全方位地实现监管，并确保文化遗产相关工作的推动。

山西省文物局早在2020年就已出台数字化保护的相关政策——《山西省不可移动文物数字化保护指导意见》，推动国保、省保及濒危彩塑壁画的数字化采集工作，推动省内数字化文物保护全覆盖。

还有一类重要的数字化保护技术，现已有较成熟的应用，即三维虚拟技术，观众及研究者由于时间、场地、环境等限制，在前往博物馆参观文物实物时往往有局限性，不利于文化遗产相关研究开展及优秀传统文化的传播。文物数字化也是文物保护技术提升的表现，利用三维模型信息的采集、整理及记录，全方位保存展示文物信息，在移动互联网技术的支持下实现信息平台上的交互展示，以实现打造一个共享、开放、互联的虚拟文物资源展示平台，从而形成更便捷、更全面的文物信息资源库。

文物数字化保护技术在运用到文物修复时，还可进行技术延伸，尤其是对于珍贵濒危文物的虚拟修复及损毁严重的文化遗址重建意义重大。文物数字化信息采集不仅要采集修复前的文物及遗址的基本信息，还能通过数字模型的建立与尝试虚拟拼接、修补、完型技术，实现在不影响文物或遗址本身的前提下，在计算机上提前进行文物修复及技术选择。如青州市博物馆在龙兴寺遗址出土造像的保护修复方面，尝试通过彩绘复原、虚拟复原、数字化信息采集、科技分析等手段，与多家科研院所进行合作，实现这项工作的实际运用和思考，从而发现问题并解决问题。三维激光扫描技术通过获取文物的空间点云数据，形成完善的文物数据采集信息，并可建立资源数据库。这种技术不仅适用于文物修复的研究工作，尤其是针对复杂珍贵濒危文物的拼接修复，对于表面锈蚀情况复杂、碎片数量大的文物，数字化技术可为破损文物修复及复原提供快速有效的参考依据，解决了传统人工修复面对复杂文物工作量大、判定不准确及不可逆损伤等问题。如山西博物院在积累一定的二维、三维、多媒体视频等数字信息后，开展多项文物数字化采集和保护工作，文物数字化采集数据主要应用于历年的文物保护与研究工作。

文物保护数字化技术是多学科交叉的综合性应用，包含三维建模、计算机图形处理、计算机数据库建设、计算机辅助修复等技术，山西博物院利用高光谱技术进行高精度的数字化采集，对几百件（套）的晋国文物、300平方米大面积壁画等进行信息采集及保存现状、病害状况的评估。

二、博物馆智慧化文物保护体系建设策略

（一）强化技术应用与创新

在智慧化文物保护体系建设中，技术应用与创新是核心驱动力。通过引入物联网技术，我们可以实现对文物位置的实时追踪和监控，确保文物在运输、展示和储存过程中的安全。物联网技术可以通过传感器和标签等设备，实时收集文物的位置信息、环境参数等数据，并通过网络传输到中央控制系统进行分析和处理。这样，博物馆管理者就可以随时掌握文物的状态，及时发现并处理可能存在的风险。

此外，大数据分析在智慧化文物保护中也发挥着重要作用。通过对文物的保存环境、参观者的行为等数据进行深入挖掘和分析，我们可以发现文物损坏的潜在因素，从而制定更加科学的保护措施。同时，大数据分析还可以帮助博物馆优化参观体验，提升观众的满意度和参与度。

数字化技术则是实现文物远程研究和展示的关键手段。通过数字化扫描和三维建模技术，我们可以将文物的形态、纹理等信息以数字的形式保存下来，建立文物数字档案。这样，即使文物无法直接展示给公众，人们也可以通过虚拟展览、网络直播等方式，在数字空间中欣赏和研究这些珍贵的文化遗产。

（二）完善智慧化管理机制

智慧化管理机制是确保文物安全、提升保护效率的重要保障。建立智慧化安保系统，利用视频监控、人脸识别等技术手段，可以实现对博物馆内部和周边的全面监控，及时发现并处理异常事件。智能巡检系统则可以通过机器人或无人机等智能设备，定期对博物馆内部进行巡检，减少人工巡检的疏漏和误差。

同时，制定科学的应急预案也是智慧化文物保护体系不可或缺的一部分。通过结合博物馆的实际情况，分析可能面临的风险和挑战，制定相应的应急预案和措施。在模拟演练中，不断检验和完善预案的可行性和有效性，确保博物馆在应对突发事件时能够迅速、准确地做出反应。

（三）加强人才队伍建设与培训

人才是博物馆智慧化文物保护体系建设的核心力量。积极引进文物保护、信息技术等领域的专业人才，可以为博物馆的智慧化文物保护提供强大的技术支持和创新动力。同时，加强博物馆员工的培训和教育也是至关重要的。通过定期组织培训课程、邀请专家进行授课等方式，提升员工的专业素养和实践能力，使他们能够更好地适应智慧化文物保护的需求和挑战。

（四）深化跨界合作与交流

博物馆智慧化文物保护体系的建设需要借助各方的力量和智慧。加强与其他博物馆的合作，可以共享文物保护的经验和技术，共同推动博物馆行业的智慧化发展。与高校和研究机构合作，可以开展与文物保护相关的科研项目，推动文物保护技术的创新和应用。此外，开展国际交流与合作也是非常重要的。借鉴国外博物馆的智慧化文物保护经验和技术手段，可以为我国博物馆的文物保护工作提供新的思路和方向。

（五）提升公众文物保护意识

公众是博物馆文物保护工作的重要参与者和支持者。通过开展公众教育活动，如举办讲座、展览等，我们可以向公众普及文物保护的知识和重要性，提升他们的文物保护意识和实践能力。同时，建立志愿者队伍，鼓励公众参与博物馆的文物保护工作，这不仅可以增强公众对文物保护的参与感和责任感，还可以为博物馆提供更多的人力资源和智力支持。

综上所述，博物馆智慧化文物保护体系建设是一个长期而复杂的过程，需要政府、博物馆、科研机构和社会公众等多方面的共同努力和配合。通过强化技术应用与创新、完善智慧化管理机制、加强人才队伍建设与培训、深化跨界合作与交流以及提升公众文物保护意识等策略的实施，我们可以推动博物馆文物保护工作的智能化和现代化，为文物的长期保存和传承奠定坚实的基础。

第五节 智慧航海博物馆管理工作创新路径

一、航海博物馆智慧化发展

航海博物馆的智慧化发展，不仅是对传统博物馆运营模式的革新，更是对现代科技与文化传承深度融合的探索。通过引入数字化技术，我们可以为参观者打造一个更加生动、直观的航海世界。

(一)引入数字化技术

在物联网技术的加持下,博物馆内部设备的智能监控和管理成为可能。无论是展品的安全防护,还是馆内环境的智能调节,都能通过物联网技术实现精准控制,大大提高了运营效率。同时,借助虚拟现实和增强现实技术,我们可以让参观者仿佛置身于古代航船上,身临其境地感受航海的魅力,增强其对航海文化的认知和兴趣。

(二)建立智慧化服务系统

在智慧化服务方面,移动应用的开发为参观者提供了极大的便利。通过移动应用,参观者可以轻松获取展览信息、导航指引、讲解服务等,让参观过程更加流畅和愉快。此外,智能语音技术的应用也使得导览更加人性化,参观者可以通过简单的语音指令获取所需信息,提升参观体验。

(三)加强智慧化管理和安全保障

智慧化管理和安全保障同样是航海博物馆智慧化进程中不可或缺的一环。智慧化安防系统的建立,通过视频监控、人脸识别等技术手段,确保了博物馆的安全和秩序。而智能巡检系统的引入,则能够定期对博物馆内部设施进行检查和维护,及时发现并排除潜在的安全隐患。在应对突发事件方面,智慧化应急预案的实施,通过模拟演练、智能报警等方式,提高了博物馆应对突发事件的能力和效率。

(四)推动跨界合作与创新

为了推动航海博物馆的智慧化进程,我们还需要加强跨界合作与创新。我们加强与其他博物馆、高校和研究机构的合作,以此共享资源和技术,共同推动航海文化的传播和发展。同时,开展智慧化创新项目,如智能导览机器人、互动展览等,这不仅可以提升博物馆的吸引力和影响力,还能为参观者带来更加新颖和有趣的体验。此外,举办智慧化主题活动,如航海知识竞赛、虚拟现实体验等,也能吸引更多公众的参与和关注,推动航海文化的普及和传承。

综上所述,航海博物馆的智慧化发展是一个多维度、全方位的过程,需要我们从多个方面入手,充分利用现代科技手段和管理理念,推动博物馆的创新发展。只有这样,我们才能更好地传承和弘扬航海文化,为文化事业的繁荣发展做出更大的贡献。

二、智慧航海博物馆管理工作创新路径

智慧航海博物馆是一座集航海历史、文化和技术于一体的博物馆,它展示了几千年来人类探索海洋的历史和成就,是海洋文化的重要载体。随着科技的发展和人们对文化旅游的需求不断提高,智慧航海博物馆管理工作也需要不断创新,以满足

观众的需求，提升博物馆的知名度和影响力。下面主要探讨以中国甲午战争博物院为典型代表的航海类博物馆在管理工作方面的创新措施，从而为推动我国博物馆馆藏事业的发展奠定坚实的基础。

随着经济和社会的发展，智慧航海博物馆作为文化遗产和旅游景点的重要组成部分，面临着新的机遇和挑战。为了满足观众的需求，提升博物馆的知名度和影响力，智慧航海博物馆管理工作需要不断创新，引入新的思路和技术手段，提高博物馆的管理效率和服务质量。接下来我们将从数字化博物馆管理、多元化的展览形式、社交媒体的推广和可持续发展等方面，探讨智慧航海博物馆管理工作的创新路径，以期为博物馆的发展和改进提供一些借鉴和启示。

（一）数字化博物馆管理

数字化展览系统是一种将博物馆的展品、文化信息和虚拟现实技术相结合的数字化展示方式。通过数字化展览系统，观众可以通过电脑、手机或其他数字设备，随时随地参观智慧航海博物馆。数字化展览系统可以通过虚拟现实技术，为观众呈现逼真的展览场景和展品，让观众有身临其境的感觉，提高观众的参观体验和博物馆的曝光度。

数字化博物馆管理是一种将信息技术、智能化系统和管理方法相结合的博物馆管理方式。通过数字化博物馆管理，我们可以建立智能化的系统来管理博物馆的展品、人员和场馆，提高博物馆管理的效率和安全性。我们可以利用 RFID 技术对展品进行管理和监控，实现展品的追踪、统计和防盗。同时，我们可以利用智能化的系统对人员和场馆进行管理和监控，提高博物馆管理的安全性和效率。数字化展览系统和数字化博物馆管理是智慧航海博物馆管理工作中的两个重要方面。通过数字化手段，可以将博物馆的文化资源数字化，提高博物馆的曝光度和参观体验。数字化博物馆管理可以提高博物馆的管理效率和安全性，降低运营成本，为博物馆的可持续发展提供保障。例如中国甲午战争博物院——北洋海军提督署复原陈列，通过馆藏的大量历史文物和资料，包括战争时期的军舰、火炮、刀枪等，以及许多历史文献和图片，让观众全面了解中国近代史上发生的事件，不仅能够了解历史的发展脉络，更能够深入了解历史的内涵、文化的底蕴，从而增进对中国历史的理解和认识。

（二）多元化的展览形式

多元化的展览形式是指在智慧航海博物馆中，通过不同的展览形式和内容，吸引观众的注意力，提高观众的参观体验和满意度。其中，将展品和虚拟现实技术相结合、打造沉浸式的展览场景是一种比较新颖的展览形式。通过虚拟现实技术，我们可以为观众呈现逼真的展览场景和展品，增强观众的参观体验和印象。

除了展览形式的多样性，智慧航海博物馆还可以通过举办一些特别的活动，吸引不同类型的观众，比如可以举办主题展览，展示不同时间、地点和主题的航海历史和文化，以此吸引对不同主题感兴趣的观众。同时，邀请专家、学者举办讲座，介绍航海文化和技术知识，提升观众的文化素养和学术水平。此外，可以设置互动体验区，让观众参与到博物馆的文化传承中来，体验航海历史和文化的魅力。多元化的展览形式和特别的活动可以吸引不同类型的观众，提高观众的参观体验和满意度。也可以增加博物馆的曝光度和知名度，促进智慧航海博物馆的可持续发展。例如，中国甲午战争博物院的北洋海军与甲午战争基本陈列，复原展示甲午海战的经过，让游客了解北洋海军相关知识，充分发挥其爱国主义教育基地的作用，加强了青少年的国防军事教育；感悟甲午国殇，激发强国梦想。临时展览——"舰证强军·中国百年名舰展"，以中国海军百年发展历程为主线，讲述了甲午战争以来各个历史时期具有代表性的战舰故事，以"舰"证史，以"舰"说史。大连博物馆举行的"近代大连"基本陈列，是以近代大连历史文化为主题的综合陈列，也是海内外观众了解大连城市百年历史的窗口。"我们的生活充满阳光"中的原创展，以馆藏轻工业藏品为引，通过多种艺术效果，让观者体会到美好生活的来之不易，以及党对于实现人民美好生活的初心使命。

（三）定制化的服务

定制化的服务是指智慧航海博物馆可以针对不同观众的需求和偏好，提供个性化的服务和产品，以满足观众的需求，提高观众的参观体验和满意度。

在导览服务方面，智慧航海博物馆可以根据观众的语言、文化背景和参观需求，提供中、英、法、德等多语种的语音解说服务，让国际游客可以更好地了解博物馆的历史和文化。也可以根据不同观众的兴趣和知识水平，提供不同的导览路线和讲解，让观众可以更加深入地了解博物馆的历史和文化。

在个性化服务方面，智慧航海博物馆可以提供定制化的纪念品和导览路线等服务。例如，可以根据观众的需求和偏好，提供个性化的纪念品，如定制化的T恤、手工艺品等，让观众可以带走自己喜欢的博物馆纪念品。同时，也可以根据观众的时间和偏好，提供个性化的导览路线，让观众可以更加舒适地参观博物馆。

定制化服务可以提高观众的参观体验和满意度，让观众感受到来自博物馆的关注和关怀，增强观众对博物馆的认同感和忠诚度。同时，也可以为智慧航海博物馆带来更多的回头客和口碑宣传，提高博物馆的曝光度和知名度，促进博物馆的可持续发展。如中国甲午战争博物院以定远舰为原型开发的盒装纸模拼装模型，高仿真船体结构，新版刀模裁切更加合理，模片易取，操作方便，只需参考内置说明书按步骤拼装即可完成，让参与者在拼装的过程中感受北洋水师主力战舰的雄姿。例如旅顺博物馆，与日本北九州市立自然史·历史博物馆、韩国仁川广域市立博物馆建立东亚三国友好博物馆，这是基于大连市与日、韩友好城市基础之上的博物馆之间的文化交流项目，以每年三馆馆长会议为机制的交流交往已经持续多年，在志愿者培训、信息互通、展览等各项领域开展了交流和合作，举办交流展览，实现资源互补，互相促进，为三座博物馆的事业发展起到了很好的促进作用，更为三个城市的市民相互了解起到了极大的纽带作用，促进了三国三市人民的友好关系朝着健康、深入的方向发展。

（四）社交媒体的推广

社交媒体是一种重要的推广方式，智慧航海博物馆可以通过微信、微博等社交媒体平台，开设博物馆官方账号，发布博物馆的相关资讯和活动信息，吸引更多的观众关注和参观。通过社交媒体的传播，博物馆可以更加直接和快速地与观众互动，提高博物馆的知名度和影响力。例如，智慧航海博物馆可以通过微信公众号发布展品介绍、历史故事、文化解读等信息，吸引观众的关注和兴趣。

除了官方账号的推广，智慧航海博物馆还可以与社交媒体上具有影响力的人物合作，打造博物馆品牌，吸引更多的年轻观众和文化旅游爱好者。例如，可以邀请有影响力的博主、文化名人等，到博物馆参观体验，并在社交媒体上发表评价和宣传，提高博物馆的曝光度和知名度。同时，博物馆也可以与旅游、文化机构等合作，共同推广文化旅游，增加博物馆的游客流量。

旅顺博物馆就是一个成功的案例。旅顺博物馆通过在微博、微信公众号、抖音等社交媒体平台上开设官方账号，不断推出丰富多彩的活动和内容，吸引了大量的粉丝和关注者，提高了博物馆的知名度和影响力。同时，旅顺博物馆也积极参与学术研究和文化交流活动，如推出《旅顺博物馆学苑》、大连市甲骨文学会首届学术年会暨"坚定文化自信坚守文化根脉"——甲骨文化传承与弘扬学术研讨会、文博论坛、艺术宝库西安碑林——兼谈碑石碑帖及书法讲座等，为博物馆的学术研究和文化传承贡献力量。

为充分发挥甲午战争博物院的文化教育、传播能力，该院不断加强文化研究，汇集文化成果，推出由马骏杰教授主讲的30集系列节目——《乘风破浪五千年》，在中央电视台"百家讲坛"栏目播出，一经播出，便在社会上引起热烈的反响。

第五章 博物馆的宣传教育作用和功能

第一节 新时代文博教育蕴含的智慧与力量

一、博物馆的功能体现

（一）博物馆的基本功能

博物馆作为社会教育和文化传承的重要机构，其教育功能的体现是多方面的。首先，文物征集与收藏是博物馆教育功能的基础。博物馆通过征集各种历史文物、艺术品和科学标本，积累了丰富的教育资源。这些藏品不仅具有历史、艺术和科学价值，更是人类文化和智慧的结晶。通过对这些藏品的展示和解读，博物馆能够向公众传递丰富的知识信息，引导观众认识和理解人类文明的多样性。

其次，文物研究与陈列展览是博物馆教育功能的核心。博物馆的研究人员通过对藏品进行深入的研究和解读，挖掘其背后的历史、文化和社会价值。同时，博物馆还通过策划各种陈列展览，将研究成果以直观、生动的方式呈现给公众。这些展览不仅展示了藏品的艺术魅力，更通过讲解、互动等方式，引导观众思考和探索，激发他们的求知欲和创新精神。

此外，博物馆社会教育是博物馆教育功能的延伸和拓展。博物馆通过举办各种讲座、培训、活动等，将教育资源向社会公众开放，满足不同年龄、不同需求的人群对学习的需求。这些社会教育活动不仅提高了公众的文化素养和审美水平，更促进了社会的文明进步和和谐发展。

综上所述，博物馆的教育功能体现在多个方面，包括文物征集与收藏、文物研究与陈列展览以及博物馆社会教育等。这些功能共同构成了博物馆作为社会教育和文化传承重要机构的基础和支撑。通过不断发挥这些功能，博物馆能够更好地履行其社会责任，为社会的文明进步与和谐发展做出积极贡献。

（二）博物馆的教育功能体现

首先，博物馆具有历史教育功能。通过展示各种艺术品和文物，博物馆帮助观众了解不同时期、不同地区的历史背景，使观众能够更深入地理解历史事件和人物，认识到历史时期的文化、社会和政治背景。

其次，博物馆也发挥着文化教育功能。藏品代表着不同地区、民族和文化之间的差异，观众可以通过参观博物馆，了解世界各个角落的文化多样性，从而增强对多元文化的认知和理解。

此外，博物馆还具备美学教育功能。展出的艺术品具有独特而精美的审美价值，观众在欣赏这些艺术品的过程中，可以启发对美感和创造力方面的思考，提升审美能力和艺术鉴赏力。

博物馆也承担着社会意识教育功能。通过展示反映社会问题、价值观念以及道德准则的艺术作品，博物馆引导观众思考这些问题，并形成独立思考能力，增强社会责任感和公民意识。

在科学技术教育方面，博物馆也发挥着重要作用。许多现代科技设备在博物馆中得到应用，并与传统艺术相结合，为观众提供新颖而有趣的体验，激发他们对科学技术的兴趣和探索欲望。

此外，博物馆还关注环境教育。许多艺术品关注环境问题，如气候变化、生物多样性等，观众在参观这些作品时，可以了解到环境问题的严重性，从而提高环保意识。博物馆还可以通过开展环保主题的活动，教育观众关爱环境，践行可持续发展的理念。

最后，博物馆还通过举办创意工作坊、艺术讲座等活动，提供一个实践创新思维的平台，培养观众的创新能力和批判性思维。

综上所述，博物馆的教育功能体现在历史、文化、美学、社会意识、科学技术、环境教育以及创新思维等多个方面，为观众提供了全面而深入的教育体验。

二、新时代文博教育蕴含的智慧与力量

新时代的文博教育，无疑是一座智慧与力量的宝库，它以其深厚的内涵和广阔的视野，为国民提供了宝贵的精神食粮。

首先，文博教育通过深入挖掘和展示中国的历史和文化，使国民更加深刻地认识到新中国的道路、理论和制度的独特性和优越性。通过学习这些丰富而宝贵的历史文化遗产，国民能够增强对中华民族的自豪感和归属感，坚定对社会主义祖国的热爱和对中华民族伟大复兴的信心。这种自信心的培养，不仅有助于增强国民的凝聚力和向心力，更为国家的长远发展提供了坚实的精神支撑。

其次，文博教育注重将革命传统教育与干部作风建设相结合。通过传承和发扬我党我军的革命光荣传统，文博教育为党员干部提供了宝贵的精神财富。通过学习和借鉴革命先烈的事迹和党的艰苦斗争史，党员干部能够进一步坚定理想信念，增

强党性修养，保持艰苦奋斗的作风。这种结合不仅有助于加强党的干部队伍建设，提高党的执政能力和水平，更为国家的长治久安提供了坚强的组织保证。

此外，新时代的文博教育还强调传统文化教育与社会主义核心价值观的结合。通过深入挖掘传统文化的内涵和价值，文博教育引导国民树立正确的价值观和道德观。通过学习和领悟传统文化的精髓和智慧，国民能够增强文化自信，抵御各种不良思潮的侵蚀。同时，文博教育还围绕社会主义核心价值观开展丰富多彩的教育活动，使国民在参与中感悟、思考和实践，形成积极向上的社会风尚。

最后，新时代的文博教育还注重创新青少年爱国主义教育的形式和手段。通过利用博物馆等文博资源，开展互动式、体验式等多样化的教育活动，文博教育为青少年提供了更加生动、直观的学习体验。这些活动不仅激发了青少年的爱国情感和历史使命感，还提高了他们的文化素养和道德水平。这种创新性的教育方式不仅符合青少年的成长特点和学习需求，更为培养新时代的爱国者和建设者提供了有力支持。

综上所述，新时代的文博教育以其蕴含的智慧与力量，为国民提供了宝贵的精神食粮和文化滋养。通过培养国民的自信心、结合革命传统教育与干部作风建设、强调传统文化教育与社会主义核心价值观的结合以及创新青少年爱国主义教育的形式和手段等方式，文博教育为国家的长远发展提供了坚实的精神支撑和文化保障。

第二节 社会教育宣传活动对博物馆文化发展的重要作用

一、社会教育宣传活动的宣传作用

（一）社会教育宣传活动的必要性

社会教育宣传活动，作为博物馆的重要宣传手段，扮演着让博物馆文化得以广泛传播的关键角色。通过这些活动，博物馆能够吸引更多公众的目光，进而提升自身在社会中的知名度和影响力。社会教育宣传活动采用多样化的形式，将那些沉睡在历史长河中的考古文物，以最为简洁、直观且易于接受的方式，展现给广大观众。博物馆作为非营利组织，以教育、研究和欣赏为目的，收藏并保护着人类活动和自然环境的见证物，通过展览和社会教育宣传，向公众展示着人类历史的进程和相关知识。

博物馆不仅是历史的承载者，更是传统文化发展的基石。它如同一座桥梁，连接着过去与未来，让宝贵的历史见证物得以传承，并启迪着人们对未来的思考。社会教育宣传活动通过丰富多样的宣传教学方式，使更多的观众能够轻松接受历史文化的知识，从而加深对博物馆和考古知识的认识。可以说，社会教育宣传活动在博物馆文化的发展和传播中，发挥着举足轻重的作用，为公众认识和了解博物馆创造了有利条件。

（二）社会教育宣传活动的时代性

随着科技的飞速发展，社会教育宣传活动的形式也在不断创新和演变。从传统的单方面言语授课，到如今的讲解、实践以及多功能媒体结合应用的现代化课程，宣传方式变得越来越多样化、立体化。社会教育宣传活动的课程设计既保留了原始传统的活动项目，如版画拓印等，又融入了现代科技元素，为观众提供了更加丰富、直观和生动的感官体验。

这种现代化的宣传方式不仅让观众能够深入了解传统文化的内涵和价值，还增强了他们对博物馆宣传的文物和历史知识的记忆。同时，社教研学课程也在实践中不断总结经验，提高技术创新水平，增加与观众的互动渠道和方式，为博物馆文化的宣传开辟了更多途径。这种与时俱进的社会教育宣传活动，不仅展示了博物馆文化的时代魅力，也推动了博物馆事业的持续发展。

二、社会教育宣传活动的推动作用

社会教育宣传活动对博物馆文化的交流和传播有推动作用，这主要体现在两个方面：一方面是社会教育宣传活动具有拓展性，另一方面是社会教育宣传活动具有多样性和灵活性。在日新月异的当代社会，经济和科技高速发展，各行各业都在提升发展速度，文化的发展也日渐受到公众的关注和重视。在当代的文化建设中，科学的知识宣传和优良文化的发展日益重要，主动推动经典的文化创新，传承优秀的民族文化是博物馆不可推卸的使命和社会责任。

（一）社会教育宣传活动的拓展性

传统的博物馆开放的布展功能，已经不能更好地适应当代社会的快节奏生活，而博物馆作为一个实物文化载体，虽然有其本身的稳定性，但单方面需要观众主动参观的方式，在快节奏生活的今天，略显被动。开展多样化的社会教育宣传活动，可以利用社教活动方式的灵活性和主动性以及社教课程的超强参与性，为博物馆文化的宣传增加传播的途径，为博物馆文化发展增加了新的渠道。社教研学课程的开展不仅推动了博物馆文化的传播广度，也为广大群众提供了更多参与学习和娱乐的机会和方式。

（二）社会教育宣传活动的多样性和灵活性

1. 多样性

社会教育宣传活动和实践研学课程的多样性，将博物馆的文物以授课、游戏、动手制作模型等活动形式进行广泛宣传，将渊博多样、历史悠久的考古知识和考古文物，以言简意赅的授课形式搭配考古文创制作的方式，利用多媒体手段和数字控制等技术，进行线上研学直播、录播的方式和线下面授教学的讲解活动，让广大观众群体都能听得懂课程，玩得到文创，学得会知识，体验到实践的快乐。用讲授研学课程和动手制作文创相结合的社教实践方式，消除大众对学术的陌生和盲区，拉近群众和博物馆文化以及考古文物的距离，让博物馆里的知识可以更好地传播给社会各个群体，社会教育宣传活动的多样性，也能更好地适应多样化的群体，比如社区的聋哑人群体。考虑到聋哑人群体的特殊性，社教工作人员会为他们选择更适合他们操作的版画拓印体验活动。版画拓印具有材料简单、操作灵活、指导方便、简易快捷、容易上手制作等优点，而且非常容易制作出成功的作品，让特殊人群既能体验手工活动的快乐，又能感受到社会机构提供的温暖与关爱。

2. 灵活性

社教活动和课程的灵活性，在于社教工作者们能让社教研学课程走出去，对不同的群体，采取不同的授课方式。通过社教人员带着社教研学课程"走出去"，带着社教研学课程走进乡村、走进社区、走进特殊人群、走进学校，通过活动"请进来"，在博物馆内开设小小讲解员、招募小小志愿者等社教活动的宣传方式，我们请更多的文博爱好者参与到博物馆的活动中来，增加博物馆的宣传途径，在传播知识的同时，拓宽了博物馆文化的广度，增加了受益群体，也为有社会实践需求的群体提供了活动空间和实践研学的项目课程。可以说，社教研学活动的灵活性，让社教研学课程实现了"走出去"，对博物馆文化发展的速度与进程起到了推动作用。

三、社会教育宣传活动的纽带作用

博物馆，作为社会的服务机构，承载着深厚的历史文化积淀，其开展社会服务应当始终坚守为人民服务的宗旨，坚持为社会主义服务的方向。这不仅是博物馆的职责所在，更是其存在的意义和价值体现。在实践中，博物馆应当紧密贴近实际、贴近生活、贴近群众，以丰富多彩的活动和展览，丰富人民群众的精神文化生活，满足他们日益增长的文化需求。

作为公共文化场馆，博物馆是惠民工程的重要战略阵地。它不仅是传承和弘扬中华优秀传统文化的重要平台，更是推动社会主义文化繁荣兴盛的重要力量。在创新实施文化惠民工程的过程中，博物馆发挥着不可替代的作用。通过提升基层综合性文化服务中心的功能，博物馆能为广大群众提供更加便捷、高效的文化服务，让文化成果惠及更多人民群众。

社会教育宣传活动是博物馆服务社会的重要形式之一。通过这些活动，博物馆能将悠久的历史知识传播出去，让尘封千年的考古文物重新焕发生机，再次亮相在公众面前。同时，这些活动也能吸引更多不同的群体走进博物馆，感受文化的魅力。

在社教活动的实践中，社教工作者们带着精炼的考古研学知识和精致的文创礼品、社教实践文具，深入社区、学校、乡村和特殊人群，开展了一系列丰富多彩的活动。他们通过讲解、互动、体验等方式，让广大群众在轻松愉快的氛围中了解历史、学习文化，享受研学实践带来的乐趣。这些活动不仅传播了科学的知识和悠久的历史文化，也为不同的社会团体送去了陪伴和欢乐。

社教研学活动的广泛宣传，增加了群众和博物馆文化的互动。广大群众通过参与这些活动，更加深入地了解了博物馆和考古知识，感受到了文化的魅力和价值。这也让社教活动成为连接群众和博物馆文化交流的纽带，促进了社会文化的和谐发展。

总之，博物馆作为社会的服务机构，在传承文化、服务社会方面发挥着重要作用。通过坚持为人民服务的方向和贴近实际、贴近生活、贴近群众的原则，博物馆能够不断创新服务模式，提升服务质量，让广大人民群众共享文化发展的成果。

四、社会教育宣传活动的互动作用

（一）社教课程的精准定位

社教课程是根据考古文物和考古知识提炼出来的文本课程，以幻灯片演示的形式，通过社教工作人员进行讲解讲授的方式传递信息，再配上配套的社教实践环节，最后在社教工作者的启发和指导下完成最后的手工作业。虽然是课程，但设计课程的初心是为了引导广大群众以最为直观的方式接受实践活动和研学课程，课程实践的目的不是强调技术的比拼，而是让大家在娱乐中学习，在放松的状态下，顺其自然地掌握知识。可以说，社教课程的设计难度定位是适应大众化的、普及的。但是讲解的知识是精准简洁、通俗易懂的。

（二）社教课程的实践步骤

这里就以长春博物馆的社教研学课程《图说考古》为例，首先，社教工作者根据相应的考古知识和文物的保护法条例进行课程编撰，设立三四个课程单元，依次向观众讲授博物馆的相关知识，介绍博物馆的地址和具体情况、考古的相关知识，比如考古发掘的步骤，在考古发掘的作业中要如何完成考古发掘，以及发掘成功后要经过哪些步骤进行保存、记录等，还要向观众讲授专业名词，比如什么是遗迹、什么是遗存，以及讲述文物保护法的法律法规，增加观众的法律常识，扫除法律盲区。在完成相关知识的讲解后，社教工作者会和观众开展一个提问的互动环节，比如"在刚刚讲解的课程中，大家是否知道猛犸象或者披毛犀生活在哪个时期？中华第一石龙距今多少年？在考古发掘作业中，什么是遗迹？什么是遗存？考古发掘工作中，洛阳铲的作用是什么？"等知识问答。这样做的目的，一是为了调动大家的积极性，二是巩固课堂知识。社教工作者通过互动问答的方式和观众进行互动，并为每一位踊跃答题的观众赠送精美的文创纪念品，以鼓励大家的踊跃参与，提升观众学习的积极性和对博物馆文化的热爱。

在完成社教研学课程的内容讲解和提问互动环节后，社教研学课程将进行到实践环节。博物馆的社教工作者，根据社教研学课程《图说考古》。制作了和课程对应的考古盲盒。盲盒里面是猛犸象、恐龙等动物的化石模型的零件，并用泥土埋藏成一块方形砖，还有操作材料包。社教老师在讲解之后，将砖状的考古盲盒依次发放给每一位观众。接下来，在社教老师的辅助和引导下，观众进行考古盲盒发掘实践。博物馆的社教研学课程用考古盲盒的方式，为观众模拟考古的过程。社教工作者依次指导大家打开盲盒、开始挖掘、组装零件，最后拼接成完整的远古动物的化石模型。通过社教研学课程的讲解和实践，观众系统又直观地学习到考古知识。研学考古活动用参与性极强的方式，不仅增加了和观众的互动性，其最后的成品模型，还让参与者们充满了成就感和信心。

五、社会教育宣传活动的传承作用

（一）历史文化的传承

文化传承是人们通过精神和物质财富的传递和转接，为现代人们的精神文化发展所服务。但是其中需要明确的是，文化传承的内容不仅仅限于一些物质文化遗产的传承，同时道德、精神和思想的传承也成为文化传承的重要组成部分。社会教育宣传活动，不只是在实践活动形式上的一种课程，更多的是对历史文化的保留和传承。以长春博物馆第一展厅"溯源长春早期文明展"为例，这个展厅根据考古文物的时间顺序，将长春地区的早期文化从旧石器时代到新石器时代，再到青铜器时代的历史，通过文物考古逐步还原，从考古发现的"长春第一人""长春第一房"以及"长春第一村"等遗迹的复原，让我们这些后人看到长春早期先民们的生活状态，了解到长春早期发展的历史。

考古文物的发现以及文物的展出，不仅仅是对历史的见证与还原，同时也是对知识的刷新。2017年出土于五台山遗址的鸟形玉器，经考古学研究表明，它属于距今7000至6000年的左家山下层文化，是目前我国考古发现年代最早的鸟形玉器，被称为"华夏第一玉鸟",可以被看作后来鸟形玉器的雏形之一。于1985年出土于左家山遗址的石龙,是我国目前发现年代最早的石雕"龙"的形象,距今6000年左右,堪称"中华第一石龙"。这些发现打破了我们对很多知识的认知,不仅增加了人们对历史的新认识,而且也让大家对考古发掘有了更深的期待!

(二)文物信息的传承

宝贵的文物在出土之前,经过漫长时间的风雨洗礼,才被考古工作者发掘出来,并经过层层处理修复,布展在博物馆,供观众赏阅。社会教育活动通过课程"走出去"和活动"请进来"的方式,让文物走出去,走进更多群众的视野,让更多的观众知道了文物的存在,知道了远古文物的历史和那个历史时期的不为人知的精彩故事。社会教育宣传活动对博物馆文化的传承,本质上不是指对文物本身的物质传承,而是对文物的精神传承、文化传承。传播正确科学的文化知识,是博物馆的职能和社会责任。社会教育活动通过"广而宣之"(广泛的宣传范围)、"简而精之"(简明又精致的社会实践课程)、"博而深知"(对渊博知识的深入探索)的宣传理念,让更多人知道了本土文物的存在、发现、发掘、发展和历史的意义,并在每一位观众的心里种下了传承优秀的民族文化的种子,随着时间的推移默默滋养,静待生根发芽。传递每一份优秀的民族文化,加强本民族的文化素养,将优秀的民族文化传承下去,是每一位社教工作者的使命与责任。

第三节 发挥博物馆职能,推动学生素质教育

一、博物馆在学生素质教育中的作用与价值

(一)培养学生的艺术文化素养

素质教育是新时代教育的主要方向,其核心在于培育学生的健全人格、培养学生的生活技能,促使学生实现德、智、体、美、劳的全面均衡发展。博物馆中的馆藏资源内容丰富且涵盖诸多方面,包括历史、经济、科技与文化等,因而积极发挥博物馆职能,引领学生进行观览与了解,可丰富学生对这些方面的认识,拓展其视野,进而利于提升他们的文化素养。另外,博物馆中各种各样的藏品都具有一定的艺术价值,如历史文物通常展现精美的设计、多元的色彩和独特的造型,还蕴含丰富的文化内涵。学生在观赏、游览博物馆的同时,能获得艺术启迪、审美启发,激发其艺术兴趣的同时,促使学生审美意识、审美能力也得到提高。

(二）培养学生的人文精神

博物馆中的馆藏物品都是人们所创作的，这些馆藏资源意蕴深厚，也承载着丰富的人文精神，因而在引入博物馆资源对学生开展教育的过程中，学生能获得人文精神的浸润，促使其人文意识得到增强，这对于学生的成长发展意义深刻。如在红色博物馆中，所展览的物品和资源基本都是对革命时期的反映，有记录革命斗争的文学作品、有革命英雄的遗物、有革命斗争的战斗工具等，学生透过这些物品与资源可以进一步了解到其背后所暗含的革命精神，进而产生潜移默化的影响，这有利于培养学生的人文精神。

（三）培养学生的创新创造意识

创新是新时代发展的关键动力，对学生创新意识的培育是当前教育教学的重要任务之一，常规教育过程中，教学活动围绕课本教材而开展。长期下来，学生的思维认识局限在课堂中，缺少开拓与丰富，并且所采取的单一教育方式也会形成较为枯燥的氛围，影响学生的学习兴趣，阻碍学生的个性化发展，继而制约学生创造性的发挥。而博物馆中所陈列展览的物品与资源都是人类生产、生活的凝缩体现，也展现了人类在探索社会、探索自然过程中所发现的规律。学生在观赏了解这些物品和资源的过程中能获得启发，促使学生立足自身实际，也进一步发现在自身生活体会中所存在的规律，形成创新意识，积极发挥创造性，在学习和成长中不断进行创造性的活动，并促使其在未来发展中为国家、社会贡献创新力量。

（四）培养学生的发展理念

博物馆中所陈列展览的物品与资源通常都是在历史发展中形成的，具有一定历史价值，其反映着当时的社会文化背景与人们的生活、生产方式、习惯等，能让学生对这些物品和资源进行观览了解，从历史视角去回顾，并从现代角度深化思考，在对比中发现规律，从而进一步把握时代的发展变化，这有利于培养学生形成发展理念。并且，在发展性认识下，促使学生正确看待当今社会、经济与政治等方面的发展，精准定位自我发展、社会发展与国家发展，不断提升自我、完善自我，并发挥个体力量，为社会、国家的全面发展贡献力量。

二、博物馆教育职能发挥存在的问题

（一）对教育职能缺乏重视

在博物馆中，相关工作人员着重于陈列展览的管理，将更多精力放在陈列展览的规划上，未充分认识到当前时代背景下人们对博物馆需求的变化，忽略了人们对博物馆教育功能的关注，并且还将陈列展览与教育相对等，片面地认为做好陈列展览就能发挥好博物馆的教育作用，因而所组织开展的教育活动也多围绕如何陈列、如何展览而进行，与实际生活、游客群众缺少联系，不能充分满足人们的精神需求，限制了自身教育职能的有效发挥。另外，一些博物馆中所采用的陈列展览方式、设计的讲解词等有着较强的专业性，没有充分考虑到人们不同知识、学历、层次之间的差异，忽视了博物馆教育职能的全面、有效发挥，达不到应有的教育效果。

（二）缺少对学生素质教育的考量规划

自各地博物馆兴建之后，参观博物馆的游客人数逐年增多，这也得益于国家对传统历史文化的大力宣传，让更多人对历史文化产生兴趣，但是从参观人群中可以发现，大多以随旅游团而来的成年游客居多，学生特别是中小学生的总数较少，这一现象表明，当前博物馆的受众范围还不太均衡，社会教育职能的发挥在学生群体中的效应较弱，阻碍了博物馆对学生的引导，影响了其作用的发挥。另外，许多博物馆中还缺少对学生素质教育的综合考量与规划，缺少面向学生的独立教育场所的设计，通常都是学校组织学生进行博物馆半日游、一日游等，所观览的也都是面向大众的相同陈列展览，针对性不足，这影响着博物馆的教育功能的发挥，学生也很少能从中获得独特的、有趣的博物馆观览体验，继而也就影响教育效果。并且，一些博物馆虽然开展了不少的教育活动，但大部分都是局限于某一个展厅而进行的，延伸性、综合性较弱，也影响了博物馆对学生素质教育的效果。

（三）与学校教育的合作不够紧密

在博物馆教育职能的发挥中，学生是重要目标群体，因而博物馆应与学校教育保持联系，相互融合、相互渗透，才能达到理想的教育效果和宣传效果。但实际上，从博物馆的发展运行来看，其与社会组织结构之间的联动比较少，与学校教育更是分离得十分明显，两种不同的机构虽然有着育人方面的共同性，却并没有建立起紧密的关系，因而面向学生时，博物馆的教育职能发挥有所受限，自然也就无法满足素质教育的需要。加强与学校教育的紧密合作，进一步拓展博物馆教育职能的影响范围，是博物馆发展过程中要重点关注的问题。

三、发挥博物馆职能，促进学生素质教育的路径建设

（一）深化博物馆与教育主管部门对教育的重视程度

要充分发挥博物馆在学生素质教育中的重要作用，博物馆和教育主管部门需要共同提高对教育的重视程度。双方应树立正确的教育观念，提升教育意识，为学生素质教育的实施创造有利条件，确保博物馆的素质教育功能得到有效发挥。

博物馆拥有丰富的实物资源，这些具有文化、艺术价值的物品和资源可以作为

学生的第二教育系统。因此，博物馆的管理层和相关工作人员需要明确自身的教育职能，在博物馆的运营管理中融入以学生为目标的素质教育理念。他们应合理规划资源，与教育主管部门紧密配合，促进博物馆资源与学校教育的有机结合，通过合作渠道推动博物馆资源在学生素质教育中的积极应用。

为了实现这一目标，博物馆可以设立专门的教育部门，并配备专业的博物馆教师，负责策划和组织面向学生的教育活动。这些教师可以根据不同年龄段学生的需求，结合博物馆资源的实际情况，编制教育教材，并提供给学生，帮助他们更深入地了解博物馆及其陈列的展品与资源。

此外，博物馆还可以定期开展讲座活动，对不同展厅进行宣传讲解。这样，学生在参观博物馆的同时，可以更详细地了解文化知识，对其思想认识、价值观念等产生积极影响，从而获得能量，提升个人素养。

同时，博物馆与教育主管部门可以组织座谈交流，深入探讨素质教育的需求，研究校内教育与校外教育的融合方式。博物馆作为校外教育的重要支撑，应配合学校规划素质教育活动，充分利用博物馆的资源，发挥其最大的教育作用。通过双方的共同努力，我们可以推动博物馆在学生素质教育中发挥更大的作用。

（二）加强博物馆与学校的紧密合作与联系

博物馆在学校素质教育中职能的发挥，应构建与学校的紧密合作联系，让博物馆资源真正渗透到素质教育实践中，进而发挥其育人功能。

首先，博物馆应充分了解、全面掌握学校素质教育的需要。相关管理人员应提高责任意识、合作意识，与教育主管部门、学校进行积极沟通，通过实地调查、调研等方式了解学生素质教育的现状、内容与目标，并在此基础上合理规划博物馆与学生素质教育融合的方案，作为博物馆教育职能发挥的指导，确保博物馆素质教育活动的顺利落实和有序开展。同时，在调研基础上发现学校素质教育开展过程中的不足，利用丰富的馆藏资源，挖掘其价值，有针对性地补充学校素质教育的短板，进一步提升素质教育的效果，促使学生综合素养得到提高。

其次，博物馆工作人员与学校教师要加强交流沟通，在与学校建立合作的同时，开展一些博物馆培训合作项目，为学校教师提供更多参与机会。通过培训拓展学校教师对博物馆教育职能的认识，了解博物馆的价值以及在素质教育实践中的作用，教师积极将博物馆教育资源融合到教学内容和教学计划中，切实发挥博物馆教育价值。如邀请学校教师参加博物馆所开展的专题讲座，规划以教育为主题的博物馆项目活动、组织馆校协同的研讨会等。同时，也可以与学校教师共同规划一些适合学生、满足学生发展需要的教育活动，由教师引领学生到博物馆后再由博物馆工作人员带领学生进行参观并提供符合学生认知的讲解，在这样的教育活动模式下，学生能获得深刻认识，获得艺术、审美、情感等多方面的启发，继而促使学生综合素质得到提升。

再者，博物馆的馆藏资源与学校教育资源要加强融合，博物馆以自身所拥有的丰富资源为素质教育提供支持。为促进学生素质教育，博物馆应着重加强对各种馆藏资源的利用，积极开发其教育价值，为学校素质教育活动的开展给予一些参考和借鉴，有效提升学生素质教育的整体效果，促进学生全面发展。如博物馆可以自主探索开发一些教育资源，在此基础上整合资源，设计素质教育课程。学校教师可对这些教育资源进行借用，将其融合到具体的教学课堂当中，与学科教学内容相结合，拓展课堂并丰富学生的知识视野，让学生在领略博物馆物品和资源的过程中使自身的认识更加深刻，充分调动学生的学习兴趣，有利于发展学生多项能力。另外，博物馆也可以为合作学校的师生提供博物馆参观券，为学生提供更多接触、观览博物馆馆藏资源的机会，促使其从中体会到历史的发展变革、科技的革新升级、文学艺术的魅力等，如此学生的综合素养自然会随之提升。

此外，博物馆与学校素质教育活动要加强互动。在博物馆与学校相互合作的前提下，互动交流应保持活跃，从而才能让学生获得丰富多元的教育体验，促使其知识能力、情感价值观等都得到较好的发展。博物馆为学校教育创造延伸的机会，设立面向学生的开放活动日，选定某一个时间段让学生到馆内进行观览。这样一来，学生有充足的时间了解不同展厅、不同展览品，而不仅仅是走马观花式地浏览。在这个过程中，学生才能真正领略到馆藏资源的艺术价值、文化价值和精神内涵，从中获得感染与启发。比如，博物馆工作者与学校教师沟通，设定以"革命"为主题的开放活动，并根据学生所观览的革命文化展厅设计"学习单"，让学生在观览的同时完成"学习单"的填写，并记录一些问题和疑惑，之后教师将其收集起来并共享给博物馆工作人员；博物馆工作者再针对学生提出的疑惑与问题，制作专门的解答解说视频，发送给教师后，呈现给学生，解决学生疑惑，增进其对革命文化、历程、人物等的认识，深化学生对当前幸福安稳生活来之不易的认识，激发学生的爱国热情，增强学生的理想信念。

（三）引入信息技术，创新博物馆教育方式

为了充分发挥博物馆的教育职能，促进学生素质教育的发展，我们需要在教育方式上进行创新，与时俱进地运用先进的智能信息技术来优化素质教育活动的实施。这样做不仅有助于博物馆教育职能的更好发挥，还能进一步提高学生的综合素养，实现素质教育目标。

在信息媒体时代，博物馆应充分利用各种技术手段来创新教育方式，开拓博物馆教育的新途径。例如，博物馆可以与学校共同建立线上教育平台，实现资源的互通互联。教师可以通过平台上传学科教育资源，而博物馆则可以挖掘自身的教育资源，制作成可供学习的资料并上传到平台中，作为拓展类课程供学生学习。

此外，博物馆还可以利用 3D 技术、5G 网络技术等，将陈列展览制作成动态立体的模式，对藏品进行智能扫描，并设置虚拟主播形象进行解说。这样，学生就可以在课下随时随地登录博物馆网站，以"云游览"的方式观赏自己感兴趣的馆藏物品和资源，更近距离且多角度地观察资源的细节，同时听取虚拟主播的讲解。这种方式能够让学生更深入地了解馆藏资源背后的故事，认识到其文化、历史和艺术价值，从而对学生的认知产生积极影响，提升他们的综合素养。

另外，博物馆还可以通过开设多平台账号，开通直播服务，由工作人员直播讲解各种藏品，带领观众"云游"博物馆，了解文物、艺术作品和遗迹等。这种近距离的交互方式能够增加学生对博物馆馆藏物品与资源的兴趣，促使他们主动探索这些资源的背景、内涵和文化历史价值，从而在思想认识和价值观方面获得启发。同时，直播方式还能扩大和加强博物馆社会教育的影响范围和力度。

综上所述，通过创新教育方式并运用先进的信息技术，博物馆可以更好地发挥其在学生素质教育中的作用，促进学生的全面发展。

（四）秉持以生为本的原则，规划适合学生的陈列展览

促进学生素质教育的博物馆职能发挥应以学生为中心，以提升学生综合素养、促进学生全面发展为目的，利用博物馆教育资源开展教育活动，为此，博物馆在其推进素质教育的陈列展览这一核心工作规划中，要认真把握以生为本的理念，协同学校教育优化教育教学过程。博物馆工作人员要考虑到学生的认知心理、兴趣等，对陈列展览进行精心设计，如对于中小学生而言，要保证通俗易懂、主题鲜明，以丰富且有趣的内容、样式形成内涵深刻、生动活泼的陈列展览，吸引中小学生的观览兴趣与探究兴趣。在素质教育目标的要求下，博物馆在陈列展览内容选择上也应根据不同年龄段学生的成长发展需求进行合理规划。如面向大学生的重点在于，让其观览博物馆陈列的藏品之后，能够进一步认识到社会发展变化的规律与国家的时代性发展进展，提高其社会责任感、历史责任感，增强其民族自信、文化自信，并在行动中为国家和社会发展做出积极贡献；面向中学生则重点在于，让其通过对博物馆陈列展览藏品的观览，进一步了解中华民族的优秀传统文化、优良革命传统与革命文化等，提高其爱国热情，坚定其理想信念；面向小学生则重点让其观览陈列展览后，能够了解一些历史事件、革命故事，认识一些历史人物，激发其对文物、

遗迹等的兴趣，增强爱国意识。根据不同阶段学生素质的发展需要，博物馆进行科学合理的陈列展览规划设计，更能够发挥出教育职能的功效。

第四节 博物馆要积极发挥实践育人的功能

一、博物馆发挥实践育人功能的途径

博物馆要一如既往地发挥公共教育的职能，坚持公益性、文化性、服务性原则，还需要从三个方面努力配合学校做好教育工作。

（一）完善设施，为青少年营造良好的体验空间

博物馆在馆内空间设计和布局上要优先考虑针对青少年的教育。比如，国家博物馆在新馆建成了1500平方米的教育体验区，作为开展青少年教育的专属空间。体验区外形为椭圆形，给人以圆润、灵动之感，造型上错落有致，富于变化，与新国博庄严宏伟的建筑风格相辉映，形成方中寓圆、圆中有方的韵味。体验区从外形设计到室内装饰布置及陈设选择，无一不考虑到青少年观众的性格特点和审美喜好。自开放以来，体验区已成为青少年观众到国博参观时最喜欢的场所之一。

（二）精心设计，推出适合青少年观看的陈列展览

陈列和展览是博物馆为公众特别是青少年观众服务的主要手段和形式。因此，博物馆在陈列展览内容上要力求丰富多样，形式上力求生动活泼，要思考如何能抓住青少年的眼睛和心理。一方面，博物馆既要展示中华辉煌的古代文明，又要展示近现代文明和改革开放的巨大成就，同时还要展示世界文明成果；另一方面，博物馆要根据青少年教育的实际需求，精心设计，推陈出新，为其提供通俗易懂、生动有趣、主题鲜明、内涵丰富的内容。

（三）不断创新，推出更具吸引力的体验教育活动

近年来，一些博物馆增加了体验式的教育内容。这些项目将不再单纯地以艺术教育作为主要的教育手段来开展活动，而是综合多种学科，让青少年不仅学到书本以外的知识，还激发他们强烈的参与意识，引导他们感受博物馆的氛围，实现博物馆与青少年的良好互动。特别是每年的博物馆日前后推出的"走进博物馆"系列活动，以及寒暑假期间针对青少年推出的博物馆研学游活动，都极大地提高了博物馆对青少年教育的重视程度，也调动了家长、教师和学生走进博物馆、体验博物馆的热情。

希望博物馆成为青少年最好的成长伙伴，帮助他们健全品格、完善人格，展开

探索的翅膀，了解历史，走向未来。

二、基层博物馆构建青少年社教活动体系与新路径

（一）构建青少年社教活动体系与新路径的必要性与可行性

随着人们对博物馆认识的不断提高，博物馆社会教育的内涵也在不断丰富，它不再只是传统意义上的学校教育、家庭教育、社会教育的补充，而是一个集文化传播、艺术体验与社会服务等于一体的综合性全功能社会文化教育机构。因此，博物馆开展社教活动不仅要从文化角度出发，更要从社会角度出发，以传播优秀传统文化为己任，还要注重对青少年文化自信的培养与实践创新能力的提升。这就需要构建青少年社教活动新体系、新路径，逐步探索建立校馆合作，利用博物馆资源开展学校教学和社会实践活动的创新机制，通过整体设计、统筹规划、分层衔接、分步推进等措施，达到博学识广和实践育人的目的。我们要逐步形成年级梯度衔接、课堂教学与课外活动相互协调、科普教育与兴趣探究相互促进、学校教育与博物馆教育相互融合的博物馆资源教育新体系。为了建立新体系、新路径，博物馆开展青少年社教活动要遵循科学性、教育性、可持续性及人性化原则。具体来说，就是要做到以下几点：

一是需要博物馆与学校进行深度合作，让青少年在博物馆之旅中增长知识、开阔眼界、提高素质，共同挖掘有教育价值的学习资源。要根据学生年龄特点、认知水平和兴趣爱好等设计有针对性的课程和活动，提供丰富多样、适合青少年的教育形式，这就是科学性。

二是要通过设置"体验式"学习课程，把学习和体验融为一体，将枯燥的知识学习转化为生动有趣的体验过程。不管是青少年在博物馆里参观游览，还是把社教活动搬进课堂，都需要让青少年进行探究式学习、讨论式学习，才可以让他们更深刻地理解和记忆相关知识，从而实现从知识传授到素质培养的转变，这就是教育性。

三是博物馆要主动整合自身优势资源，与学校合作开展项目，建立学校、博物馆双向交流平台，形成馆校合作健康发展的长效机制，这就是可持续性。

四是在青少年社教活动中要充分考虑青少年的学习体验感受，一项活动好不好、效果怎么样，不是要博物馆工作人员自己感觉良好，而是要让活动的主体也就是参与社教活动的青少年来说话，他们的感受及收获才是评价活动成功与否的主要因素，所以在社教活动中，要充分考虑他们的感受，不能为活动而活动、为上课而上课，互动、参与、体验才是根本，同时还要充分考虑不同年龄段学生、不同学校学生、城乡学生之间的差异，一项社教活动在不同的学校、不同的年级、不同的学生间，要不断变化，这就是人性化。

（二）构建青少年社教活动体系与新路径的实践

一是积极开发中小学博物馆课程，探索区别于学校教学的博物馆项目教学模式。社教活动好不好，就要看社教课程好不好。社教课程的设计是基础。现在的青少年思维活跃、信息获取途径多、知识面广，传统的社教活动课程已经不能满足青少年的需求，这也是我们设计社教课程时需要考虑的一个关键因素，我们必须要以青少年的需求为基点。以麦积区博物馆为例，针对中小学生不同学习阶段的教育教学目标和学习需求，依托伏羲文化、石窟文化、大地湾文化、秦早期文化、三国文化等天水本土五大优秀文化品牌，它设计推出五大文化精品课程，并在全区各中小学推广。同时，以馆藏文物资源推广普及为主线，联合区教育局精心编制文博知识教材，并策划开展教学和社会实践活动，如围绕古人生活中的交流、服饰、饮食、居住等，开设了书写甲骨文、书写简牍、汉服制作、团扇绘制、仿制玉器、黏土制鼎、制作蹴鞠、半地穴式房屋等系列特色课程。课程中更多地体现了体验性、参与性与互动性，符合青少年活泼好动、善于表现的生理与心理特点。这样设计出来的课程既有别于传统的博物馆社教活动，也有别于其他地区博物馆的社教活动，这也成为具有明显地方文化烙印的特色博物馆青少年社会教育模式。

二是设立"文博班"试点教学。选择基础条件较好的学校开设第二课堂，成立"文博班"，在固定时间组织学生开展文物类手工活动，在学期结束后对该班学生进行考核测评，同时通过同学之间互评、讨论交流选取优秀作品，博物馆策划设计学生优秀作品专题展览，由文博班学生参与前期布展与讲解，寓教于乐，全过程参与体验。美国波士顿儿童博物馆有一个形象的说法，将青少年的接受过程形象地表达出来："我听了，但我忘了；我看了，我记住了；我做了，于是我明白了。"可见参与性在青少年社教活动中的重要性。麦积区博物馆联合麦积区社棠中心学校开设"文博班"试点，选择五年级的一个班级，按照精心设计好的课程，每周开展两课时的社教活动，既有手工活动，也有文博知识科普，融趣味性与科学性、实践性与教育性于一体，如"我是小小陶艺师""我为汉服狂"等，让优秀传统文化不再是纸上谈兵，而是成为青少年可"触摸"到的实物，真正贯彻"让文物活起来"的理念。同时，以"文博班"为中心，采取"成纪文博讲堂""移动博物馆"等多种方式，不断延伸青少年社会教育外延，拓展青少年社会教育的覆盖面，并将社教活动送进偏远的农村学校，一定程度上弥补了农村学校由于条件限制加上老师和家长意识的欠缺而造成的博物馆知识盲区。而"成纪文博课堂"每次都座无虚席，讲堂是不分年龄段的，参与的青少年人数很多，这就说明除了参观讲解、手工制作等动态的活动，静态的聆听也是他们喜欢的一种学习方式。截至目前，麦积区博物馆共开展与文物有关的手工类活动 210 多场，积累了丰富的社教活动经验。

  三是课程辅助强化关联性。我们可以分批邀请学校老师走进博物馆，了解博物馆展示的本区域内反映人类发展的文物，主动将文物知识融入日常教学中，同时，教师根据课程内容与需求，为学生布置在博物馆实践学习的课后知识拓展任务，让学生建立起课本知识与博物馆文物知识间的关联，辅助学生加深对课本知识的理解。

  四是成立小小讲解员社团，进行专项培养。由博物馆安排专人深入学校开展小小讲解员培训，再由小小讲解员为本校同学开展文物知识培训，从而形成良好的校园文化传播和学习氛围。从 2018 年至今，麦积区博物馆一直致力于从各个学校招收学生，培养小小讲解员。同时，由学校确定小小讲解员社团活动日，由社团老师带领学生定期参加博物馆讲解培训，并利用寒暑假等节假日在博物馆为大众提供讲解服务。

  五是创新社教活动形式。博物馆作为社会教育机构，在发挥其社会教育功能的同时，也要根据时代特点，不断创新社教活动的形式，充分利用各种新媒体手段和多媒体技术，使博物馆的社会教育活动更具感染力和吸引力，提高社会教育质量。特别是面对青少年的社教活动，更要与时俱进，这样才能与青少年接受新事物新思想快的特点保持同频，才能吸引青少年参与活动。当前，我国博物馆教育正面临着从传统单向教学到全媒体、线上线下协同教学的重大变革。"互联网+"也将成为博物馆青少年社会教育的一个重要引擎，让青少年在"互联网+"的广阔平台上，利用数字信息技术体验文化魅力、感知科技魅力、提升思维能力、树立远大志向。如开展网络直播远程授课、视频录播等，不断深化内容和形式，让学生自主选择时间和项目，以自己喜欢的方式进行交互学习，从而为青少年提供高质量的博物馆学习体验。

  六是合理安排社教活动的时间和内容。要聚焦博物馆青少年社会教育的目标，立足于本馆的优势，充分利用好自有资源，合理安排好社教活动时间和内容，把社教活动开展得更加丰富多彩，更加贴近青少年的实际需求。利用博物馆的教育资源优势，对青少年进行生动活泼、寓教于乐的教育，给青少年提供一个充分展示自我的平台，让青少年能够在放松自己、放飞自我的过程中潜移默化地成长。

第五节 关于提升博物馆社会服务功能的再探索

一、提升博物馆社会服务功能的必要性

提升博物馆社会服务功能的必要性主要体现在以下几个方面：

首先，随着社会经济的快速发展和生活水平的不断提升，公众对于精神文化的需求也日益增长。博物馆作为非营利性机构，其主要职能就在于为社会提供精神食粮，以满足公众的精神文化需求。因此，提升博物馆的社会服务功能，能够更好地发挥其社会职能，满足公众日益增长的精神文化需求。

其次，博物馆承载着传承文化的使命。通过提升社会服务功能，博物馆能够更好地展示和传播中华博大精深的文化，增强公众对历史和文化的认知和理解。这不仅有助于提升公众的文化素养，还有助于促进文化的传承和发展。

此外，博物馆的社会服务功能也是其重要职能之一。通过提升社会服务功能，博物馆能够更好地与公众进行互动和交流，吸引更多的观众参观博物馆，了解历史文化知识。这不仅能够增强公众对博物馆的认同感和归属感，还能够促进博物馆的可持续发展。

最后，提升博物馆社会服务功能也是推动社会全面进步的重要一环。博物馆作为社会教育的重要场所，通过提供优质的服务和丰富的教育资源，能够培养公众的文化素养和审美能力，提升社会的整体文明程度。

综上所述，提升博物馆社会服务功能对于满足公众精神文化需求、传承和发展文化、增强公众对博物馆的认同感和归属感以及推动社会全面进步都具有重要的意义。因此，我们应该重视并加强博物馆社会服务功能的提升工作，为社会文化事业的繁荣发展贡献力量。

二、提升博物馆社会服务功能的对策

虽然我国博物馆事业取得了长足进步和辉煌成就，社会服务功能得到发展，但是在新时代、新形势、新需求下，博物馆展览质量、展示水平、展示方式、服务方式等有待进一步改进和加强。

（一）提高展览质量和展示水平

随着博物馆事业的繁荣发展，展览活动逐渐增多，很多相关专业的人员都加入策展行业中，这就使策展人员"鱼龙混杂"，有些好的展品或主题因为策展人水平不足而大打折扣。当下，选用专业的展览策划人员、组建专业的策展团队非常重要。策展人员要具备专业的知识技能、广泛的知识积累、和谐的团队精神，才能设计出

群众喜闻乐见，集知识性、趣味性和参与性于一体的精品展览。此外，我们还应鼓励原创性主题展览，鼓励各级各类博物馆依托自身文物资源，深入挖掘优秀传统文化的思想内涵，策划出具有鲜明教育作用、彰显社会主义核心价值观的主题展览。

（二）提高讲解水平，完善语音导览

讲解服务是博物馆宣教工作的重要手段。讲解水平的高低直接关系到博物馆的整体形象和知名度，讲解是决定博物馆社教功能能否充分发挥的关键因素。从长远来说，博物馆急需建立讲解长效机制，培养讲解员团队意识，营造讲解员成长环境，增强其岗位荣誉感，完善竞争上岗激励机制，提高福利待遇，留住讲解人才，逐步壮大讲解员队伍。博物馆工作者经常开展讲解员专业知识和技能培训，定期组织岗位大练兵，定期对讲解员进行考核，从知识技能、服务态度等方面提升讲解水平。此外，要调动讲解员的学习积极性，鼓励其深入挖掘展览的思想内涵和文物背后的故事。针对目前大多数博物馆展览的讲解词撰写问题，通过对多个博物馆的调研发现，博物馆展览的讲解词基本是由馆内资深专家或邀请专业人士撰写，很少有讲解员参与其中，讲解内容多年一成不变，很少有讲解员会主动撰写、修改讲解词，完善讲解内容。另外，我们还要加强信息化建设，完善讲解设施设备，推广使用语音导览、扫码讲解，节约人力资源，提高讲解的灵活度。

（三）加大文创产品的开发推广力度

近年来的"文创热"启发我们，文创产品开发要厚植传统文化土壤，无论是一支笔、一把折扇、一张书签、一个钥匙扣，还是一段博物馆互动短视频、一张数字高清壁画，都可以让观者身临其境，受到熏陶。尤其是扩展现实（XR）、人工智能、5G、大数据、物联网等数字技术可大幅提升文创产品的艺术表现力。当前，文创产品正经历着"静态文创"和"动态文创"双重考验，不少文创产品支持消费者自己设计，特别是虚拟文创，消费者参与度很高，能满足消费者互动化、个性化、定制化的需求，进一步拓展了文创产品的传播范围，带动了社区、景点、酒店、交通站点乃至整个区域的文化交流，使文物资源转化为产品和服务来连接市场，丰富文创产品与服务的供给类型和供给方式，进一步提升博物馆的知名度和影响力。

（四）推广联合展览、巡回展览、流动展览和网上展示

大型博物馆办展水平较高，独立办展或许困难不大，但是中小型博物馆在这方面就存在不同程度的问题，诸如文博人才缺乏、文物数量较少，尤其是级别文物、特色文物、成系列文物少等，这些问题都可以通过联合办展、巡回展览来解决。目前，专业人员少是大多数中小型博物馆的现状，特别是展览策划设计和科研人员紧缺，导致无法独立办展或办展水平不高，即使是集全馆之力，但由于办展水平有限、知

名度低，展览效果也难如人意，一段时间后不得不草草撤展，其社会服务功能得不到充分发挥。近年来，随着博物馆管理水平的不断提升，大多数博物馆能够创新思路，联合办展，这样既省力又省时、省钱，不失为中小型博物馆办展的一个选择。当然，各个博物馆都有自己的基本陈列，在基本陈列之外的临时展览中，可倡导采用联合办展方式，集众之长，精挑严选，既能办出好的展览，又能盘活文物资源，提高展品利用率，扩大博物馆的知名度，起到宣传教育的作用。巡回展览是一种常用的宣传教育方式，它是展览展出的一种"点"式宣传方式，是以地点的变换为展览名称的宣传方式。巡回展通常是在某个区域内巡回展出，在展览的名称上可以自由变换，增加宣传内容、增加展品、更新展览方式，展品大多是本地特有的或奇缺的展品，或者是本地多见但其他馆很少将其作为展品进行展出的，具有独特的展出效应，一般历时多年，常展常新，巡回利用，既能扩大受众范围，又能提高博物馆及展品的知名度。

发挥流动展览机动灵活的优势，让展览走进基层、走进乡村、走进人们的生活。流动展览作为固定展览的有益补充，除具有一般展览的现场感、说服力和感染力等共同特点，还具有局限性小的特点，它可根据参观人数任意选择场所，方便灵活，宣传效果良好，展出内容多为群众关心的与节庆、生肖、历史故事等有关的文物，让群众多角度地了解本区域内历史文化遗存，多以实物、文字和图片等为主要展览内容，适合进基层、进乡村流动展出。

网上展示也就是智慧博物馆的原型。近年来，网上展览作为博物馆展览的有益补充，得到了前所未有的发展。各博物馆推出了群众喜闻乐见的网上新展览，其是新时代高科技、智能化、数字化的多维度融合，采用了幻影成像、数字沙盘、互动投影等技术进行展示，内容更加丰富，视觉展示效果更佳，可以与线下展览紧密联系，使展览更具内涵、更具吸引力，实现人机互动，让人们足不出户就能看到各地博物馆的展览和展品。网上展览是基于互联网产生的新型展览，耗资少、传播快，宣传效果佳。

（五）推广以需定供的互动式、菜单式服务

在深化博物馆供给侧改革的大背景下，博物馆要创新传播内容、形式和手段，根据群众需求，公开征集选题，制定工作计划，有针对性地提供博物馆的各项服务，形成以需定供的工作新格局。其根本是以群众需求为出发点和落脚点，坚持需求导向，有针对性地举办展览，保障多样性的文化需求，创新供给模式，形成长效机制，推动文物博物馆事业向前发展。与此同时，探索建立数字化平台，加强公众良性互动，及时反馈服务效果，有针对性地调整服务方式和方向，变被动服务为主动服务，使服务空间更广、更深。大力推广以需定供的菜单式展览服务，深化推进服务体系，完善服务机制，扩大服务范围，精准对接公众文化需求，完善供给结构，丰富供给文化产品，优化展览策划制作流程，推出原创性主题展览，广泛征集选题，使主题更加贴近实际、贴近生活、贴近群众，打造精品展览，树立展览品牌。

（六）完善文教结合、馆校合作长效机制

博物馆可依托优质的文物资源和文教结合平台，积极推动馆校合作共建共享长效机制。近年来，大多数博物馆利用本馆的文物资源积极探索馆校合作新模式，开发博物馆教育教材，开设青少年第二课堂，取得了显著成效。在馆校教材开发中，通常利用本馆文物资源所涵盖的历史文化信息，结合学校教材及任课老师的意见制定教学大纲，通过大纲内容丰富博物馆教育课程体系。在课程的安排上，可以协调区域内教育主管部门或直接联系学校，定期开设馆校合作课程。在课堂地点的选择上，各馆可根据自身条件确定，大多数新建博物馆功能比较齐全，有学术报告厅、大型会议室，可以将课堂安排在博物馆内，基础条件差的馆可将课堂安排在学校，这就是我们通常说的"流动博物馆"进学校，将学校课堂作为阵地进行课程讲解，并针对不同教育阶段和教育群体制定差异化方案，增强博物馆的终身教育效果。

（七）推进"互联网+中华文明"行动计划

随着网络技术的高速发展，互联网优势不断凸显，促进了博物馆与大数据、人工智能的有机结合，激发了文物资源的生命活力，推进了数字博物馆的建设，使更多的文物资源通过互联网与观众见面，让观众足不出户就可以通过互联网大数据平台，共享博物馆的资源。因此，做好文物资源信息共享和用活文物成为当务之急，迫在眉睫。

推进文物信息资源共享。博物馆可优先整合不可移动文物、可移动文物以及文物考古发掘和文物数字化展示等成果，统筹建立文物资源大数据平台，逐步推动建设跨部门、跨区域、跨行业的交互共享云平台。

加强文物基础价值挖掘工作。开展文物资源的信息挖掘，确保专业性和科学性，为后续产品开发和领域融合提供基础支撑。

加强文物数字化展示利用。通过数据汇集、分析和加工，建立面向应用的文物信息资源库和陈列展览专题信息资源库，持续推动文物信息资源盘活存量，做优增量、做大总量。

第六节 博物馆用"公众参与科学"的方式做好环境教育

一、博物馆开创科学教育先河

博物馆是对外开放的公共场所,历来承担着面向公众开展科学展览、宣传,进行科普教育活动的责任和义务。

(一)科学教育是博物馆的传统

18世纪末,法国将卢浮宫变为共和国艺术博物馆,向社会开放。此后,博物馆成为社会服务的机构,其教育职能也逐渐发展起来。1869年,美国出现了普及科学知识的科技博物馆,并兴起利用博物馆普及科学知识的风尚。19世纪50年代,德国纽伦堡日耳曼博物馆采用的组合陈列法是近代博物馆教育的最早典型。1880年,美国博物馆学者鲁金斯在所著《博物馆之功能》中明确提出博物馆应成为一般人的教育场所的观点。1904年,默里指出:"德国的博物馆已成为教育基地。在那里,每一个课题都因为配备博物馆教师而变得易于理解。"1918年,蔡元培在《大学公报》发刊词上谈道,大学院应该着重抓一项工作,"实行科学的研究与普及科学的方法",将现代意义上的科普观念和科学教育观引入中国。

(二)20世纪80年代科学教育进入学校

20世纪80年代至90年代,许多发达国家就从小学一年级开始开设科学课。芬兰15岁学生的科学素养,多次占据着国际学生评估项目(PISA)第一的位置。芬兰教育的突出,部分原因就在于芬兰在学校教育之外,充分利用了博物馆的科学教育资源。芬兰拉普兰的森林博物馆的核心理念是"做(do)","知识园"的科学馆的核心则是"玩(play)"。宗旨就是让孩子们"玩"科学,以提升对科学的兴趣和爱好。我国非常重视青少年科学素质教育。为推动在学校层面开展科学教育,充分利用社会科学教育资源,近年来我国教育部与中国科协、国家文物局、中科院等联合发文,特别强调要利用博物馆科学教育资源。显然,这进一步提升了博物馆科学教育在学校"双减"工作中的重要性。

(三)现代博物馆已成为科普教育的重要场所

进入20世纪,博物馆发展呈现出两个趋势,即更加注重博物馆的教育及服务功能,同时越来越重视公众的参与和体验。博物馆的教育职能不断扩大,逐渐成为学生校外教育和成人教育的重要课堂,成为社会教育的一个重要环节。2007年,国际博物馆协会重新定义博物馆时,首次将教育放到首位,强调科普教育是博物馆工作的重中之重。在巴黎举办的联合国教科文组织第38届大会上,正式通过由国际博物馆协会与联合国教科文组织共同起草的《关于保护与促进博物馆和收藏及其多样性、社会角色的建议书》。彰显了科学教育功能在博物馆界得到了广泛认可，成为博物馆事业中的首要工作。

二、博物馆科学教育的特点与优势

博物馆拥有丰富的馆藏品，广博的自然科学教育内容，形式多样的探索、体验活动，能够在完善学校课程体系、增强教师教学实践的同时，丰富青少年的知识结构，提高他们的动手实践能力，培育创新精神。博物馆通过自身的优势和特长，在很大程度上可以辅助学校做好科学教育的工作。

（一）学科优势

21世纪以来，我国新建各类博物馆的数量剧增，展览内容涵盖美术类、非遗类、考古遗址类、综合类、科技类、自然历史类等。每座博物馆都有自身依托的学科专业，并为开展科学传播，建设了各具特色的展览，以满足不同年龄、不同层次人群对科学知识和精神文化的需求。

（二）专家优势

博物馆一般都有一支专家队伍。尤其对于行业博物馆，如中科院所属博物馆，背靠所隶属的研究所，既拥有从院士到一线科研的专家，也有立志于科学传播的两栖型专家人才。因此，在开展科学传播方面有其独特优势与社会影响力。

（三）展品和藏品的优势

博物馆立于社会的基础是拥有大量的展品和藏品。展品和藏品不仅是博物馆行业地位和影响的标志，而且是其持续开展科学传播的基础。展品是博物馆展览的关键元素，是解读科学故事的出发点。让藏品走出密室，向公众开放，成为博物馆满足青少年好奇心和拓展青少年眼界的重要举措。

（四）互动展教的优势

当前，博物馆展览形式日趋多样、精彩。互动式展览、沉浸式展览正风靡各博物馆。这些极具体验感、互动感的展教形式，有力地吸引了越来越多的青少年走入博物馆。

三、博物馆用"公众参与科学"的方式做好环境教育

1969年，威斯康星大学教授威廉·比尔·斯塔普（William B. Stapp）首先提出并定义了"环境教育"（Environmental Education）一词，他因此也被称为"环境教育之父"，并正式在1997年第比利斯会议上提出了环境教育的概念、目标和内容。他所定义的环境教育称"环境教育旨在发展一大群关心并拥有环境知识、态度、动

机和解决环境问题技能的人"。近年来，环境教育与不同的学科分支交叉融合，演化和延伸出来了一些新的教育模式，如可持续发展教育、科学教育、户外教育、公众科学、气候变化教育、探究式科学教育等。按照第 26 届 ICOM 大会上的最新定义，博物馆的首要功能仍然是教育，且特别强调了社区参与和促进可持续性的重要作用。作为博物馆当中的一个大类，自然历史博物馆更加强调对自然界物种多样性的展示、收藏、研究，同时借助于标本藏品，通过科学教育的不同载体，提升公众对于自然环境的认知、理解，在态度、价值观上达成一定的认识，提升环境保护的技能，从而参与到自然环境保护的行动中来。

基于环境教育的定义和自然博物馆的功能定位，二者在"开展生物多样性保护，实现人与自然和谐共生"方面具有天然的一致性。因此，在开展环境教育工作的过程中，自然博物馆要责无旁贷地发挥重要作用。本部分内容以上海自然博物馆为例，阐述该博物馆以"公众参与科学"的方式做好环境教育的具体做法，提供一定的参考价值。上海自然博物馆是我国历史最悠久的博物馆，也是我国最有影响力的自然博物馆之一。近年来，上海自然博物馆在环境教育方面做了诸多探索。

（一）借用互联网手段，打造多样化的数据收集平台

该项目全新搭建了集音频录制、智能识别、随手拍摄、物种信息上传于一体的"听见万物"小程序平台。使用 GPS 技术、语音智能识别技术、大数据分析技术等现代技术手段，鼓励公众收集包括昆虫、鸟类、两栖类、爬行类和哺乳动物在内的科学数据，进而将"身边的自然"转化为对于科学家开展研究具有学术价值的"数据库"，例如，通过"听见万物"小程序构建的"鸣虫声谱库"，与华东师范大学昆虫分类学研究的科研团队一起共同完成鸣虫声音的分类与研究工作。这是国内自然科学类博物馆在"科普—科研"合作转化的首次尝试。

（二）策划丰富多元的科普教育活动资源

1. 户外考察活动

"我的自然百宝箱"项目通过集中开展户外考察活动，让公众能够更加直接地跟随学科专家学习科学研究的过程，7 年中，该项目共组织了 380 余场户外考察活动，公众参与 6300 人次。

2. "自然联络员"工作坊

为鼓励公众深度参与活动，培养一批爱好者成为"公民科学家"，上海自然博物馆开展了"自然联络员"的招募，并邀请专家团队开展集中培训。从 2019 年起，每年开展 3 期"自然联络员"工作坊，在报名的自然爱好者中，招募 25 名公众作为种子选手，进行学科观察系统化培训。

3. 专家讲座

"我的自然百宝箱"项目开展期间，邀请科学家、专家、科学达人围绕"身边的自然"主题开展专题讲座，7年来共举办了25场，共计邀请40位学科专家参与其中。让专家莅临现场直面公众，实现了更高效地与公众沟通。

4. 临时展览

"我的自然百宝箱"项目每年都会根据当期主题组织公众参与策展，将当年征集到的与自然相关的声音、图片、视频、实物、标本等作品进行展出，运用展箱、图文版、机械互动装置、视频、魔墙互动屏、3D空间音频、微距摄影等科学与艺术结合，让公众充分参与展览，成为一名"公众策展人"。7年来，共举办8场展览，7500多件征集作品呈现在展览中，多达26万人次在现场参观并互动。

（三）产生良好的社会效益

1. 进一步树立和推广环境教育理念

"我的自然百宝箱"项目将环境教育理念和改变理论方法运用在实际活动的实施中。活动架起了公众与科学家之间沟通的桥梁，通过"听见万物"线上平台、各类线下讲座、由专家带领的户外调查等活动，提升公众的环境认知；自然观察帮助公众产生与自然的紧密联结，在"万物家园·我的野生动物朋友"活动中，参与者积极寻找身边的野生动物，拍下它们的身影，在"夜听虫吟"活动中，参与者观察、聆听并录制身边的虫鸣，重新注意那些曾被自己忽略的声音；环境知识帮助公众增强环境保护意识，提升环境态度。在活动期间，上海自然博物馆通过新媒体渠道持续推出文章、视频、游戏、漫画等多形式的科普内容，帮助公众认识环境问题、形成成熟的科学生态观；展览的举办培养和提升了参与者的自我效能感，让他们感受到自己的行为能够对环境目标产生影响，鼓励他们长久地去坚持环境保护行为。项目还联动长三角科普场馆、学校、自然教育机构及受众资源，如江苏省科技馆、浙江大学、桃花源生态保护基金会等，通过集体行为共同唤醒公众的自然认知及自然责任，达到传播科学知识、提升公民科学素质的目的。

2. 培育一批"公民科学家"

项目开展期间，公众能够更直接地与科学家面对面交流、更贴近科学家神秘的科学调查及研究过程，甚至能够亲身参与其中，进而体验通过科学方法获取科研数据的成就感。公众可以跟随科学家进行更加有深度的学习，公众对于提高科研透明度和可获取性的诉求得到满足，使其愿意作为自然科学爱好者和科学的传播者，与他人分享科学的信息和获取科学调查或者实验的收获。

通过这种"公众参与科学"的新形式，科学家根据所需要的数据采集内容主动地联络、辅导、反馈公众，开展有针对性的科研交流，鼓励公众"像科学家一样"观察自然、记录自然。并将采集的数据通过上海自然博物馆的平台进行收集并分享给相关学科的专家，推动未来的学科分析研究。例如，在2019年鸣虫主题中，征集到的鸣虫音频数据库分享给了华东师范大学的研究学者，这推动了未来的昆虫鸣声研究。

3. 彰显了博物馆在城市生态文明建设上的影响力

2021年，依托该项目，上海自然博物馆联合26家高校、科研机构、科普场馆制定《生物多样性保护上海倡议书》并发起在线全民倡议，参与人数突破219万人次。"我的自然百宝箱"项目自启动以来，共推送微信文章及新闻报道350余篇，在央视新闻、《文汇报》、《劳动报》、《解放日报》、《新民晚报》等主流媒体进行科普传播，在线阅读量超150万人次，曝光量超3000万次。《人民日报》围绕"我的自然百宝箱"项目发表专栏报道《对话自然·守护自然》。同时，该项目也获得了上海科普教育创新奖科普成果奖二等奖，第五届科普场馆科学教育项目展评活动全场唯一一个最高奖项——特别奖和一等奖。2023年，该项目获得了上海市生物多样性保护优秀案例以及生态环境部生物多样性保护的优秀案例等荣誉。

过去的40年，我国公众对生物多样性的保护的参与发生了巨大变化，这一方面得益于政府在环境保护领域卓越的行动力，从保护地建设、濒危旗舰物种的有效保护到国土空间规划、生态保护红线划定和重大生态保护修复工程等，这些有力的举措促进了各级政府和公众生态保护意识的提升；另一方面，社会各界也在发挥自己的独特作用，探索尝试新思路、新方法，为公众参与环境保护提供渠道和支撑。

上海自然博物馆作为环境教育的重要阵地，始终秉承传授自然知识、传播绿色理念的教育使命，站在普及生物多样性保护的前沿，未来将继续进行各类有益的尝试，为环境教育事业贡献力量。

第六章 新媒体时代博物馆宣传工作开展

第一节 基于传播学理论的博物馆融媒体研究

一、博物馆传播学应用研究综述

传播学是20世纪出现的一门新兴社会科学，其研究对象和研究领域并不像其他成熟学科一样有定论，拉斯韦尔、卢因、霍夫兰、拉扎斯菲尔德、施拉姆等是传播学的学科开创者、奠基人，拉斯韦尔的《传播在社会中的结构与功能》、施拉姆的《传播学概论》、霍夫兰的《传播与劝服》是传播学独立成为一门学科的重要理论著作。国外博物馆对传播学应用的研究较国内起步早一点，博物馆传播模式的研究经历了从传者本位论到受众本位论的过程。珍妮特·R.麦克法兰在《当博物馆成为社区活动中心》中提出："一所博物馆作为社区活动中心成功与否，得用博物馆与公众之间的协作精神来衡量。"国内传播学直到1997年才正式被定为国家二级学科，最早将传播学应用到博物馆学的时间也较晚。20世纪80年代，我国学者最早将传播学与博物馆学一起进行研究，董小军在《博物馆传播学浅议》中提出"博物馆传播的社会功能就是通过博物馆特殊的传播途径、形式向社会输出历史科学文化艺术知识、社会遗产、经济资源信息以及法律、习俗、娱乐的信息"，他从博物馆传播的作用、程序准备、传播途径和大众媒介以及控制与反馈等方面，探讨博物馆的传播规律、范围和内容。在《博物馆与传播学》一文中，李淑萍针对"传播在博物馆中的地位""博物馆的传播途径""博物馆如何做好传播工作"三方面阐述了传播在博物馆工作与博物馆学研究中的重要作用。杜莹的《现代博物馆展陈的传播学思考》重点对大众传播理论在博物馆中的应用进行分析，由传播学中的"香农—韦弗数学模式"推导出博物馆陈列展览的传播过程模式图，分析受众需求的变化，从而使博物馆的展览策划、服务等更加贴合受众的现实需要。刘卫华的《博物馆的传播学研究》就博物馆与传播的关系、博物馆的传播特点以及实践等方面进行探讨。这些研究以博物馆与传播学之间的关系为切入点，通过反馈引发对博物馆的定义、博物馆如何更好地服务公众、调整博物馆新的社会功能等系列思考。

二、传播学理论在博物馆中的应用

（一）博物馆传播的基本含义

传播（communication），即"交换、交流、传达"等意思。传播学意义上关于传播的定义如下："社会信息的传递或社会信息系统的运行。"进入21世纪以来，博物馆的功能从收藏、展示的基本功能拓展为人类文化文明传承的传播介质，博物馆的定义历经多次修订。国际博物馆协会（以下简称"国际博协"）早在1946年就对博物馆下定义，至今已历经近十次修订，并于2007年修改为"博物馆是一个为社会及其发展服务的，向公众开放的非营利性常设机构，为以教育、研究、欣赏为目的的征集、保护、研究、传播并展出人类及人类环境的物质及非物质遗产"。2019年9月7日，国际博协召开特别全体大会，对由博物馆定义、展望与前景委员会提出的"新的博物馆定义"内容进行阐释并提交大会表决，大会表决同意延迟对"新的博物馆定义"进行投票。2022年5月9日，国际博协公布了经特别咨询委员会会议投票产生的博物馆定义的两个最终提案。2022年8月24日，国际博协公布了博物馆的最新定义，"博物馆是为社会服务的非营利性常设机构，它研究、收藏、保护、阐释和展示物质与非物质遗产。向公众开放，具有可及性和包容性。博物馆以符合道德且专业的方式进行运营和交流，并在社区的参与下，为教育、欣赏、深思和知识共享提供多种体验"。半个多世纪以来，国际博协不断根据时代变化调整博物馆的定义，目前最新公布的博物馆定义更加凸显传播、交流的重要性，博物馆作为媒介，博物馆展览、藏品、文创产品、教育活动等都符合信息的存储、加工、传递等媒介特质，博物馆与传播的关系也越来越紧密了。从某种层面来说，博物馆作为媒介的传播属性并不会否定博物馆的其他属性，只是拓展了博物馆的内涵和外延，丰富了其蕴含的根本定义，博物馆传播的研究也是当下博物馆学研究的重要课题之一。

（二）博物馆传播的主客体

在传播学概念中，一个基本的传播过程包括传播者、受传者、讯息、媒介、反馈五个要素。受传者即传播的具体客体，就是信息传递的接受者或接收者。传播者即传播的主体，就是信息的发出者或者传播源。博物馆传播的主体即博物馆的工作人员，博物馆传播的客体对应的就是博物馆的受众群体。借助传播学理论来探讨博物馆传播的主客体之间的关系，不仅有利于博物馆真正融入公众的生活，更有利于博物馆工作者站在受众的视角上思考问题，探索博物馆展览主题如何抓住观众兴趣点并如何引领时代审美偏好，研究博物馆文创产品如何贴近时代脉搏、让文物元素走进千家万户，展陈设计理念如何让观众沉浸下来、融入文物藏品带来的文化氛围当中。传播主体一般具备信息的把关过滤、信息的传播和传播效果评估反馈等。不

第六章 新媒体时代博物馆宣传工作开展

管是博物馆的策展人、宣传教育工作者，还是展场管理人员、文创开发人员，博物馆主体在策展、宣传、文创开发、服务管理等方面所做的努力，都不是单一渠道的灌输闭环管理，而是双向的、互动的动态循环系统管理，如博物馆展览由观众做主投票票选、博物馆文创产品贴合主流观众时代偏好等。当然，博物馆传播主体作为信息源的把关人，承担着文化传承、传播的重任，必然对传递的信息源和渠道真实性负责，与此同时，大众传播媒介自带的娱乐属性，也让博物馆在传播内容和传播形式上不断呈现出娱乐倾向。尼尔·波兹曼在《娱乐至死》中指出："一切公众话语日渐以娱乐的方式出现，并成为一种文化精神。我们的政治、宗教、新闻、体育、教育和商业都心甘情愿地成为娱乐的附庸，毫无怨言，甚至无声无息，其结果是我们成了一个娱乐至死的物种。"博物馆传播如何避免文物过度娱乐化成"娱乐至死"的倾向，也成为目前博物馆行业面临的新问题。

（三）博物馆传播的内容和模式

博物馆传播的内容包括博物馆本身、涵盖的文物信息资讯及其延伸的附属价值，如文物藏品、文化价值、历史来源等，还有陈列展览、文创产品、教育活动、品牌价值推广等。在传播学研究中，传播过程的模式有美国学者H·拉斯韦尔提到的构成传播过程的五个基本要素"五W"传播模式：谁（Who）、说什么（Says what）、通过什么渠道（In which channel）、向谁说（To whom）、有什么效果（With what effect），这一模式厘清了传播过程要解决的基本过程问题，并对应传播的相关要素引出了大众传播学的五大研究范畴（控制研究、内容分析、媒介研究、受众分析及效果分析）。还出现了香农—韦弗提出的传播过程的数学模式，即描述电子通信过程，并导入了噪声的概念，但这一直线传播的单线过程缺少了讯息的反馈过程。传播过程中也出现了非线性的循环和互动的模式，施拉姆提出的大众传播过程模式，更加注重传播的双向互动性，也更加符合大众传播的特点，这一传播模式在一定程度上更加契合博物馆的传播规律，博物馆与观众之间存在着传达讯息者和受众反馈者之间的关系。人类传播的发展进程历经了口语传播、文字传播、印刷传播、电子传播几个时期。第一次工业革命的到来，蒸汽时代带来了现代博物馆的兴起。第二次工业革命即电气时代带来新的传播载体和媒介，广播、电视、电话等成了新的讯息载体，博物馆的环境也随之发生了很大变化。如今，第三次工业革命成为人类文明史上继蒸汽技术革命和电力技术革命之后科技领域里的又一次重大飞跃。现代博物馆传播方式和媒介也随之进入融媒体整合传播时代，传播载体的更新迭代也让博物馆的传播活动大放异彩。博物馆传播活动中，既有传统的平面媒介如展板、说明牌、海报、图书、宣传册页等，又有多媒体移动终端设备如导览机、视屏电视、投影机、触摸互动屏等，还有抖音、快手等新型传播介质。各大博物馆如何在融媒体时代找到适合的传播模式，助力文化遗产阐释、文明传承，值得我们进一步分析。

第二节 融媒体时代博物馆传播方式的转型策略

一、融媒体时代博物馆传播推广的特征

（一）数字空间推广，范围宽泛

融媒体时代，传统的广播、电视、报纸等媒体已经难以满足博物馆宣传的需要，博物馆宣传推广的网络化转型正在不断深入。一些博物馆用微博、微信公众号、短视频账号等形式进行自我传播，该现象已经十分普遍。而构建数字博物馆等进行线上展览活动或直播活动，运用大数据、云计算、虚拟现实、人工智能等技术手段，并通过自媒体、官方网站、远程教育网络和文化信息资源共享平台扩大传播效果，使博物馆的各类资源能够传递给更多的群众，这种现象也很常见。在多种传播形式同时提供服务的背景下，博物馆的传播推广范围会更广泛，利用新媒体和数字技术等进行传播，可以迅速提高博物馆的工作效率，博物馆藏品展示、活动信息、学术讲座以及教育科普，可以通过高效的传播形式在最短的时间内推广到更多的人，这有助于博物馆提升影响力。

（二）内容丰富，形式多样

数字时代深刻影响了博物馆的发展模式和趋势，"互联网+"使博物馆服务得到拓展。融媒体时代的到来，也给博物馆的传播推广带来了更多可供选择的模式和更高效率的传播效果。技术日新月异的更迭使博物馆的传播模式发生了叠加变化。尤其是在新型冠状病毒疫情大流行的背景下，博物馆线下活动受到限制，但这为线上博物馆活动的开展提供了机遇。不少国内知名的博物馆微信公众号、微博都迅速推出了丰富多样的线上活动，如现场文物展览直播、知识云课堂等，各种表现形式满足了不同类型群体的需求，在疫情防控的同时继续履行传播文化和发挥公众教育的功能。在数字技术的支持下，博物馆传播的内涵不断延伸。这些技术可以应用到传统的线下展览、学术讲座，还能在完善数字博物馆平台、丰富博物馆官方网站内容方面发挥作用，而官方微信、微博账号的实时推文、抖音、淘宝、拼多多平台中的博物馆直播，可以作为吸引受众的辅助手段。多元的传播内容和创新的推广模式，让博物馆内的珍品国宝和文物背后所蕴含的文化底蕴、历史背景能够被更多的人关

注和了解。

（三）跨界融合，引领潮流

博物馆数字化的发展拉动多方合作和跨界融合。如今，多数博物馆都同时采取线上线下两种传播渠道，既有线下展览，又开展线上活动。与新媒体传播平台和自媒体的合作给博物馆传播机制的创新提供了新的方向和发展机遇，为博物馆活动内容拓展提供了新的思路。如秦陵博物院与东方卫视共同推出"国宝重现系列"课程；碑林博物馆与阿里巴巴合作开展"云春游"直播；布达拉宫也组织自媒体开展云游活动。在数字时代的背景下，博物馆传播也被赋予了新的内涵。在最新技术的运用下的传播推广，可以使文物"活起来"，这既包含表现形式的"活"，也包含内容的"活"。比如，中央广播电视总台出品的宣传纪录片《我在故宫修文物》受到了观众的喜爱，"带你看故宫"等抖音账号以各种创新的表达形式介绍和宣传博物馆文物。一些博物馆在直播形式上创新，采取说唱、脱口秀的方式，既跟上潮流，又符合年轻人的阅读习惯。部分数字博物馆也根据不同年龄段受众的需求，推出VR体验馆、虚拟现实体验、3D高科技互动艺术展览等。最新技术的运用给观众一种沉浸式体验，使其能有超越时空的潮流体验。

二、融媒体时代下博物馆传播面临困境

（一）传播内容质量有待提升

博物馆作为文化传承和知识普及的殿堂，其传播工作应当紧密围绕藏品特色和功能定位。深入挖掘藏品背后的文化故事和历史内涵，是有效展示文物文化价值、提供优质科普内容的关键。然而，当前博物馆在宣传中未能充分把握新媒体传播的特点，导致优秀的文物故事未能以群众喜闻乐见的形式广泛传播，宣传效果不尽如人意。

（二）参观导览平台互动性与技术性不足

随着数字信息技术的飞速发展，智能手机已成为人们生活中不可或缺的一部分。许多博物馆纷纷利用微博、抖音和微信公众号等移动端平台，以输出文化、吸引社会关注并培养用户黏性。然而，部分博物馆在平台运营中未能充分发挥移动端的传播优势，导致官方账号信息更新缓慢、互动性差，难以让民众获取有效信息，影响了宣传效果。此外，一些博物馆的官网存在技术缺陷，如藏品数据库搜索功能不完善、数据更新滞后等，制约了群众对展品知识的获取。

（三）艺术性与生活性融合不足

博物馆宣传应以文物为纽带，融合现代理念和历史文化，将历史介绍与现代生

活相结合，以贴近受众、提升文化内涵。然而，当前博物馆传播普遍以历史文化介绍为主，缺乏与受众生活紧密结合的内容，互动性差，使得传播变得单调乏味。博物馆需要深入研究如何将历史文化与现代生活相结合，以更具吸引力和深度的方式传播知识。

（四）增强受众黏性手段欠缺

在融媒体时代，信息量巨大，民众拥有更多自主选择权。博物馆应把握新媒体传播特点，做强做大官方传播平台，提升受众黏性。然而，许多博物馆在融媒体传播中转型缓慢，沿用传统模式，内容缺乏新意和吸引力，甚至关闭评论功能，忽视受众反馈和需求，导致双向互动空间受限，难以提高受众黏性。

（五）融媒体宣传人才匮乏

博物馆宣传人才是宣传工作的核心力量，需要具备文物藏品的专业知识和传播意识。然而，当前大部分博物馆工作人员虽然熟悉本专业领域，但缺乏融媒体环境下的传播技能，导致宣传人才匮乏。这在一定程度上制约了博物馆在融媒体环境下宣传工作的开展和效果提升。

三、融媒体环境下博物馆宣传的转型策略

（一）传播内容突出自身特点把握受众接受规律

博物馆作为文化传承和知识普及的重要载体，其传播工作需要将藏品、学术研究、展览以及文化宣传等多种因素有机结合，形成一个富有内涵且引人入胜的整体。这不仅仅是向大众传递文物本身的信息，更是通过生动的媒介将实物、视频、图片以及文字等多种元素进行巧妙地传输，以此实现科普宣传的目标。

在这一过程中，各个要素的展现方式和结合程度显得尤为重要。只有当这些要素以通俗易懂的方式呈现，紧密结合在一起，并充分展示其内在价值时，才能赢得大众的好评和认可。这不仅需要博物馆具备深厚的学术积淀，更需要其拥有创新的传播理念和手段。

以故宫博物院的互动艺术展演《清明上河图 3.0》为例，它充分展现了博物馆传播的先进理念和创新实践。这一展览通过深入挖掘《清明上河图》这一传世名作的文化内涵、艺术神韵及历史风貌，巧妙融合了 4D 动感影像、8K 超高清数字互动技术等现代科技手段，为观众带来了一场视觉与心灵的双重盛宴。

在展览中，观众可以身临其境地感受到画中场景的生动再现，仿佛穿越时空回到了北宋的繁华都市。这种多层次、多感官的交互沉浸式体验，不仅让观众欣赏到新颖的科技，更让其深入地领略到传统文化的生命力与魅力。

故宫博物院的这一成功实践，为其他博物馆提供了宝贵的经验和启示。它告诉我们，博物馆传播不仅要注重内容的丰富性和深度，更要关注传播形式的创新性和趣味性。只有这样，我们才能真正实现博物馆科普宣传的目标，让更多人了解并爱上我们的传统文化。

（二）传播产品承载文化内涵、艺术内涵与生活意义

博物馆在传播信息时，要兼具文化性、生活性和艺术性，把具有深厚历史文化内涵的藏品通过简单明了的方式来传播。因此，博物馆的传播要以历史文化为依托，同时兼顾时代性和生活性，贴近受众生活。例如，陕西历史博物馆通过制作一些兼顾美学和实用的宣传品，体现强烈的生活属性以及艺术特征，展示藏品独特的魅力。比如通过对镇馆之宝鎏金银竹节铜熏炉的历史文化进行深度挖掘，充分借助现代科技手段对历史文化资源进行创造与提升，通过融会古今的方式设计产品，与金士顿共同打造了一款鎏金银竹节铜熏炉闪存盘，将皇家的御用器物带到寻常百姓家的案头，并赋予其特殊的现代和历史意义。这类文创产品既可体现陕西历史博物馆的文化特色，又能激发受众的购买热情。

（三）借助科技、艺术赋能，呈现博物馆背后的故事

网络社交平台的迅速发展，导致现有的传播方式具有直接性、高互动性的特征。优质的传播产品在缩短传播主体和受众间距离的同时，又能增强受众的主动性与黏性。各类新媒体平台也在不断创新文化产品，把受众的眼球吸引到信息传播活动中来。例如，2022年7月15日，北京卫视、北京市文物局联合出品的文博类探秘文化真人秀节目《博物馆之城》正式首播。该节目凭借自身的独特性、仪式感、文化性、辨识度，在一众暑期档节目中，独树一帜、新鲜奇特，不仅带领观众深度体会了神秘有趣的博物馆世界，还重塑了好内容的丈量尺度和互动机制，在暑假这一文娱行业年度最佳黄金期出圈走红，实现了从"器物"向"人"的内涵拓展，让博物馆与大众紧密联系起来。

（四）打造超强互动性参观导览平台

在智能手机广泛普及的当下，博物馆正积极利用这一现代科技工具，为受众提供微信公众号导览服务及语音导览助手软件，从而打造出互动性极强的参观导览平台。这一举措的实施，无疑具有深远的意义。它不仅提升了观众的参观体验，也进一步推动了博物馆的文化传播与知识普及工作。

通过线上参观导览平台，如720°全景VR、AR数字文物等先进技术的应用，博物馆能够向观众呈现形式多样、内容丰富的图片、文字、语音和视频信息。观众只需通过智能手机，便能随时随地沉浸在博物馆的虚拟世界中，感受文物的魅力与

历史的厚重。这种全方位、多角度的推广方式，使得博物馆的展览内容得以更加生动地展现在观众面前，从而增强了观众的参与感和体验感。

　　同时，线上导览平台还为博物馆的文创产品开发提供了新的思路。通过文创商店等模块，博物馆可以将自身的文化特色与创意元素相结合，开发出具有独特魅力的文创产品。这些产品既能满足观众的购物需求，又能进一步推广博物馆的文化品牌，实现文化与商业的双赢。

　　综上所述，利用智能手机打造超强互动性参观导览平台，是博物馆在新时代背景下推动文化传播与知识普及工作的重要举措。它不仅能提升观众的参观体验，还能为博物馆的文化传承与发展注入新的活力。

（五）传播过程中应规避的事项

　　在运用融媒体手段提升博物馆与受众黏性和互动性的过程中，我们必须高度重视并防止知识介绍不专业、内容低俗等问题的出现，博物馆在传播文化的过程中应始终坚持内容为王的原则。我们既要紧跟时代潮流，创新传播形式，又要不忘初心，坚守文化底线，避免刻意迎合不良取向。博物馆作为文化传承和知识普及的重要阵地，其传播内容必须严谨、专业，能够真正体现文物的历史价值和文化内涵。只有这样，我们才能在提升受众黏性和互动性的同时，确保博物馆传播工作的健康、有序发展。

四、融媒体时代下博物馆的发展趋势

（一）博物馆展览与数字化融合发展趋势

　　近年因疫情防控的需要，人们外出活动受到了极大影响。日益发达的数字技术在一定程度上破解了疫情带来的难题，将传统展览搬上互联网，让人们足不出户即可欣赏许多博物馆的珍贵藏品。例如，针对藏品的数字化建设，有故宫的数字多宝阁、莫高窟的数字敦煌等。

　　在常规展览之外，2020年"5·18"国际博物馆日，国家文物局指导，开启首个国家级文博领域文创节——"博物馆在移动·'5·18'文创节"。该活动由中国博物馆协会、中国移动咪咕公司联合主办，"学习强国"APP提供网络传播支持。活动不仅将文物的故事搬上网络进行展示和传播，也打造出了一个高品质文创产业传播平台，更是通过当下最热门的大咖现场直播，实现"直播＋文创＋零售"的新传播模式。

（二）虚拟展馆为博物馆扩容提供了新方向

　　由于博物馆的馆藏文物的珍贵性，文物保护工作复杂而烦琐。有些博物馆基础设施不够完善，人员参观时带来的灯光、湿度、温度变化相应地会对文物造成一定的伤害。因此，大多数博物馆会将文物摆入展柜进行展览，这虽保护了文物，但却无法将一些展品的精美细节和独特之处全方位展示。面对这样的问题，一些博物馆通过打造线上博物馆，利用3D技术及数字技术将文物真实展示在观众的电脑或手机中，实现了随时随地360°无死角观展的功能，既保护了文物，又使观众拥有了与文物深度互动的感觉。更有一些博物馆利用VR技术、虚拟现实技术将讲解融入其中，这既让观众了解了展品的内涵，又在视觉、听觉上有了更加沉浸式的体验。对于受疫情影响以及时空限制的人群而言，虚拟展馆则大大放宽了观展对时间、空间的要求，而且虚拟展馆相比于线下展览，更是将除了藏品外的一系列的拓展元素纳入其中，例如"数字故宫"的开发，就满足了人们随时随地都能逛故宫、观文物、购文创产品的多方位需求。全球一体化加速了博物馆传统形式的展览和传播与互联网和数字技术的深度融合，最新高科技的应用和传播观念的升级为博物馆带来创新和流量的同时，也意味着博物馆将面对范围更大、趋于分众化需求的受众群体，这无疑是更艰巨的挑战。

第三节 新媒体时代博物馆的宣传与推广

一、新媒体时代博物馆宣传与推广的主要特点

（一）内容与服务相一致

博物馆宣传的传统媒介和方式较为单一，内容比较单调，无法吸引民众对博物馆产生兴趣。此外，博物馆宣传时所用语言和表达都具有较高的专业性，普通民众通常无法理解，自然无法产生强烈兴趣。在新媒体环境下，利用新媒体技术和平台，博物馆能在更大范围内第一时间为民众提供更丰富全面的文博知识，这有利于促进民众对博物馆及其相关展览、展品的深入了解，从而激发民众对博物馆的强烈兴趣。

（二）用户与官方的互动性强

新媒体的引入，极大地优化了传统的博物馆宣传模式，在博物馆和民众之间建立了良好的互动。但要进一步提升博物馆的宣传推广效果，我们还需更充分地利用新媒体互动性强的优势，如借助移动设备及时为民众提供博物馆信息，及时对民众的意见和建议进行反馈，在与民众的互动中进一步优化博物馆工作，提升博物馆服务水平。

二、新媒体时代博物馆宣传推广的方式和内容

在传统媒体时代，博物馆形象的展示和内容的传播大多数是通过电视媒介、纸质媒体进行的，观众通过电视画面和主持人的介绍来认识博物馆的精品物件，尽管有画面、有声音、有文字说明，但是观众和博物馆及具体的陈列物之间的心理距离仍较远，触摸感不够强烈。在新媒体无处不在的今天，人们可以通过智能终端去搜索、在视频上去观看自己感兴趣的内容，并且不受时间和地点的限制。博物馆宣传推广的方式变得多种多样，宣传推广的时效性大大加强，在受众中间产生的裂变效应显著，如部分博物馆进行的数字博物馆建设可以促进公众与博物馆工作人员的互动，使公众参与到博物馆的建设中来，以便更好地促进博物馆的发展。

从内容方面来看，博物馆在新媒体上展示的内容多为一些展陈精品，地方博物馆对当地出土的文物和历史遗迹的宣传推广力度较大，还有一些博物馆会根据即将发生的大事来选择宣传推广的内容，以此来配合其他部门的工作。总体上，新媒体时代，博物馆宣传推广的内容丰富多样，手段灵活多变，经过新媒体技术的加工之后，在宣传推广过程中产生了积极的效果。

三、新媒体时代下开展博物馆宣传与推广工作的意义

借助博物馆的宣传推广，我们能帮助民众及时掌握博物馆动态，第一时间获取博物馆相关信息。这些民众既包括专业人士，也包括普通人。及时高效的宣传推广能够在博物馆和民间建立起纽带，大幅提升博物馆的知名度，吸引更多专业人士到博物馆开展学术探究、更多普通民众到博物馆参观学习，同时，也为民众向博物馆提出更多合理化建议，不断改进和完善博物馆服务、提升博物馆内涵提供了有效途径。可见，博物馆的宣传推广工作是其与民众沟通必不可少的途径，能保证博物馆工作朝着健康的方向发展。博物馆的运营成本较高，综合成本回收与经济效益是其运营的一个重要目标，因此要通过博物馆的日常运营与管理来挖掘创收的新渠道。而凭借新媒体宣传扩大博物馆影响力，可以为博物馆吸引更多参观者和资助者，为博物馆创造更多的收益。

新时期，博物馆的宣传推广工作应最大限度地利用新媒体优势，提升博物馆的知名度和影响力，实现博物馆的健康持久发展。

四、新媒体时代博物馆宣传与推广工作的具体策略

（一）灵活运用官方网站、官方论坛

当前，利用互联网获取相关信息已经成为人们提前了解一个博物馆的主要手段。根据一些博物馆官方网站的详细浏览数据，很多博物馆尤其是一些知名度较高的博

物馆，其日浏览人数还是比较多的，这意味着官方网站对民众而言是一种获取博物馆信息的比较可靠和比较容易的手段。因此，创建博物馆官方网站或论坛，实时发布博物馆权威信息，能有效帮助民众了解博物馆，甚至实时云上参观博物馆。

（二）丰富博物馆新媒体推广平台

新媒体的出现改变了我国宣传工作的格局和方向，新媒体技术还在持续更新，博物馆的宣传推广工作离不开新媒体技术和新媒体平台的支持。博物馆的宣传推广人员应正确认识新媒体发展的现状，提高自己的思想认识，建立博物馆与新媒体的联系，加强与微博、微信等多个信息平台之间的合作，有效开拓博物馆的宣传推广渠道。另外，博物馆可以通过APP、微信公众号、微博账号等自媒体向用户发布博物馆日常信息，向用户推荐博物馆举办的活动，还可以跟用户进行交流沟通，了解用户的诉求，并根据用户提出的改进意见来提高博物馆的宣传推广服务水平。

（三）充分利用移动终端

现阶段，很多博物馆的宣传工作都已设计移动平台，如微博、微信及官方APP等。为显著提升这些平台账号的可信度，建立权威的博物馆形象，我们还应在这些平台进行官方认证，建立官方账号。

微博平台官方账号在民众中的可信度较高，通过微博官方账号实时发布权威信息、介绍热门展览，可以扩大博物馆宣传范围，提升博物馆影响力。运营微博官方账号应注意及时更新内容，丰富展览、展品介绍，特别是可以根据社会热点，设计专业展览或进行专业评论，吸引民众的兴趣和目光。

（四）优化现有宣传与推广部门的结构

博物馆还应更新宣传推广工作的理念，向优秀的新媒体平台借鉴经验。其中，改革博物馆的宣传推广部门结构、完善组织架构、优化人员配备是一条有效途径，可以大大提升博物馆宣传推广工作的效率。具体来说，要改革升级博物馆宣传推广部门的组织结构，增强业务流程管理，博物馆在资源、技术和管理模式上均做出转型。在管理模式上，博物馆要在已有的传统管理经验上改进管理观念，使用多种管理方式相结合的形式来适应这种宣传推广环境，满足用户宣传推广需求的新变化。

（五）提高博物馆宣传推广工作人员的专业水平

博物馆宣传推广工作的顺利开展，还须配备综合素质高、业务能力强、学习能力强的宣传推广专员，让他们成为博物馆宣传推广工作取得显著成果的中坚力量。博物馆宣传推广人员不仅要具备热情的工作态度和专业的知识体系，还要与时俱进地掌握数字化宣传推广技术，在了解用户对博物馆游览需求的情况下，为用户做出更好的宣传推广服务指导，多与用户互动，让他们参与到博物馆的宣传推广活动中去，以提高用户的参与感，也就是提高博物馆的宣传效果。

（六）健全博物馆内部文化建设

为更好地维护自身形象，博物馆必须依托宣传推广工作，选取健康的文化素材，强化内部特色文化建设，充分发挥博物馆文化资源优势，反对随波逐流、片面强调商业价值。

第四节 新媒体时代博物馆短视频传播价值及策略

一、短视频的特点

（一）制作门槛低，制作周期短

短视频行业的快速发展使媒体行业从"神坛"走向大众，成为全民参与的现象级应用与流量高地。而使得这一现象成为现实的最重要一个因素，就是短视频制作门槛低、制作周期短的这一特点。依托短视频平台自带剪辑功能以及剪映、爱剪辑、小影、万兴喵影、快影等剪辑软件完成视频的拍摄、编辑、美化、上传、分享、互动等操作，就可以轻松制作特效丰富、配乐动听、卡点合拍、生动有趣的短视频。只需要一部智能手机，就可以实现随拍随剪，随时随地快速上传。短视频的这一特点打破了以往媒体行业年龄、职业、受教育程度的限制，使得"人人都是自媒体"成为可能。此外，短视频制作周期短，即拍即发的特点符合了"抢新闻"的要求，只需要拍摄一小段视频，便可以自动配乐，立即上传。这种传播模式"符合当下碎片化的阅读习惯，降低了生产成本与技术门槛，为用户提供了个性创造与展示自我的舞台"。

（二）传播速度快，影响范围广

移动网络特别是5G技术的快速发展和应用，使得短视频可以在几秒钟的时间内快速完成上传。同时，短视频缓冲时间缩短，手指轻轻一刷，无须等待，就可以观看到丰富多彩的视频，时间效益非常明显，"刷短频"成为了短视频观看的正确打开方式。此外，短视频传播打破了地域时空限制。依托智能终端，用户可以随时随地反复观看国内外不同地域发布的视频，不受时间、空间的限制。值得注意的是，各平台为实现利益最大化，建立了合作关系，实现了多平台的信息交互。例如，微信与抖音、快手平台，三者可使用一个微信账号登录，多个平台之间实现了好友同步与内容的共享和传播。通过短视频强情感的社交特点，与"熟人圈"这一强关系的加持，激发了短视频用户的分享欲，通过多接点传播，能够引发"病毒式传播"，使得在短时间内就能引爆传播链，影响范围甚广。

（三）算法分发机制，精准定位用户

"人类社会正加速进入智能化时代，数据是关键生产要素，算法是核心生产力。"新媒体时代下，受众地位发生改变，从被动变为主动，从单纯的信息接收者变为信息接收者兼生产者，其需求也变得多样化。短视频为了更好地满足用户的个性化需求，提高信息传播的精准性，引进算法推荐机制。平台结合流量池算法、标签算法（标签算法＝环境＋内容＋用户）、热门算法、协同算法、"dou+算法"、去中心化算法等众多算法机制，为不同年龄、职业、性别、兴趣爱好的用户进行用户画像，不断细分用户，从而根据用户偏好和需求，为用户"量体裁衣"，进行"千人千面"的定制化、精准化传播，提升用户黏度，优化短视频服务体验。

（四）社交属性强，用户高度参与

短视频具有较强的社交属性和重视情感传播的特点。在短视频领域里，用户可以自由地掌控符号系统，选择上传所创作的视频，完成自我展示，并通过评论、转发、点赞达到信息分享的情感需求。在用户对所观看的短视频进行评论时，这能够为后来观看视频的用户提供附加信息，从而进行信息加工和再生产，扩大短视频原本的意义范围。此外，短视频传播内容以诉诸情感为主，诉诸理性为辅，因此叙事逻辑性较弱，用户可以不用费力思考就能在极短时间内获取信息所表达的内容，获得情感共鸣，迅速达成受众认知的沉浸状态，从而提高用户黏性，促使用户主动积极地参与到短视频内容的传播与生产中。

二、博物馆短视频传播的意义与价值

（一）响应政策新发展，打造受众参与新模式

2016年，国家文物局就发布《"互联网＋中华文明"三年行动计划》，要求博物馆产业做好文化内容生产，拥抱互联网络，推动跨界融合传播；2022年，党的二十大报告指出要"繁荣发展文化事业和文化产业，加大文物和文化遗产保护力度，到2023年建成文化强国"；此外，在双减政策的贯彻落实下，博物馆更承接着普惠式场景化教育，成为文化输出的新媒介；因此，"博物馆＋短视频"的融合方式是对国家发展政策的积极响应，能更好地推动博物馆事业发展。

参与式博物馆理论即"在博物馆2.0时代，博物馆作为参与式机构，既能满足观众对积极参与的需求，又能传播馆方的使命、推广其核心理念"，其核心在于观

众的参与互动，观众不是被动接收信息，而是既可以主动接收信息，也可以主动制作信息、反馈信息。在"博物馆+短视频"的传播形式中，受众可以通过参与博物馆短视频的内容选题、评论、转发、点赞，实现参与。此外"短视频内容的日常生活化与具有厚重历史感的博物馆非日常空间实现了跨界融合"，与传播学家梅洛维茨提出的媒介情境论不谋而合，即电子媒介能促成原来不同情境的合并。因为短视频网络传播的匿名性，相比实体博物馆的留言板而言，受众可以更加肆意地参与博物馆发布的短视频的互动。在这种网络互动机制中，我们创造了平等的对话空间，营造了"在场感"，搭建了文化认同的桥梁，让受众产生了身份认同感，因此，用户会更加主动地去拓展新的传播内容，受众也由被动地位变为主动地位，博物馆以往"高高在上"的权威性也被削弱。

（二）重塑教育公共性，营造美育新空间

1. 图像刺激情感，寓教于乐提高审美

图像是一种更情感化与人性化的信息传播方式，而短视频区别于其他传统媒介的图像传播，以高度浓缩的方式，实现了视觉信息与价值意义的增量增值。特别是虚拟现实技术与增强现实技术的运用，这使得短视频图像视频信息"在场感"体验不断增强，营造了视觉奇观的方式，刺激了用户情感。平时"高高在上"的博物馆通过剪辑技术的加持，制作出精美有趣的图像短视频，使视频内容既不失审美价值与艺术价值的同时，还具有一定的娱乐休闲价值，打造了虚拟的"场景化"文化传播空间，营造出"沉浸式、互动式、解密式"学习特色，让教育从"老师主导"回归到"学生自主"。通过使用短视频图像刺激用户情感，以寓教于乐的方式提升短视频用户审美，而非让受众被动接受单向度的知识灌输，用户主动地观看并传承和传播优秀传统文化。

2. 打破地域时空限制，让文博知识变得普惠易得

共享经济成为我国经济领域的一项重要创新应用，这既实现了资源的优化配置，又满足了多重社会需求。在新媒体时代下，博物馆借助短视频平台，使得大众可以通过观看短视频、文博直播活动等，实现足不出户就能接收文博资源熏陶，从而丰富了文化体验，实现了博物馆文化教育资源的互联共享，降低了公教活动的边际成本，推动了有限教育资源的应用最大化。

一方面，我们以"博物馆+短视频"的方式打破时空的界限，让文博知识变得普惠易得。一些博物馆因场地修建问题，比如地理位置偏远且交通不便，降低了观众前往参观的意愿。在博物馆开放时间上，除法定节假日外，大部分博物馆周一例行闭馆，开放时间为周二至周日，每日9：00至17：00，并在16：00停止入馆。

大部分开馆时间与上班、上学时间相冲突，因此人们只有周末有充分空闲时间才能去参观博物馆，从时间上降低了观众前往参观的意愿。如此一来，打造博物馆短视频就解决了部分观众因时间和空间限制而导致的参观体验感不佳的困境。同时，我们让观众了解参观博物馆的方式从线下延展到线上。线上博物馆成为观众参观浏览的新入口，链接线下，引导线下，做到线上线下全打通，提升文博新媒体的竞争力和影响力。另一方面，部分偏远地区特别是县、镇、村等，由于没有条件与能力修建博物馆等公共文化教育机构，人们难以获得参观博物馆的机会。通过以广大人民喜闻乐见的短视频平台为载体，打造博物馆短视频，乡村网民也能接受文化艺术熏陶，享受文博知识普及的权利，这缩小了城市与农村的知识鸿沟，让文博知识变得普惠易得。例如，抖音"过去一年博物馆相关视频播放384亿次，相当于全国博物馆一年接待观众人次的72倍（国家文物局：2022年全国博物馆接待观众5.4亿人次）"，扩大博物馆受众范围，重塑了教育公共性，营造了美育新空间。

（三）推动展陈新方式，焕发文物新活力

根据国家文物局统计，截至2020年，全国已备案各类博物馆5788家，全国重点文物保护单位共5058处，馆藏文物数量为5089.10万件（套），登录国有可移动文物1.08亿件（套），年举办展览陈列数量2.9万个。现有可移动文物展出率，就大中型国有文博机构而言，大多不超过所藏的10%。可见，目前大量的文物沉睡在库房之中，没有充分发挥其价值。习近平总书记在谈及文化遗产传承时曾多次强调，"要系统梳理传统文化资源，让收藏在禁宫里的文物、陈列在广阔大地上的遗产、书写在古籍里的文字都活起来"。在这一时代需求的号召下，博物馆如何创新展陈方式，焕发文物新活力，成为一大难题。博物馆短视频不仅提供了新的宣传方式，也推动了展陈方式的创新，焕发了文物的新活力。博物馆的文物其展陈方式从人烟稀少的库房、不可移动的展柜变成了拥有广阔空间的短视频平台。相对于传统实体博物馆的静态展示，通过短视频动态的方式呈现文物，打造了沉浸式的体验感，能够让用户更真实地感受到文物厚重的历史价值和文化价值，推动展陈方式的创新。此外，在短视频平台上，通过后期剪辑技术，赋予文物情感、动作、语言等，使得冰冷的文物获得人格特征，使得文物从古老变得新潮，形象更为时尚化，拉近了与大众的距离，焕发出新的活力。

（四）构建城市形象，促进文旅新增值

所谓文化空间是一个具备物理及地理属性的独立文化场所，它包括了物质、精神以及社会生活等维度。"文化空间"作为城市发展中的一种文化环境与氛围，对城市的经济发展、人文建设有着深刻的影响。博物馆的藏品和文物是城市文化的根源，

其独具特色的外观建筑也是城市个性的体验,因此,博物馆是城市的文化空间的典型体现,是一座城市、一个地区历史文化的"活化石",也肩负着展示城市文明的重要功能。例如长沙市博物馆、成都博物馆、贵州省博物馆、西安博物院等一批具有城市地域性的博物馆,通过找准自身特色与城市功能定位,深耕博物馆短视频,为城市文化赋能。例如,成都金沙遗址博物馆出土的文物"太阳神鸟",不仅是古蜀文化的重要见证者,而且也是中国文化遗产和成都市的"市徽"。成都金沙博物馆通过抖音短视频介绍"太阳神鸟",让广大短视频用户了解其造型特点、设计观念和审美理念,也传达出成都所独有的文化历史与传承精神。此外,博物馆短视频通过线上的横向传播也能刺激用户参观实体博物馆,从而让城市成为旅游目的地、网红打卡地,促进文化旅游发展,实现文旅增值。因此,博物馆短视频不仅能够构建和展示城市形象,形成文化认同,同时,也能促进文旅增值,带来较大的社会效益及经济效益。

(五)优化网络旧环境,营造社会新风气

短视频平台经过近年的发展与沉淀,逐渐撕掉了"内容洼地"的标签,朝着风清气朗的文化空间发展。短视频通过联合各类博物馆举办活动,吸引博物馆入驻平台,不仅能够提升短视频平台的整体文化内涵,进一步优化网络环境,而且还可以通过博物馆短视频"以文化景观拓展人们的文化视野",引导受众体验,塑造正向化的审美观念,从而增进文化理解,凝聚社会共识,营造社会新风气。从文化观上讲,短视频文化是主流文化、精英文化、大众文化以及小众文化的整合,各类文化都能在短视频平台生根发芽。虽然目前博物馆短视频并未在短视频平台形成主流,但在国家文博政策的引导下、平台资源技术的支持下,以及人民对美好精神生活的迫切向往下,在短视频平台逛博物馆将成为一种新风尚。

三、博物馆短视频新媒体平台传播策略

在新媒体技术的支持下,博物馆宣传方式不断多元化,抖音等新媒体平台为文博单位提供了新的展示舞台,为文物"活"起来提供了新的创作空间。但在融合创新的过程中,博物馆短视频发展存在一定的困局,但可从内容和形式等多方面寻找突破口,打破困局,实现传统与现代的融合,实现文化价值的传播。

(一)建立健全的短视频创作运营思维

1.建立健全博物馆短视频运营思维

博物馆短视频是在短视频平台发布的与文博相关的短视频内容。因此想要打造爆款短视频内容,提升博物馆账号的知名度与影响力,掌握短视频的运营思维是必

不可少的。

第一要建立短视频的概念思维：这要求博物馆创作者以故事性的、精练的、高度概括的方式呈现视频内容，简单明确地说明所要传递的思想内涵。减少非必要的文字表达方式，采用符合网络用语习惯的文案与配乐（BGM）进行视频制作，实现从"图文思维到视频思维的转变和全面思维到精练思维的转变"。

第二是建立短视频的算法思维：在智能传播过程中，"以算法驱动为代表的人工智能技术应用成为智慧服务的关键因素"。因此要建立算法思维，内容制作前需以用户的视角进行需求分析，让视频内容与用户产生情感共鸣与归属感，实现自我思维到代入思维的转变和叙述思维到情绪思维的转变。

第三是建立短视频的运营思维：博物馆短视频是一个长期性、系统性的运营结果。其中包括账号的更新频率、作品发布时间、作品制作、作品配乐等因素。其一，要确定更新频率与时间，根据实际情况保持日更或周更，形成更新规律，从而提升持续稳定的曝光度，吸引更多用户关注。例如抖音平台上军事博物馆账号（中国人民革命军事博物馆），采用一天更新两期的更新频率，保持高度的账号活跃度与曝光量，让用户形成观看习惯，提高用户黏性，粉丝高达908.2w，成为了粉丝量最高的博物馆短视频账号。其二，掌握作品发布时间规律，早上6—9点、中午12点到下午2点、下午5—8点、晚上10—12点通常为短视频用户上下班通勤、吃饭或休息时间，用户将有空余时间拿出手机看短视频，进行休闲娱乐与学习。例如抖音平台军事博物馆账号，在保持高频率更新的同时，视频发布时间也呈现出6点与12点左右的发布规律，使得视频一发出就能最大限度地吸引用户关注与观看。因此博物馆应对作品的发布时间段进行测试，选择流量高的时间段发布作品，这将有利于作品进入"流量池"，得到更多的曝光与推送。其三，打造高质量短视频离不开良好的视频剪辑与配乐，这可借鉴网络上流行的视频卡点模板、转场运镜与背景音乐（BGM）制作视频，引起用户共鸣，提高作品热度。

2. 建立健全博物馆短视频用户思维

"酒香不怕巷子深"的传媒时代已经过去，新媒体时代，受众的地位空前提高。因此博物馆要转变传统思维，建立健全用户思维，站在用户立场上思考用户需要什么、用户想看什么，进而确定短视频内容，从"高高在上"的一言堂的姿态转变为以用户为主的专门化定制贴心服务姿态。

第一，满足用户的求知欲。根据调查显示，有47.5%的用户认为，在短视频平台学习有用的知识与技能是第一诉求和核心诉求。因此博物馆应发挥自身专业优势，充分发挥文化教育的公共功能，满足用户对文博知识的求知欲。第二是满足用户的好奇心。到博物馆参观的观众只能了解到博物馆的"前台"工作，对博物馆文物出土、布展、策展等幕后工作也十分感兴趣，但却少有渠道获取这方面的知识，参观者的好奇心得不到满足。四川广汉三星堆博物馆通过推出"三星堆考古发掘现场直击"内容专题，播放量高达256.7w。此外，联合快手、央视网、爱考古共同推出"探秘考古现场全景VR直播三星堆的非常和日常"，让短视频用户沉浸式体验和了解考古现场，满足短视频用户好奇心，得到热烈反响。第三，满足用户的好玩心。休闲娱乐仍是人们使用短视频的主要目的。因此，博物馆可以制作好看的场馆风貌与有趣的文物故事，满足用户的好玩心。

3. 建立健全博物馆短视频平台思维

短视频时代的到来，使得"刷视频"成为人们生活的一种方式。短视频作为一种视频形式，需要通过平台进行传递。根据调查发现，目前大多数博物馆短视频以抖音为主，快手、微信视频号为辅，尚未建立多样化的短视频传播矩阵，因此传播影响力尚未形成合力，传播效力未获得最大程度的开发。例如军博、国博、故宫博物院在主流短视频平台抖音、快手、微信视频号都创建了博物馆短视频账号，且每个平台发布的内容大致相同，通过同一内容多平台发布的运作方式收获了大量的粉丝，形成了传播合力。

（二）改变角色，激励公众参与传播

博物馆在抖音平台上的视频投放和转发量过少，基本处于"自娱自乐"的状态，究其原因是博物馆传播的信息蕴含于文物之中，需要进行深入发掘才能正确诠释，同时文物的图片、形象也具有版权，公众难以自由发挥拍摄视频投放于抖音平台，使得投放量过低。如果博物馆能够在抖音平台上提供足够的信息、图片和影像资料等"半成品"，并通过"话题挑战"的形式，让公众参与视频的创作和传播环节，就能打破单一由文博单位投放作品的困局。例如，美国大都会艺术博物馆在TikTok（抖音海外版）上向用户发起一项名为"向经典致敬（Salute to Classic）"的话题挑战活动，邀请用户对艺术人物进行扮演或模仿，优胜者能够获得免费的纽约之旅，以及参观该博物馆尚未开放展览的优先权。我国博物馆也可以针对某一文化主题，通过话题挑战及奖励，调动公众的积极性，激发短视频用户的创作热情，实现全民参与。同时以用户发布视频播放量、点赞量、转发量为指标，判定视频的好坏，并给予一定的精神或物质奖励。

当然，发布话题或博物馆视频"半成品"也是博物馆收集公众需求，提升展览、文创和服务水平的机会。通过内容的发布，博物馆从单一的视频作品发布者变成了竞技活动的组织者，而公众则成为与博物馆相关视频的发布者和信息的传播者。角色的变化，让博物馆跳出文化宣传过程中的"自娱自乐"，也让原本的观众变成视频内容的创作者，帮助博物馆传播文化。有些自带流量的博主，其发布的视频传播能力更强，范围更广，他们的参与，有助于推动博物馆的文化传播。作为组织者，博物馆也能发掘更多优质的传统文化内容创作者，增强公众与博物馆的互动，有助于提升短视频平台上博物馆视频的活跃度。

（三）平衡"严谨"与"娱乐"，兼顾内容和表现形式

不同年龄、学识、职业的人群都会选择在抖音平台观看博物馆类视频，对象的多元化导致需求的多元化，仅采取精英文化的诠释模式，难以满足不同群体的需求。例如在"文物戏精大会"发布后，评论区里提到了《博物馆奇妙夜》，并希望能够看到本土化的电影或者此类型的短片，这说明"文物戏精大会"在黄金三秒内，以独特的表现形式引起了公众的关注和热烈讨论，激发了公众的好奇心，他们提出了对后续创作内容更高的期望和要求。可见传播的娱乐性是为了引发公众的兴趣，而内容才是满足公众需求的核心，娱乐性与知识的严谨性并不矛盾，两者只有有机融合，才能引起公众的共情、共鸣，转发评论，实现文化价值的传播。

同时，大多数公众可能没有固定或较长的时间进行本专业领域之外知识的学习，只能通过碎片时间关注；相较于冗长复杂的叙事，他们更容易被简短通俗的小故事吸引，而如果能对这些故事进行艺术加工，运用各种技术方法进行展现，必然会获得受众青睐，成为他们娱乐消遣的重要方式。对博物馆短视频来说，把严谨的文物简介转换为趣味性的小故事，运用动画特效和卡点音乐等对内容进行包装，才能在短时间内吸引观众兴趣，激发其转发和评论欲望，达到传播效果。当然，博物馆短视频只有在确保内容真实严谨的基础上，对形式进行艺术和技术加工，使其更好地演绎内容，才能获得持续关注，实现寓教于乐，推广文化价值。

第五节 网络直播成为博物馆发展的新窗口

一、博物馆直播兴起的背景

2016年是4G网络和智能手机在我国快速普及并迅速发展的一年，网络直播平台乘势而上，异军突起，吸引了各个行业先后加入直播领域，直播平台迅猛发展。有关数据显示，仅这一年时间，国内就新成立了200余家直播平台，市场规模超过150亿元，直播用户人数达3.5亿，这一年被冠以"中国网络直播元年"。2017年，在直播平台迅速扩展的基础上，短视频异军突起，吸引了超2亿网民，这一年成为"中国短视频元年"。新媒体以互动性强和不受场地、时间限制等优势，为传统文化的

传播带来了新的机遇。

近年来，众多博物馆及时调整观展方式，积极借助网络平台，从"地上"走向"云端"，开展"云观展""云讲座"，不断与时俱进，适应人民群众观展的新需求。2020年上半年，国家文物局与国内九大一级博物馆联合，推出了"在家云游博物馆"活动，借助抖音直播平台播出，取得了几天时间3000万播放量的好成绩，其中单次视频最高点赞量超17万。取得的成绩足以说明这次大胆的云端观展方式是一次成功的创新突破，这种别开生面的展览方式、身临其境的观展体验，得到了众多网友的认可和喜爱，引起了强烈反响。其间，抖音平台继续推出"在家云游博物馆"系列活动，联合国内众多博物馆，将展品通过网络直播方式一一呈现给观众，让观众足不出户就可以遍览国内的名馆藏品。

直播平台与短视频平台的兴起，让博物馆突破了很多物理上的局限，为解决场地限制引发的观赏不便、体验不佳问题提供了新思路，也在一定程度上消除了空间上距离远、地处偏僻造成的人流稀少问题，将博物馆的空间范围由馆内拓展到馆外。但直播与短视频又不完全相同，它们的传播技术与传播特性存在一定的差异性，不能完全同日而语。面对纵横交错的传媒环境，如果想要博物馆利用新媒体技术走得更远，让传统文博行业与新的数字传媒技术更加适配，就需要对传播内容有更精准的把控、更准确的定位，才能更容易成为"热门"。

二、博物馆直播的优势与功能

在早期博物馆学的理念里，博物馆的研究对象主要是"物"本身，直至20世纪70年代，随着"新博物馆学"概念的出现，研究对象的重心开始慢慢转移到"人"身上。这也是我国博物馆界贯彻落实"以人民为中心"的发展思想的理论支撑。在这种理念的引导下，我国博物馆的一切导向就必须从观众的视角出发，将观众的感受摆在第一位，所以不管是展品的陈列、内容的创作还是展览的方式，都是基于为观众服务的角度，要让观众满意、喜爱，为观众提供良好的观展体验，以便吸引更多观众，提高博物馆的参与性和满意度。直播平台为博物馆展览打开了一扇新的大门，它改变了以往必须亲临实地的观展方式，丰富了博物馆展览形式的多样性，为探索更多博物馆的新鲜领域提供了无限可能。在过去的一段时间里，博物馆在网络平台上呈现的只是一个片面的展厅形象，展品也多为静态展示，不方便近距离观看，这些局限性让博物馆在网络上呈现的形象较为扁平化，不够生动鲜活。网络直播则可以利用其特有的优势，实现全方位、立体化的呈现，不仅能展示成品，也可以将布展过程呈现给观众，向观众讲述台前幕后的故事，对于一些不便对外开放的场所，也可以适当呈现，让观众更加直观地感受和了解如何布置展览、文创设计过程、在哪存放藏品、怎样修复文物等。

（一）实时在线互动交流

博物馆的观展方式，通常都是观众自行参观，有时会配合讲解员的讲解，即便这样，也是一种单向被动输入的过程，观众很难有主动提问探索的机会，缺乏双向互动的环节。而网络直播克服了上述局限性，直播的一大优势就在于它具有实时互动性，弹幕、评论可以第一时间同步给主播，实现与主播的实时交流。基于这种优势，在博物馆直播过程中通过主播的实时讲解，观众可以随时提问互动，遇到自己特别感兴趣的讲解内容、展览文物，还可以赠送虚拟礼物。这种互动就是一种双向的互动，主播会根据直播屏幕上的实时反馈，有针对性地调整讲解内容的重点，对呼声比较高的内容多讲，对反响平平的内容一带而过，遇到提问比较集中的问题还可以统一讲解。在这种双向反馈的互动机制下，观展者不再是被动接受信息输入的角色，而是转换成展览的参与者、建设者，他们可以发问、可以思考、可以质疑、可以提供多元的学术见解，这个过程更能让观展者融入其中。除了跟主播进行互动，观展者之间也可以进行互动，这种网络空间打破了现实世界的陌生人壁垒。观展者可以抛出自己的见解，对此表示认同的网友可以通过点赞、留言的形式加以肯定，有不同见解的网友也可以展开讨论，由此形成的网络互动在现实空间里是很难实现的，因此极容易获得直播网友的围观和参与，大大提高了展览的参与度和互动性，达到气氛高潮，从而加深观展印象。

在参与直播活动的过程中，观众不仅能够观看视频内容，同时也可以进行互动，发表自己的想法和观点。这就增强了展览的交互性，促使观众可以在互动的过程中得到更加独特的线上体验。而在线下参观的过程中，观众往往只能作为被动的信息接收者。通过参与线上的直播，观众不仅有了观赏文物的机会，同时也得到了一种陪伴感，形成了情感上的独特体验。博物馆借助多种多样的直播活动，可以将线下固定的展示空间转变为一种互动与交流的空间，引导更多的观众发表自己的看法，形成和谐的沟通氛围，有助于文化的传播，进而带动更多的人参与博物馆的活动。

（二）突破时间空间藩篱

为了丰富展览形式，扩大宣传效果，普及文物知识，邀请行业专家学者开展讲座、宣讲等活动已经成为博物馆吸引游客的常用方法之一。但是因为讲座等活动具有开放性，受众群体的年龄大小、学历高低和文化背景各有差异，所以对讲座的接受能力也因人而异，吸收效果更是参差不齐。再加上受博物馆场馆面积限制，能容纳的人数有限，也使讲座的收听效果大打折扣。而通过直播平台播出的云端讲座能克服这些弊端。利用直播平台的大数据分析，可以更精准地定位讲座的受众群体，进而分析出受众群体的选择偏好，根据分析结果来推出更受欢迎的讲座内容，从而达到不断优化的宣传效果。

此外，对于上班族和学生而言，休闲的时间是非常有限的。有的时候即使预约了到博物馆参观或者听一场线下的展厅讲解，也会因为一些临时的因素被迫取消。而线上直播的优势之一就是可以回放或反复收看，这是一种非常好的学习方式。因为一个人的注意力很难在一个小时内时刻集中，更何况博物馆的讲解一般时长是两个小时，所以后期的收听效率是非常低的。线上回放的方式可以把一场讲解直播分多次进行学习，反而有助于加深对历史文化的学习。

（三）突破空间限制，提升博物馆教育和服务效能

博物馆的展览活动直接受到时间、场所面积等的制约，难以展现出最佳的效果。对于观众而言，所得到的信息也存在局限和不足。尤其是一些书画作品，因为材质的特殊性，需要定期更换展品，甚至有些展品未曾展出。利用线上直播的方式，博物馆就可以将这部分展品展现给观众，并为其配上专家解说，使沉睡在库房的文物可以和观众见面。不仅如此，借助互联网平台，我国的历史文化可以传播到世界的各个角落，让更多人了解我国的文化。

此外，由于一些展览活动有严格的人数限制，很多观众无法前来，而借助互联网等新技术，人们可以直接通过多个直播平台"进入"博物馆。在直播的过程中，还可以穿插影像视频，让观众不仅可以看到文物，还可以了解其背后的制作技艺，比如青铜器的模范法、原始纺织技艺等，这些都是传统展厅讲解所不能做到的。对于观众而言，这既可以弥补线下观展的遗憾，又得到了文物更加详细的讲解。

（四）直播受众群体庞大

相比网络视频庞大的受众群体，博物馆的接待能力就非常有限了，每天几万人的接待量已经是中等规模博物馆的接待上限了。然而，呈现在直播平台上的云端博物馆活动，很容易就突破十万、百万级的浏览量。这得益于网络直播平台庞大的受众群体，自然也吸引了众多博物馆纷纷转战线上，将目光投向了直播办展这种方式。

人们观看直播时通常会进行互动，通过讨论来发表看法，同时他们也得到了情感上的沟通和陪伴。直播方式非常便捷，成本也很低，人们可以灵活选择时间并参与其中。这就使很多博大精深的文化开始走向群众，并转变为通俗易懂的知识，在社会中更加高效地传播，引起人们的讨论。通过主播生动幽默的讲解，人们也会对博物馆活动产生好感，更加关注博物馆的文化。在此基础上，可以搭建专门的社群平台，进行长期的运营，促使人们始终保持参与活动的积极性。通过直播的形式，博物馆吸引了很多群众，并带动他们逐步成为热爱博物馆文化的群体，引发了大量

的讨论。这有助于博物馆的宣传推广，树立更加有特色的形象。随着粉丝数量的不断增多，博物馆也通过直播创建了新的消费场景，提升了博物馆的赢利水平。

（五）场景切换，实况呈现

直播平台可以将多个空间聚集在一起。虽然只是一个线上的直播房间，但它能实现多个场景内容的同时呈现，既能展示实体博物馆的物理空间，又能呈现虚拟博物馆的数字化场景，同时还能兼容主播讲解和观众观展的画面，集四个空间于一体，通过直播平台实现了"人—物—人"的多向度链接。

近年来，中央电视台在世界博物馆日会举行线上连线直播，用不同地域的文物阐述主题。比如，在讲到中国古代建筑时，就会选择具有代表性的古代木结构建筑文物，让观众通过一场直播看到我国不同地区的木结构建筑。

三、博物馆网络直播存在的问题和对策

（一）博物馆网络直播存在的问题

1. 主播素质参差不齐

就博物馆直播而言，博物馆自身所拥有的文物资源是基础，而主播则是在直播中将博物馆文物资源价值最大化的重要一环。博物馆直播的目的在于传播文物历史知识，向直播间观众提供公共文化服务。不过，由于主播素质参差不齐，部分博物馆直播效果相对较差，无法充分发挥博物馆的公共文化服务职能。对于规模较大的博物馆，主播的素质对其直播效果影响相对更大，如果主播不具备扎实的历史文化知识和讲解能力，则无法向直播间观众充分展示博物馆所藏文物的魅力。

一般而言，主播是博物馆的工作人员，对本馆十分熟悉。不过，网络直播与线下讲解有较大差异。一方面，网络直播面向的社会观众人群更大，他们对相关历史知识的了解程度千差万别。如果主播无法兼具历史知识和讲解能力，则会大大降低直播间观众观看直播的体验。另一方面，网络直播更追求讲解内容的正确性。如果主播讲解错误，向社会传播错误的历史知识，则负面影响较大，甚至可能引发博物馆公共事件。目前，部分博物馆主播缺乏网络直播方面的专业性，不利于博物馆形象的提升，也会影响博物馆发挥其公共文化服务职能。

2. 直播过程互动质量较差

网络直播十分强调主播与直播间观众之间的互动质量，如果主播与直播间观众之间的互动质量较差，则会降低直播间观众的参与兴趣，进而降低整个直播过程的质量。通过观察部分博物馆直播过程可以看到，有些博物馆类直播的过程相对枯燥，主播与直播间观众无法形成良好的互动关系。总结来看，主要表现为以下两个方面：

145

一方面，互动内容较为枯燥。不同于娱乐直播，博物馆直播讲解的内容虽然具有一定的趣味性，但仍属于知识直播范畴，观众接受起来有一定门槛。部分主播在讲解文物知识和历史的过程中，与观众进行互动的内容过于缺乏趣味性，导致整个直播过程知识性较强而趣味性不足。而直播间并非教室，博物馆直播间追求知识性与趣味性的统一。如果主播选择的互动内容较为枯燥，则不利于调动直播间气氛。

另一方面，互动频率低。博物馆直播涉及文物数量多、历史知识复杂，而直播间观众对相关历史知识的掌握十分有限，疑问相对较多。因此，博物馆直播需要主播重视互动，及时回答直播间观众的问题。不过，在博物馆直播中，部分主播与直播间观众的互动频率较低，过于追求讲解的流程，而忽略了直播间观众的参与。

3. 直播内容缺乏系统性

博物馆的文物资源和涉及的历史知识体系庞杂，并且年代久远。因此，博物馆直播内容需要进行系统性的安排。从当前的博物馆直播内容来看，很多博物馆直播的内容是随机的，缺乏系统性的策划。

一方面，很多博物馆在直播的过程中，只会对馆内重点文物或知名度较高的文物进行讲解，而对次要的和知名度较低的文物缺乏重视。从历史层面来看，历史文物之间存在密切的关联，需要从整体视角探讨其历史价值。虽然讲解知名度高的文物能提高直播间观众的兴趣，提升直播间流量，但不利于历史文化知识的传播。结合博物馆直播的主要目的，这种直播不利于博物馆公共文化服务职能的提升。

另一方面，很多博物馆的直播时间安排较为散乱，没有明确的直播策划。对于直播间的观众而言，无法判断博物馆何时开播，观看的直播便缺乏系统性。当博物馆开播后，一些对其文物和历史十分感兴趣的观众无法及时获取直播信息，这对此类观众是较大的损失。通过观察抖音平台的一些博物馆官方账号发现，目前尚无博物馆公开其直播时间的计划表，这也导致博物馆直播内容缺乏系统性，不利于博物馆公共文化服务职能的提升。

（二）博物馆网络直播发展对策

1. 提高直播人员业务素质

（1）招聘专业直播人才

为了提高直播人员的业务素质，博物馆需要招聘更加专业的人才。专业的直播人才应当具备以下两项基本的业务素质：

第一，拥有扎实的历史知识。博物馆珍藏的文物数量较大，涉及的历史知识较多。主播只有具备丰富的历史知识，对馆内的文物和历史了如指掌，才能在直播的过程中向观众传播更多有价值的知识信息。因此，博物馆在招聘主播的过程中，应当注重对主播的历史知识进行考察，确保主播在直播间能够详细讲解博物馆文物的相关历史，回答观众的在线提问。

第二，拥有较强的讲解能力。在线下，游客的参观游览是可以自主选择的，对讲解人员的要求相对较低。而博物馆网络直播是一个完整的过程，对主播的讲解能力要求较高。讲解能力既包括主播的口头表达能力，也包括主播对讲解顺序的判断能力。因为直播间观众数量较大，如何通过优质的讲解留住直播间观众，同时吸引更多的观众进入直播间，需要主播有能力掌握直播间观众的兴趣点。

（2）加强主播直播能力培训

博物馆在招聘专业的主播人才后，还应当加强对主播直播能力的培训，以保证直播的质量。鉴于博物馆的文物数量和涉及的历史知识体系庞大，直播过程中很容易出现问题，博物馆应从以下两个方面对主播进行能力培训：

一方面，在直播过程中，由于直播工作繁重，直播组织方一般会进行主播人员轮换。所以博物馆应当重视对主播之间的衔接能力进行培训，确保轮换主播能够完美衔接前任主播的内容。由于不同主播的直播方式、知识积累等有所差异，通过加强对不同主播的衔接能力培训能保证整个直播的流畅性。

另一方面，在博物馆直播活动中，博物馆在很多时候会邀请专家或嘉宾，以提升整个直播活动的学术质量和吸引力。因此，博物馆应重视培训主播与不同嘉宾的配合能力。当主播挑选观众的问题时，应当注重问题的质量，以确保专家或嘉宾在有限的直播时间内讲解更多的博物馆知识。

2.提高直播过程互动质量

（1）互动内容

选择高质量的互动内容对博物馆直播至关重要，有利于提高博物馆直播的趣味性和学术性，进而提高博物馆直播的知识传播效率。对于博物馆而言，高质量的互动内容包含趣味性的内容和相关历史知识。鉴于文物知识和历史知识较为枯燥的特点，博物馆主播可以选择具体的历史事件、人物逸事等内容进行互动，将其融入文物知识讲解之中。

（2）互动频率

博物馆直播应规避课堂式的教育教学方式，尽可能提高互动频率，增加直播间观众参与互动的机会。具体来说，博物馆可以设置专门负责查看公屏留言的工作人员，通过该工作人员专门挑选的公屏问题，与主播密切配合，共同完成直播间的互动。目前这种方式十分常见，也十分适合博物馆直播。从博物馆直播的实际情况来看，当讲解一些重要文物或知名度较低的文物时，主播更应当加大互动频率，充分满足不同历史知识层面的直播间观众的需求。

3. 系统规划直播内容

鉴于当前博物馆的直播内容和时间较为散乱、缺乏计划性等问题，博物馆应当制定更加科学明确的直播计划，为网络观众提供观看直播的参考，主要包括规划直播内容、预告直播内容和发布直播时间等。

首先，博物馆应当科学规划整体直播内容。作为博物馆一方，其自身的文物资源相对较为庞大，但也较为固定。基于此，博物馆应当结合自身所藏的文物资源，科学规划整体的直播内容。例如，博物馆可以规划整年的直播内容，并且根据内容量，划分直播的期数，丰富直播内容的系统性。

其次，博物馆应当明确预告下期直播内容。对于观众而言，他们没有时间观看博物馆的每一期直播。因此，为了提升直播效率，节约观众时间，提升博物馆公共文化服务的精准性，博物馆应当明确预告下期的直播内容，由网络观众自由选择是否观看。

四、博物馆直播模式的趋势与展望

（一）打造文化品牌

直播平台因其宽松的准入许可、简易的操作流程以及仅需一部智能手机即可开播的便捷性，吸引了众多主播加入。然而，这种低门槛也导致了主播素质的参差不齐，直播内容纷繁复杂。为了吸引眼球和流量，部分主播不惜采取低俗、丑化的方式以博取关注。

作为承担文化传承和文明传播重任的博物馆，必须清晰定位自身角色。在追求高关注度的同时，更要坚守文化素养的底线。因此，博物馆在打造直播节目时，应充分发挥其深厚的历史文化底蕴优势，既要创新形式，使之耳目一新，又要确保内容健康向上，满足人民群众对高层次文化内容的渴求。

通过精心策划和呈现，博物馆直播节目不仅能够吸引观众，更能形成良好的品牌效应。一旦建立起稳固的品牌口碑，就能赢得观众的信任，进而培养出一批忠实的品牌粉丝。这样，博物馆不仅能够在直播领域脱颖而出，还能更好地履行其文化传承的使命，为社会的文明进步贡献力量。

（二）升级硬件设备

云端博物馆热潮的兴起，既得益于直播平台的出现，也依赖于网络技术的进步，平台是一个重要因素，技术支持也必不可少。在现有的技术条件下，网络直播很容易出现信号卡顿、图像延迟、画面不清晰、音画不同步等问题，一定程度上降低了观展体验。5G技术的出现很好地解决了这些问题，通过"5G+千兆宽带"提供室内户外千兆速率网络，可以让细节展示得更加翔实，达到清晰可见的效果。除此之外，可以将增强现实技术，也就是 AR 扩充到云端博物馆活动中来，模拟出文物的空间感和时代感，以此来进一步丰富展览形式，从而深化观展体验，真正让云端展览达到身临其境的感觉。在这两项技术强有力的支持下，云端博物馆一定能探索出更多的广受欢迎的新奇体验。

（三）打磨讲解内容

再兴盛的时代背景，再好的平台支持，也需要自身有过硬的内容。在各种纷繁多样的直播内容中，博物馆直播要保有自身独特的优势，关键在于文化底蕴。不管直播技术怎样突飞猛进，不管直播手段怎样新奇各异，博物馆直播的调性应该始终如初，那就是满足观众对高品质文化内容的追求。要想真正实现传播文化、传承文明的社会意义，首先需要做到的就是保持专业性，不能为了娱乐至上追求浏览量而胡说、乱说历史，要将正确的历史知识、文物知识和意识形态传递给观众。在做到专业性的基础上，还要增强普及性。受制于观众文化素养的差异，讲解员在面向观众讲解时不能只用专业的书面语讲解，还要有能力将书面语转化成"大白话"，即普通观众也能理解的话，让讲解更接地气，让历史文化传播更加普及。尤其是科普类的展览、展品及其背后的原理都会涉及一些专有名词，这就需要讲解员在业余时间做好功课，用简单的语言对内容进行转化，增强趣味性。其次，还可以为观众讲解文物背后的历史故事，通过讲述文物所处时期的历史文化生活来增强渲染性和感染力，让观众更能沉浸式体验，更有代入感，从而提高博物馆直播的深层吸引力。

当直播已经融入人们的生活，博物馆直播想要占有一席之地，就必须跟上时代步伐，保持不断更新的能力，优化直播内容，充分利用公共服务的优势，进一步开放场馆资源，如此才能获得人们的持续关注。眼下，博物馆直播得到了很多观众的喜爱和认可，但在很多方面还有待进一步提升，比如互联网生态融合不够、数字化平台还没有很好利用、沉浸式体验还有待增强等。这些问题只有通过不断提升内容品质、提供更好的观展体验才能逐步解决，才能更真切、更全面地向观众展示博物馆的厚重之美。

第七章 博物馆文物保护技术的应用

第一节 博物馆文物保护技术与安全管理的现代发展

一、现代博物馆文物保护与安全管理的重要价值

首先，文物作为历史的见证和传承的载体，具有不可替代的历史和文化价值。博物馆通过采取科学、专业的文物保护与安全管理措施，包括文物的定期检测、鉴定、修复和防护，可以保障文物的完整性、稳定性和可持续性，从而实现文物的永久保存，使后代能够继续欣赏和学习这些宝贵的文化遗产。其次，现代博物馆文物保护与安全管理有助于推动文化研究和学术交流。博物馆是学术研究和学术交流的重要场所，通过对文物的保护与管理，博物馆可以为学者和研究人员提供丰富的研究资源和学术支持。同时，博物馆还可以通过展览、研讨会等方式，促进不同地区、不同文化背景的学者和研究者之间的学术交流与合作，推动文化研究的发展，为人类认识和理解自身文化历史提供了有力支持。最后，现代博物馆文物保护与安全管理有助于文化教育和公众服务。博物馆作为公众文化教育的重要场所，通过对文物的保护与展示，可以为公众提供丰富的文化学习和教育机会，促进公众对文化遗产的认知、理解和尊重。通过现代化的文物保护与安全管理手段，博物馆可以保障文物展示的安全性和可持续性，提供高质量的展览和教育服务，从而满足公众对文化信息、文化体验和文化价值的需求，推动文化素养和文明素质的提升。

二、现代博物馆文物保护技术与安全管理存在问题的分析

（一）环境控制问题

在文物保护领域，环境因素被普遍认为是对文物保存有重要影响的因素。其中，温度和湿度变化等环境参数的波动是文物保护不可忽视的因素，不适宜的温湿度可能加速文物的腐蚀和老化。鉴于此，作为文物的重要保护场所，博物馆迫切需要确立精确的环境监测与调控体系，以应对环境的变化。文物对环境非常敏感，温湿度稍有波动就可能对文物造成损伤，从而影响文物的原始状态和历史价值。

（二）文物保护问题

在文物保护领域，博物馆陈列的贵重文物面临一系列需要定期保养与修复的难题，这些问题主要根源于文物在漫长的岁月中所经历的自然老化和腐蚀现象。这种现象是文物材料所面临的环境压力所造成的，如气候变化和湿度、温度波动等，进而导致其结构和化学性质发生改变，最终表现为材料的褪色、龟裂等现象。另外，博物馆经常举办展览等活动，会导致展出的文物频繁地进行取用、摆放和观赏，这无疑加剧了对文物的损耗。大量的人流以及长时间的曝光逐渐削弱了文物材质的稳定性，从而导致其表面产生划痕，出现脱落以及结构松散等问题。

（三）安全风险问题

在文物保护与管理领域，安全风险问题至关重要，如防火、防盗等。这类安全风险不仅会对文物的完整性构成威胁，更会影响其历史文化价值。防火、防盗等安全风险的管理与预防不仅是一种日常维护手段，更是涉及专业技术、系统策略的综合性工作。事实上，文物所处环境的复杂性以及其不可再生性，使得对文物安全风险的管理变得尤为迫切。安全风险问题的根源可以归结为多种因素。首先，文物所在环境的自然条件及周边环境可能加剧火灾、盗窃等问题发生的风险。其次，管理机构在安全意识培养、防范措施制定等方面可能存在不足，缺乏有效的应对手段。最后，人为因素也是安全风险问题的重要来源，如安保人员素质、管理体制等方面的疏漏，都可能导致安全问题的出现。

（四）数字化与展陈问题

数字化技术在博物馆领域的应用呈现出广阔的前景，其不仅能够为文物的呈现带来全新的形式，还可以实现对文物的虚拟展示，使观众能以更为便捷和丰富的方式与文化遗产进行互动。如何在实践中合理而有效地运用数字化技术是一个值得思考的问题。首先，数字化展陈可能会影响观众体验。尽管数字化技术可以提供更多元的展示方式，但过度的技术应用可能会增加观众与展品之间的距离感，削弱观众的沉浸感。其次，技术更新换代较快，需要持续的投入和维护。再次，数字化展陈还可能加剧文化数字鸿沟，因为并非所有观众都能够轻松访问和操作数字化设备，导致部分人群无法拥有同等的文化体验。最后，数字化技术的应用也可能改变人们的文化价值观。在数字化展示中，某些文物可能因其视觉效果而得到人们的过分关注，而其他不是很引人注目的重要文物可能被忽略，从而影响文化遗产的全面性和多样性传达。

（五）人才问题

当涉及现代博物馆的文物保护与安全管理时，人才就显得尤为重要。文物保护的成功实施依赖专业人才队伍，其中包括文物修复师、环境监测人员等。当前文物保护面临的一个难题是人才储备的不足，这一现象的出现有多方面的原因。首先，这些领域对专业知识、技能和经验的要求较高，而这种高度专业化的要求在一定程度上限制了人才的数量。其次，文物保护与安全管理领域的发展相对较为先进，而相关的学科体系和培训机构尚未完全发展成熟，导致供给端不足。再次，文物保护往往需要经过长期的学习和实践，很难在短时间内取得成果。最后，由于文物的珍贵性和脆弱性，招聘人才不仅需要考虑其专业背景，还需要重视候选人的道德伦理、责任感和文化情怀。

三、优化现代博物馆文物保护技术与安全管理的策略

（一）应用数字化技术

数字化技术的快速发展正在深刻地影响着博物馆领域，尤其是在文物保护与展示方面。虚拟现实、增强现实等技术的应用正逐渐成为现代博物馆文物保护的一大亮点。这些技术的引入不仅可以为观众提供更丰富的参观体验，还可以有效减少实际展陈对文物造成的损害，在一定程度上提高了文物的安全性。

虚拟现实技术通过高度逼真的虚拟环境，使观众身临其境地感受历史文化，深入了解文物的背景。例如，在烟台市福山区王懿荣纪念馆，观众可以利用虚拟现实技术穿越时空，近距离地欣赏他的著作和遗物。这种沉浸式的体验能让观众更深入地了解文物的历史价值，同时也避免了频繁的实物展陈对文物造成的损害。

增强现实技术则将虚拟元素与真实场景相结合，创造出一个交互性强、信息丰富的展示环境。在王懿荣纪念馆中，利用增强现实技术，观众通过手机或平板电脑等设备对文物进行扫描，即可查看文物的虚拟还原图像，甚至还可以与虚拟文物进行互动。这种技术的应用不仅提高了观众的参与感，还避免了文物长时间的直接暴露，降低了文物受损的风险。

数字化技术应用也面临着一系列挑战。首先，技术的应用与维护需要一定的成本，有的博物馆可能会面临经费不足等问题。其次，虚拟体验虽然丰富，但也不可避免地会影响观众与真实文物的直接互动，因此在应用技术的过程中，需要注重二者的平衡。最后，技术的快速迭代也要求博物馆要不断学习新技术，以保持展陈的吸引力和新鲜感。

（二）环境监测与调控

在现代博物馆中，环境控制是文物保护的重要环节之一。恒定的环境条件可以减少文物受损的风险，确保其能够得以永久保存。为了实现这一目标，博物馆要建立精确的环境监测系统，并通过智能调控系统维持恒定环境。在烟台市福山区王懿荣纪念馆中，环境监测系统的作用至关重要。通过在展厅内部布置传感器，可以实时监测馆内温度、湿度、光照等的变化。对这些数据进行采集，不仅可以帮助馆方了解展厅内的环境状况，而且还能够提前预警并采取措施应对潜在的问题。例如，当湿度超过安全范围时，系统会进行提示以引起工作人员的注意。

智能调控系统的运用更是环境控制的一大进步。在过去，环境的调整需要人工进行干预，但其精准性和及时性不能得到保障。而应用现代技术可以使其实现自动调控，确保环境参数的稳定。比如，当温度升高时，系统可以自动调节空调温度，使展厅的温度处于合适的范围内。这样的智能调控系统不仅可以减少人为操作的失误，还可以提高环境控制效率。

不同的文物对环境条件有不同的要求，因此在环境监测与调控过程中，需要针对不同的文物制定不同的环境控制策略。环境监测设备的维护与管理也需要投入人力和物力。在引入新技术时，也需要对工作人员进行培训，以保证其可以正确使用和操控设备。

科技的发展为博物馆文物保护带来了新的希望。通过建立精确的环境监测系统和智能调控系统，博物馆可以更好地保护文物。这种精细化的管理方式不仅可以延长文物的寿命，还可以提高博物馆的声誉和吸引力，吸引更多观众前来参观。

（三）应急预案建设

博物馆作为文化遗产的守护者，不仅承载着历史的厚重，也面临着各种潜在的风险。火灾、盗窃等突发事件可能会对文物造成严重损害，因此，建立完善的应急预案是保护文化遗产的重要策略。

应急预案的建设需要对各种潜在风险进行全面分析和评估。火灾、水灾、地震等自然灾害，以及盗窃、恶意破坏等因素都可能对文物造成威胁。因此，博物馆需要对可能发生的情况进行专业的风险评估，为每种情况制定相应的预案。预案中应包含清晰的处置流程和责任分工。在危机事件发生时，能够迅速而有序地展开行动，防止事态扩大。例如，面对火灾时，预案中应明确灭火器材的位置、人员的撤离路线、博物馆内部与外部合作单位的联系方式等。而对于盗窃风险，预案中则需要包括采用安保措施，监控设备的应用等内容。此外，应急预案还需要定期进行演练和更新。只有通过实际演练，才能发现其中可能存在的问题，并及时进行改进。随着时间的推移，博物馆内的文物陈列和展览布局可能会发生变化，预案也需要根据这些变化进行相应的更新和调整。

预案的设置需要专业的知识和经验。应急预案的制定需要投入大量人力和物力，博物馆可能需要额外的预算来支持这项工作。此外，预案的有效性也需要长期的检验和验证，需要进行多次演练才能提供借鉴。

（四）展览策略优化

博物馆作为文化遗产的保护者，承担着对其进行保护与展示的重任。而展览策略的优化则是确保文物安全的一项关键举措。合理规划展览场次是展览策略的核心之一。博物馆所展示的文物往往是有限的，因此在安排展览时，需要根据文物的特点和价值，选出合适的文物进行展出。同时，将展览内容与主题相结合，使观众能够更加深入地了解文物背后的历史和故事。例如，在王懿荣纪念馆中，通过结合王懿荣的生平、著作、爱国主义情怀等，对不同展厅进行主题划分，以呈现出一个完整的故事线，引发观众的共鸣。

控制展览频率也是优化展览策略的重要环节。频繁的展览可能导致文物长时间暴露在外部环境中，增加了文物受损的风险。因此，在安排展览时需要合理控制展览的时长和频率，避免文物长时间暴露。此外，适当地轮换展品不仅可以保护文物，还能够引起观众的兴趣，增加展览的新鲜感。

在展览策略优化的过程中，也需要克服一些困难。展览的策划与执行需要时间和精力，需要博物馆内部专业团队的精心策划。展览内容的选择需要综合考虑文物的历史价值、观众的需求等多种因素，确保每次展览都能够取得较好的效果。此外，展览策略的优化也需要与博物馆整体的发展方向相匹配，符合博物馆的定位和宗旨。在展览策略优化的背后，是博物馆对文物保护的深刻思考和坚定决心。通过合理规划展览场次，控制展览频率，可以减少文物的暴露时间，保护其完整性。在未来，随着博物馆技术的不断创新，展览策略也将不断优化和拓展，为观众带来更丰富、深入的文化体验。

（五）人才培养

博物馆中的文物保护涉及多个领域，如文物修复、环境监测、安全管理等。因此，拥有相关专业知识和技能的人才是文物保护的基础。烟台市福山区王懿荣纪念馆可以与相关高校合作，开设与文物保护相关的专业课程，培养更多的专业人才。这些人才可以通过系统地学习和实践，掌握文物保护的核心技术和方法，为博物馆的文物保护工作提供智力支持。

除了本土培养，引进人才也是博物馆提升文物保护水平的一种途径。博物馆可以通过招聘或合作的方式吸引国内外专业人才，这些富有经验的人员可以为博物馆文物保护工作带来新的思路和方法，推动文物保护技术的创新。例如，引进国际先进的文物保护技术和管理理念，可以帮助博物馆更好地应对各种挑战。

在人才培养和引进的过程中，需要投入一定的成本，包括培训费用、薪酬待遇等。博物馆需要在合理的范围内进行投入，确保人才的培养和引进能够取得实质性效果。跨领域人才培养也需要一定的时间和资源，需要博物馆与相关高校、研究机构等进行深入的合作。

人才培养不仅仅是提升博物馆文物保护水平的一种手段，更是博物馆事业可持续发展的保障。烟台市福山区王懿荣纪念馆通过加强人才培养与引进，可以培养出更多的专业人才，提升博物馆文物保护与管理水平。这些人才将成为博物馆的宝贵财富，为文物的长久保存和传承源源不断地注入动力。

四、博物馆文物保护与安全管理的发展趋势

（一）技术的应用与创新化

随着科技的不断发展，现代博物馆文物保护与安全管理也必须与时俱进，加强对技术的应用和创新。一方面，通过先进的科学技术，对文物进行更加精确和准确的分析和测试，以便保护文物的材料和结构；另一方面，利用现代技术手段，对博物馆的文物进行数字化保护，通过三维扫描、虚拟现实等技术手段，将文物变成数字模型，使文物可以在网络上广泛传播和展示，从而加深人们对文物的认知和了解。

在文物保护方面，纳米技术、激光技术、红外技术等的应用，可以对文物进行更为精确和细致的保护。比如，可以利用纳米技术来开发新型的文物修复材料，使其更加环保、耐用和透明，减少对文物的损伤；利用激光技术可以对文物进行精确的清洁和打磨，保持文物原始的质感和色彩；通过红外技术，可以对文物的内部结构进行非侵入性的观测，避免对文物造成二次伤害。

在安全管理方面，随着智能技术的快速发展，博物馆可以利用无人机、智能安防设备等技术手段，进行文物保护和安全管理。无人机可以对博物馆周边进行巡视，监测是否有破坏文物的行为；智能安防设备可以实时监控博物馆内的安全情况，包括火灾、水灾等意外情况的预警和处理。同时，博物馆还可以利用人工智能技术进行安全分析和预测，通过数据分析和模型预测，提前发现潜在的安全隐患，采取相应的措施。比如，可以通过人工智能算法对大量的监控数据进行分析，识别出异常行为，并及时报警。

（二）国际与国内合作

现代博物馆文物保护与安全管理发展的另一个趋势，是加强国际与国内合作。文物的保护是一个全球性的问题，需要各国共同努力和合作。国际合作可以通过共享技术、共同开展科研项目、展览交流等方式来加强。比如，可以通过国际组织和机构的协助，共同研究新的文物保护技术和方法，共同解决文物保护面临的问题。同时，博物馆之间也可以开展展览交流活动，借鉴其他国家和博物馆的经验与做法，提高自身的文物保护能力。在国内，博物馆之间也需要加强合作与交流，可以通过建立博物馆联盟或其他形式的组织，共同研究和保护重要的文物资源。同时，各级政府也应加大对博物馆的支持和投入力度，提供必要的财政和人力资源。只有形成全社会的共识和共同努力，我们才能更好地保护和传承文物。

（三）文物保护意识的提高

在现代社会中，人们对文化遗产的认知和价值观逐渐发生改变，越来越多的人开始认识到保护文物的重要性。这种文物保护意识的提高不仅体现在专业人士中，还反映在普通民众中。随着文化教育的普及和社会媒体的发展，公众对文物的关注度增加，对文物保护的认识也逐渐加深。公众对文物保护意识的提高，将进一步推动政府和相关机构提高对文物保护的投入和关注度，并促使博物馆增强文物保护与安全管理的能力。文物保护意识的提高还促使博物馆采取更加积极主动的措施来保护文物。博物馆会加强对文物的定期检测和鉴定，及时发现文物损坏、腐蚀或损失等情况，并采取相应的修复和保护措施。

（四）可持续发展的观念

在文物保护与安全管理中，可持续发展的观念也逐渐被引入和应用。可持续发展是指在满足当前需求的同时，也要保护和满足未来世代的需求，确保资源的可持续利用和保护。在文物保护中，可持续发展的观念主要体现在三个方面：

首先，博物馆应注重文物保护的长期性和可持续性。为了保护文物，博物馆会采取一系列的措施，包括文物的温湿度控制、灯光照明控制、通风环境控制等，以保持文物的保存状态。同时，博物馆还将文物保护纳入博物馆长远发展规划中，确保文物保护工作的持续性。其次，博物馆应注重可持续发展与文物保护之间的平衡。博物馆在发展的过程中要兼顾文物保护和展览宣传等功能的需求，通过合理的资源管理和使用，确保文物保护与展览展示之间的平衡。博物馆应定期展开资源评估和规划，并建立科学的资源配置机制，以确保文物保护工作的可持续发展。最后，博物馆应注重社会、环境和经济的可持续发展。文物保护要在社会可接受的范围内进行，确保社会的长期稳定与和谐发展。博物馆应注重与社会和谐共处，加强与社区和公众的互动和合作，共同推动文物保护与可持续发展。同时，博物馆还要注重环境保护，采取可持续的环保措施，减少对环境的污染和破坏。此外，博物馆也要注重经济的可持续发展，通过文物的研究和相关产业的开展，实现文物保护与经济效益的双赢。

（五）全员参与与伦理道德意识的强化

现代博物馆文物保护与安全管理的发展趋势，还包括全员参与和伦理道德意识的强化。文物保护不仅仅是专业人士的责任，每个博物馆工作人员都应对文物保护与安全管理负有责任。全员参与的理念强调博物馆内部各个部门之间的密切合作与沟通，以确保对文物的全面保护。

全员参与意味着博物馆各个部门要深入了解文物保护的重要性，不仅要承担好各自的职责，还要积极参与到文物保护与安全管理的工作中。例如，展览策划部门要在展览设计中充分考虑文物保护和安全要求，确保文物在展览期间不会遭受破坏或损失；教育部门要加强对参观者的宣传教育，提醒他们爱护文物并遵守博物馆的规定；讲解员要加强对参观者的引导与监管，防止参观者对文物触摸、摄影或其他不适当的行为。伦理道德意识的强化是全员参与的基础。博物馆工作人员应具备高度的伦理道德意识，遵循道德规范，不违背职业操守，不做损害文物的行为。伦理道德意识的强化也需要教育和培训的支持。博物馆应加强对工作人员的伦理道德教育和培训，增强他们对文物保护与安全管理的敏感性和责任感。此外，全员参与还包括与相关机构、社区的合作及公众的参与。博物馆需要与相关的文物保护机构、学术研究机构、社区以及公众建立良好的合作关系，共同参与文物保护与安全管理的工作。相关机构和公众的参与将带来更多的专业知识、资源和支持，这有助于提高文物保护与安全管理的水平。

第二节 三维激光扫描技术在文物保护中的应用

一、三维扫描技术概述

（一）三维扫描技术原理

在文物保护中应用三维扫描技术，其基本原理是利用激光测距技术，并结合动态测量系统，实现数据的采集和建模再现。这里的仪器既包括激光扫描仪，又包括与之相关的组合测量装置、相机、传感器以及安装有专业数据处理软件的计算机等。

三维扫描技术的基本原理是，激光扫描仪向文物射出激光脉冲，在其表面产生漫反射，反射的光束由专业的观测设备采集，通过计算两者的时间差，求得扫描仪到物体的距离。借助专业的数据处理软件，应用测角系统和三角高程原理，得到扫描对象的激光反射强度和三维坐标，进而建立起三维几何模型。最终通过色彩和纹理贴图，呈现出更加真实、生动的文物模型。

（二）三维扫描核心设备

作为三维扫描技术的核心设备，三维激光扫描仪按照扫描空间和搭载方式的不同，大体分为固定式、手持式、机载式和车载式等；按照测序原理的不同，又可分为光学三角测量、脉冲式、相位差式等。其中脉冲式激光扫描出现的时间最早，测量范围在几百至几千米之间，但是精度较低，只能达到厘米级；相位差式三维扫描仪可以扫描距离几十米的物体，精度较高，可达毫米级；光学三角测量仪使用三角几何关系进行测量，距离最近，精度最高达到亚毫米级。

二、三维扫描技术在文物保护中的重要性

随着计算机和制图技术的发展，现有的制图技术可用于文物保护，满足特殊的制图需求。不同的文物古迹，其制图方法也不同，我们应根据不同的文物特点，制定不同的制图方案。我们可以运用新的测绘技术、新设备、新方法，对复杂和不规则文物进行保护，充分发挥现代测绘的新功能。如卫星遥感、航空摄影测量、近场摄影测量、三维激光扫描技术等，正在逐步取代传统的文物测绘方法。我们可以结合遥感影像技术，进入文物测绘领域，进行数字测绘，为文物保护提供优质服务。与传统制图方法相比，现代制图技术在文物保护和考古研究中具有明显优势。利用GNSS（全球导航卫星系统）技术对文物古迹进行定位，具有传统制图、无视场、无观测时间、全天候作业等优点。利用RS（遥感影像）技术可迅速获得目标区域的图像数据，大部分工作可转移到室内，劳动强度低，工作效率高，其测量结果的准确性大大提高。运用GIS（地理信息系统）技术对数据库中的文物信息进行管理，实现文物信息数据的查询、统计、分析，使文物管理真正实现数字化、智能化。对于古代建筑来说，传统的制图方法精度不高，我们只能通过建筑的平面、立面、剖面、轮廓、影像等获得建筑的三维平面图，而三维激光扫描技术不仅能获得建筑物的三维平面图，还能获得建筑物的点云数据和纹理信息，包括传统设备难以获得的细节和材料。

三、三维扫描技术在文物保护中的应用现状

（一）三维扫描技术优势

1. 利用三维扫描可以实现单点采集向批量采集的转化

一方面，单点式采集不可避免地存在抗干扰能力弱、误差大、工期长、效率低等缺陷。在文物的测绘和保护过程中，工作人员需要开展大量高精度活动，这也导致了传统的单点式采集与文物保护需求之间的矛盾。传统的测绘方式难以得到精确数据，这进而导致后期数据处理的误差，影响了文物考察和保护工作。另一方面，受采集模式的限制，单点式采集无法实现多角度数据的精准对比，难以建立可信的高精度三维立体模型。

文物中存在大量体积巨大、难以移动的建筑类文物，依靠传统的测量方式，我们难以得到全面精准的数据，从而无法反映建筑物外围的空间关系。与此同时，作为一种难以移动的文物，建筑物的测绘只能在室外进行，受到外界条件的制约较多。引入三维扫描技术后，我们可实现批量式、连续性的数据采集，采集周期短，效率高，数据密度大，抗外界干扰能力强。三维扫描技术更加贴合文物的实际情况，保证了最终成果与文物实体的一致性。

2. 利用三维扫描可以实现外业测量向内业测量的转化

大型雕塑和大型建筑往往都需要较多的人力投入室外测量工作，测量工作量大、误差大。同时，在攀爬和搭建脚手架的过程中，不仅存在一定的危险性，还可能对文物的完整性造成损害。南方的梅雨季节和西北的风沙环境都可能影响测绘进度，进而影响工期。利用三维扫描技术，我们可以实现高密度的测绘工作，结合计算机处理得到同比例的测量模型，实现了测量工作的内业化，大大改善了测量的工作环境，降低了工作强度。

（二）三维扫描技术的国内外应用现状

20世纪60年代，激光技术问世。随着激光技术的不断成熟，三维激光扫描技术逐渐应用于建筑、采矿、医学等诸多领域。美国、法国、瑞士等诸多海外国家均成立了规模较大的三维激光扫描系统研发企业，在三维扫描技术的原理研究和关键设备生产中形成优势。三维激光扫描技术在20世纪欧美国家中率先投入使用，相对的研究也更加深入，在文物保护领域的应用案例更多。较为知名的项目是美国2003年数字化米开朗琪罗项目，华盛顿大学和斯坦福大学选取了10件著名的雕像进行扫描，得到了2亿个面片及海量的照片，成功对上述雕像进行了三维复原。德国汉堡大学于2004年使用激光扫描技术，对两座大厅进行了全方位的扫描，得到数字化二维平面布局和三维模型。2015年，有学者对拉斯卡萨斯（Las Cuevas）遗址进行了三

维扫描，重点探讨了相移变化。2016年，国外学者利用三维扫描技术对瑞士高山地区的石版画进行了侵蚀研究。

在数字化文物保护的浪潮下，国内众多的文物保护团体和文物保护单位也纷纷采用三维扫描技术。故宫博物院与日本某单位合作，建立了故宫数字模型，并结合虚拟现实技术和三维扫描技术，构建了故宫建筑群数据库。2007年，秦始皇兵马俑博物馆运用三维扫描技术，对2号坑进行了数字建模。首都博物馆借助成立的文物保护分析实验室，对馆藏的100余件文物进行了三维扫描和数字建模。2010年，国家"指南针计划"使用三维激光扫描和传统手绘相结合的技术，对北京先农坛太岁殿整体结构和彩色装饰等进行三维数字化重现。

四、三维扫描技术在文物保护中的应用方式

（一）采集和预处理扫描数据

三维扫描的技术被应用在各行各业中，它的主要优势就是高密度测绘，尤其是在我国文物保护的领域中，三维扫描技术不仅仅突破了传统的绘制测量带来的局限性，还展现出了三维扫描技术的广泛应用以及发展空间，并且对传统的测绘方式进行了改革与创新。另外，三维扫描技术运用三维激光点对采集的云数据进行高精确度的记录、上传和运算，给我国的文物保护工作带来了很大便利。应用三维扫描技术保护文物，首先要应用激光扫描来对点云数据进行收集。在实践工作中，为了保证数据的准确性，我们需要对数据进行多次采集。因此，应结合具体的扫描引导规则选择恰当的扫描分辨率，以保证采集内容具有准确的意义；然后根据扫描数据的格式，对采集数据进行预处理。其主要任务是，在统一坐标系中生成点云数据的工程坐标。对相对应的点进行详细的分析和拼接，旨在为文物保护研究创造良好的框架条件。

（二）基于数据文件修改模型

利用三维扫描技术测量文物数据，可以比较色彩特征和设计方向，从而确保文物研究的发展处于稳定状态。通过定期观察，对比异常数据，找出文物修复保存的关键，及时采取措施，延长文物的使用寿命。同时，文物研究人员应建立网络数据库，使文物具有视觉形象。此外，各地区文物工作者应建立在线交流平台，避免外部客观时间和空间的限制，实现无障碍交流。

（三）绘制二维数字线画面

二维数字线画图作为保护工程领域中的一种通用语言，被用于相关工作。简而言之，绘制图表时，数据主要是从不同角度扫描点云，并结合后一步工作图，为文

物测绘提供参考。建立一套制度，可为修复方案及其具体实施、监测点的制定提供便利条件。通过二维数字地图的制作，不仅要整合所制图对象的长、宽、高数据，还要对当地文物进行测量，将三维扫描技术应用于二维数字线图中，确保校对资料的正确性和完整性。

第三节 超声波技术在文物保护中的应用

一、超声波技术概述

（一）超声波技术原理

超声波指频率高于人听到的20 kHz的声波，其频率一般在20 kHz至1 GHz之间。超声波技术是利用超声波在物体中的传播和反射规律进行探测和测试的一种技术。超声波在物质中的传播速度是固定的，而不同材质的密度、弹性和类别影响了声波在物质中传播的时间、强度、方向和反射信号等。基于这些变化，可以利用超声波技术测量出物体的材料弹性、厚度、尺寸等物理参数。

（二）超声波技术的具体应用

首先，超声波清洗技术是一种重要的应用方式。这种技术以弱酸化水为媒介，通过超声波将文物表面的污垢离解分散到弱酸化水中，并通过不断更换媒介液体达到无损清洗的目的。这种方法特别适用于纺织品文物的清洗，清洗后不仅直观效果好，而且不会损害脆弱的织料。

其次，超声波检测技术在文物保护中也发挥了重要作用。这种技术能够探测文物内部的结构和组成，特别是对陶瓷文物、石质文物等非金属文物的检测效果非常好。它可以帮助我们了解文物内部的裂缝、缺陷和损伤等问题，为后续的修复和保护工作提供重要的参考信息。

此外，超声波技术还可以与其他科技手段结合使用，如数字化保存技术和传统文物保护方式的融合。这种融合可以进一步提高文物无损检测的效率和准确性，有助于我们更好地保护和研究文物。

总的来说，超声波技术在文物保护领域中的应用是多样化和综合性的，它不仅提高了文物保护的效率和准确性，也为我们更深入地了解和研究文物提供了有力的技术支持。随着科技的不断发展，我们相信超声波技术在文物保护领域的应用将会更加广泛和深入。

二、超声波技术在文物保护领域的应用

超声波技术作为一种非破坏性的检测技术，在文物保护领域的应用范围很广，能够进行文物的材料鉴定、缺陷检测、结构分析、修复评估、腐蚀检测等工作。以下为具体应用研究进展：

（一）文物材料鉴定

文物残存部分的材料鉴定对文物保存及文物研究具有重要意义。超声波技术可以测量材料的密度、弹性等因素，通过与已知材料的声速数据进行对比，对文物材料进行鉴定。文物的材料通常包括金属、陶瓷、石材、玻璃、木材等。以罗马时期的银器为例，超声波技术应用可以帮助检测银器的材质和制造工艺，从而进行文物鉴定和分类。

（二）文物缺陷检测

文物长时间的保存、运输、展示等环节，可能会导致文物内部或表面出现缺陷或损坏。常规的检测方法往往需要破坏文物的完整性，而超声波技术可以在不损坏文物的情况下进行非侵入式的检测。以玉器为例，超声波技术可以检测玉器的内部构造、表面缺陷和裂纹等问题，为文物保护提供了全面的检测手段。

（三）文物结构分析

文物结构分析是为了深入了解文物的制作工艺和技术特点，了解文化遗产蕴含的历史价值。超声波技术可以帮助测量文物内部结构的复杂程度和制作工艺，表面几何形状变化等。应用在壁画、青铜器、石雕等文物上，可以识别几何形状、结构变化，分析纹饰和修复文物，并对其原始制作工艺进行研究，挖掘文物蕴藏的文化价值。

（四）文物修复评估

文物修复评估是文物保护工作中的一个重要方面，通过对文物的损坏程度和修复风险评估，指导文物修复，提高修复效率和保护效果。超声波技术可以检测文物内部和外表面之间的特性变化，以及文物材料的密度、硬度和结构等信息，从而对文物损伤情况进行评估和判断，确保文物修复的质量和效果。

第四节 数字化技术在文物保护工作中的应用

一、博物馆应用数字化技术的意义

（一）数字化存储文物的历史信息

所有文物均蕴藏着丰富的历史与文化背景，极其宝贵。虽然当前我国开发与运用了诸多现代化的保护技术，但在时间的侵袭下，部分文物依然受到了外部因素的影响，出现了损坏的情况，这使得博物馆在保护文物中需要投入诸多资源和精力。借助数字化技术的三维扫描功能扫描文物，我们可以迅速、准确地收集和整理与之存在联系的历史信息，然后永久性存储，以便于后续检索调用。

（二）拓宽文物展览范畴

一些游客受交通不便、时间不允许等因素的影响，难以到博物馆中观赏各类历史文物。所以，博物馆管理人员需采取适宜的方式让展品展览空间得到拓宽。现阶段，通过数字化技术对文物相关信息进行整理，属于最为有效的方式之一，凭借互联网、新媒体等，向人们提供线上展览服务，进而消除了时间与空间的限制，以便自由观赏难以移动的各类文物。

（三）加强馆际的文物资源共享

要想加强文物资源的共享，开展各种主题的文物展览活动，需要各个博物馆积极地进行合作。以前，博物馆之间在文物借用的过程中，需要先向上级汇报和等待审批，手续较为繁琐，导致大量时间与精力被浪费。同时，一些文物的价值很高，为了确保文物安全，禁止外借展览。通过数字化技术的方式，能够完整收录与文物存在联系的信息，然后上传到相应数据库中，其中还包括照片与视频等，有利于合作博物馆之间的共享展示。在数字化技术的推动下，我们还能夯实建设智能化博物馆的基础。另外，博物馆的职能之一是向人们提供文化指导与服务。近年来，国家逐渐提高了对博物馆发展的重视。基于此，博物馆应不断提高服务质量，朝着智能化的方向发展，积极引入各类数字化技术，确保在保护文物的过程中，让人们能够更好地观赏与了解文物。

二、馆藏文物数字化保护的现状

随着文物展览技术、博物馆管理技术、教育技术、保护修复技术的不断发展，博物馆运营正在朝着现代化的方向推进。微信公众号、云资源、VR等软件的开发和应用，让博物馆能够通过不同形式出现在人们的眼前。各类新技术、新软件的支持，奠定了数字博物馆发展的基础。现阶段，全国共有上千家博物馆通过网站、微信公众号等渠道，组织了在线文物展览，并安排专人值守，确保闭馆期间也能够服务到位，进而利用互联网让人们了解博物馆文物文化，同时感受人文关怀。与此同时，各个博物馆还和社会力量加大了合作力度，积极对文化传播方式进行创新。比如，广东省文物局和腾讯公司合作，共同打造了"广东文博智慧导览"小程序；四川省文物局和教育部相互配合，对"天府文化青少年互动教育系统"中的内容进行了丰富。另外，百度、网易、新浪等各大互联网公司，均和博物馆之间建立了合作关系，让文物"活"起来，赋予其"生命"。运用数字化技术开展博物馆文物保护工作，让历史文化遗产得到了更好的保存。就人民群众而言，博物馆中收藏的文物存在单调乏味的情况，怎样将这些文物蕴含的历史信息变成人们感兴趣的文化信息，值得博物馆从业人员深入探究和努力，让历史文化得到传承与弘扬。

三、数字化技术在博物馆文物保护工作中的应用价值

（一）环境监测与控制

数字化技术在环境监测与控制方面的运用优势明显。考虑到温度、湿度、光照和空气质量等环境因素对文物保存的影响，数字化传感器和监控系统的应用就显得至关重要。例如，博物馆可利用数字化传感器实时监测和记录环境数据，相比传统手动记录，这种方式提供了更精确的环境参数变化趋势，使得博物馆能够更科学地进行环境调控。此外，博物馆还采用了智能控制系统，该系统能根据收集到的数据自动调整环境条件，为文物的保存提供持续的、良好的环境。

（二）数字化修复技术

数字化修复技术通过高精度的三维扫描和数字成像技术，能够详细记录文物的形态、纹理和颜色等信息，这在传统修复工作中是难以做到的。例如，博物馆修复人员可以通过对三维扫描数据的分析，精确了解文物损伤的深度和范围，从而制定更准确的修复方案。此外，修复过程中的每一个步骤都可以被详细记录下来，使得修复工作的透明度和可追溯性大大提升。在一些无法实际修复或修复风险较高的情况下，数字化修复技术还可以通过模拟修复效果或创建高质量的虚拟复原，保护和传承文物。

（三）数字化档案与信息管理

数字化技术可以帮助博物馆将文物的所有相关信息，包括文字、图片、音频和视频等集中管理和储存。例如，博物馆可利用先进的大数据技术，对大量文物信息进行深度挖掘和智能管理，以帮助管理者更高效地进行文物管理和决策。同时，数

字化技术也提升了博物馆之间资源的共享效率，促进了博物馆的合作，使文物保护和研究的影响力得以扩大。

（四）科学研究与保护技术创新

数字化技术的应用，使得博物馆有了对文物进行更深入研究的可能。以某博物馆使用光谱分析技术为例，该技术可以用于测量文物的材质成分，通过对测量结果的分析，可以推断出文物的制作工艺、年代以及来源地等信息。在实践中，该博物馆就曾使用光谱分析技术对某陶器釉色进行分析，结果揭示了其独特的制作工艺，对其历史价值的解读提供了重要线索。此外，数字化技术还能够与现代材料科学、生物科学等领域相结合。比如，一些博物馆正在研发利用纳米材料对文物进行保护的新方法，这些都离不开大数据分析技术的支持。

（五）文物的数字化建模、修复与再现

逆向工程技术的应用使文物的数字化建模、修复与再现成为可能。某博物馆利用逆向工程技术对一座古代石刻进行激光扫描，成功地建立了其高精度的三维模型。该模型不仅为石刻的保护和修复提供了依据，而且为研究者提供了更多的研究视角，为公众提供了新的欣赏体验。在文物修复与再现方面，逆向工程技术也发挥了重要作用。例如，针对一件古代木雕进行数字化建模后，修复人员则可根据模型精确地定位受损部位，制定最适合的修复方案，这无疑提升了修复工作的效果。

（六）虚拟展示与教育推广

通过利用虚拟现实（VR）、增强现实（AR）等技术，博物馆可以为观众呈现更为生动和沉浸式的展览体验。在疫情等特殊情况下，数字化技术还可以帮助博物馆实现线上展览，满足公众的文化需求。同时，数字化技术为博物馆教育推广提供了新的途径。通过在线课程、互动游戏等形式，博物馆可以将文物保护知识传播给更广泛的受众。以洛阳周公庙博物馆定鼎堂壁画复活展示（增强现实）项目为例，项目以 AR 技术为基础，将殿内壁画"牧野之战""金縢藏册""周公辅成王""东征平叛""分封诸侯""营建洛邑""制礼作乐"进行动态展示。在应用 AR 技术之前，游客只能通过静态的展板和文字解说来了解这些壁画和周公的历史故事。然而，AR 技术的应用，使得游客可以通过高清晰度的 AR 眼镜沉浸式体验不同的历史场景，从而更深入地了解周公的生平与事迹，领略周公这一至圣先贤的丰功茂德。这一改变不仅提高了游客的参观体验，也使得博物馆能够更有效地传播文物保护知识和历史文化。

四、数字化技术用于博物馆文物保护的实施路径和策略

（一）结合当地实际情况实施博物馆文物保护工作

我国人口基数较为庞大，无法全面满足国民文化需求，各博物馆在探索和寻求怎样借助新时代的科技优势提升人们对博物馆馆藏观看需求，真正满足国民的文化需求。现如今，我国的博物馆均积极选择不同数字化技术，创建适当规模的文物模型，实施文物数据的收集，并提倡民众借助互联网的形式，通过视频播放更多自己感兴趣的文物内容，避免在参观相关文物时发生压力过大、过重的现象，提升观众对文物的需求，并带给所有观众以文化和精神上的满足。在借助数字化技术实施文物保护时，需要结合当地发展的实际状况。另外，出于对博物馆结构和发展特征等多种内容的考虑，我们应当实施数据库管理，提升博物馆整体管理效果，在文化管理展览保护过程中建立清晰的目录，实施精细化管理。例如江苏省江海博物馆，它是全国唯一江苏首创的全面展示江海文化起源、传承、发展的国有中型省级主题馆。该馆陈设展陈有三个板块：一是江海文化，它相当巧妙地把本地历史和整个江海大地联系起来，并按照时间序列展示了不少从史前到明清的文物展品，尽管它们绝大多数来自海门之外，但有机地把本地历史置于长江下游的历史大环境中；二是著名的民族实业家张謇；三是海门的经济民俗文化等变迁。江苏省江海博物馆全方面地向游客展现了江海大地的人文和地理，特别适合学生了解海门的历史变迁，了解近代第一城，了解近代第一人——张謇。馆外是清新碧绿的江海公园。漫步绿树如茵的小道，感受春天大自然的美景，别有一番情趣。我们可以借助数字化技术对所有的文物保护的内容和资料等进行收集和记录，并把其中的内容复刻下来，以此有效帮助工作人员实现对相关内容的进一步分析，深刻了解蕴含于其中的优秀传统文化内涵。

（二）不断推进数字化建设步伐

为了明显提升对于博物馆文物的保护功效，我们需要在数字化技术条件下，借助 3D 技术、VR 技术等，在不断优化工作方式的基础上，优化江苏省江海博物馆的文物保护工作，同时完善文物保护呈现效果和手段。首先，借助 3D 技术、VR 技术，优化保护效果。巧妙借助 VR 技术，保证观众能够获得情感上的强烈共鸣。其次，借助微信、微博等工具，在构建网络交流平台的基础上，增强观众和博物馆间的互动交流。观众对于某一文物保护交流看法和意见，自由讨论，以此传递给广大观众以文物保护的相关知识。此外，要努力实施江苏省江海博物馆数字化建设工作，构建非物质文物保护数据库。公众基于终端设备，通过点击遗产链接，全面了解博物馆中文物保护图片展示、视频内容、文字介绍等。最好的例子为《国家宝藏》这一

央视大型文博探索节目。它通过央视同湖南省、河南省、上海市、浙江省、辽宁省、湖北省博物馆，以及故宫、南京博物院，陕西历史博物馆等九大国家级重点博物馆合作，推荐了三件镇馆之宝。其中的国宝守护人就是年轻一代比较喜欢的偶像明星，通过创新演绎的舞台形式，深度解读蕴含于文物背后的时代意义和基因密码。上述例子通过科技与现代数字化技术结合，使众多文物活了起来，这促使人们了解到文物的价值，产生的效用显著。

（三）建设品牌化网站

博物馆文物保护具备较佳的艺术、社会和历史价值，但是流传度不高，我们需要在网络信息爆发的时代积极建设品牌化网站。因此，文物保护的数字化博物馆亟需通过对品牌化网站的宣传，推动数字化博物馆的发展。例如：积极开发江苏省江海博物馆APP，建立官方微信公众号和微博账号。把开屏广告投放在微博、知乎等常见APP上，以便人们能够主动了解数字博物馆。同时注意把网站功能转移到APP上，扩大数字博物馆的传播范围。

（四）强化科学研究和技术创新

要重点推进江苏省江海博物馆馆藏文物的文物风险管理理论与方法、劣化机理研究，攻克一批文物保护修复的关键技术，不断去完善抢救性和预防性保护体系，为文物的永久保存和永续利用提供数字化支撑。同时要在馆藏文物环境的监测控制，以及文物保护的基础性工作、无损修复效果的评价等方面，实施标准的宣传贯彻，不断加强标准的制订与修订，高效推动馆藏文物保护的标准化水平。不仅如此，还需加大推动博物馆不断地开放研究资源，进一步吸引和整合高校、科研院所在科学研究和人才培养等方面的优势，共同推动江苏省江海博物馆文物保护能力的提升。

第五节 无损光谱技术在文物保护中的应用进展

无损光谱技术以其非破坏性、高灵敏度和高分辨率的特点，在文物保护领域中的应用日益广泛。这一技术不仅为我们提供了深入了解文物内部结构和化学成分的可能性，而且为文物的保护和修复提供了科学的依据。

一、无损光谱技术的种类及其在文物保护中的应用

（一）X射线荧光光谱法（XRF）

XRF技术以其无损检测、分析速度快、测试准确可靠的特点，在文物保护中发

挥着重要作用。它可以直接分析文物的表面元素组成，从而确定文物的产地、年代和工艺等信息。同时，通过XRF技术的深度剖析，我们还能了解文物内部的元素分布和病害机理。

（二）激光诱导击穿光谱（LIBS）

LIBS技术可以检测XRF无法检测的低原子序数元素，如锂、碳等。这使得LIBS在文物的深度分析和剖面研究中具有独特的优势。通过LIBS技术，我们可以获取文物内部不同层次的元素信息，从而更全面地了解文物的结构和成分。

（三）拉曼光谱（RS）和红外光谱（IR）

这两种技术主要用于分析文物的有机成分。拉曼光谱通过测量分子的振动和转动能量，可以识别文物的有机材料和结构。红外光谱则通过分析分子对红外光的吸收和反射，提供文物的有机成分和化学结构信息。

二、无损光谱技术在文物保护中的优势

（一）非破坏性

无损光谱技术最大的特点在于其非破坏性，这也是该技术得以在文物保护领域广泛应用的重要原因。对于那些珍贵且易损的文物，任何形式的破坏都是不可接受的。无损光谱技术能够在不接触、不破坏文物的前提下，对其进行深入的分析和研究。通过无损光谱技术，研究人员可以获取到文物的化学成分、结构等信息，而不会对文物造成任何损害。这种非破坏性的特性使得无损光谱技术成为文物保护领域不可或缺的重要手段。

（二）高灵敏度与准确性

无损光谱技术具有很高的灵敏度和准确性，能够检测出文物中微量的元素和化合物。在文物保护工作中，我们往往需要了解文物中各种元素的含量和分布，以便更好地了解文物的成分、来源和制造工艺。无损光谱技术通过精确测量文物表面的光谱信息，可以准确地分析出文物中的元素种类和含量，为文物的鉴定和保护提供了有力的支持。这种高灵敏度和准确性的特性，使得无损光谱技术在文物保护领域具有广泛的应用前景。

（三）高分辨率

无损光谱技术通常具有高分辨率的特点，能够提供文物的详细化学信息。通过高分辨率的光谱图像，研究人员可以观察到文物内部的微观结构和成分分布，从而更深入地了解文物的内部结构和元素之间的相互作用。这种高分辨率的特性使得无

损光谱技术在文物保护和修复过程中能够提供更精确的依据，帮助研究人员制定更加科学合理的保护方案。

（四）快速分析

与传统的破坏性分析方法相比，无损光谱技术的分析速度更快。传统的破坏性分析方法往往需要破坏文物的一部分或全部，不仅耗时耗力，而且无法对文物进行实时分析。而无损光谱技术可以在短时间内对文物进行快速分析，获取到大量数据。这使得研究人员能够在较短的时间内对文物进行初步鉴定和评估，为文物的快速鉴定和应急保护提供了可能。

（五）适用于多种材质

无损光谱技术适用于多种材质的文物，包括金属、陶瓷、玻璃、纺织品等。这使得该技术具有广泛的适用性，能够满足不同类型文物的保护需求。无论是金属文物的腐蚀程度检测，还是陶瓷文物的成分分析，抑或是纺织品文物的染料分析，无损光谱技术都能够提供有效的解决方案。这种广泛的适用性，使得无损光谱技术在文物保护领域具有广泛的应用前景。

综上所述，无损光谱技术在文物保护中具有非破坏性、高灵敏度与准确性、高分辨率、快速分析以及适用于多种材质等显著优势。这些优势使得无损光谱技术成为文物保护领域不可或缺的重要手段，为文物的保护和修复提供了有力的技术支持。随着技术的不断发展和完善，相信无损光谱技术在文物保护领域的应用将会更加广泛和深入。

三、无损光谱技术在文物保护中面临的挑战与未来展望

（一）无损光谱技术在文物保护中面临的挑战

1. 技术局限性

尽管无损光谱技术在文物保护领域已经取得了显著的进展，但某些特定的文物材质或结构可能仍难以通过无损光谱技术进行精确分析。例如，对于某些复杂的有机物或混合材料，无损光谱技术的分析可能受到干扰，导致结果不够准确。

2. 设备成本与维护

无损光谱技术通常需要高精度的仪器设备和专业的操作人员，这使得设备的购置和维护成本相对较高。对于一些资金和资源有限的文物保护机构来说，可能难以承担这样的成本。

3. 数据分析与解释

无损光谱技术产生的数据通常需要经过专业的分析和解释，才能得出有意义的

结论。这要求操作人员具备较高的专业知识和技能，否则可能导致数据的误读或误用。

4. 标准化与规范

目前，无损光谱技术在文物保护领域的应用还缺乏统一的标准和规范。不同的研究机构和人员可能采用不同的方法和参数进行分析，导致结果难以比较和验证。

（二）无损光谱技术在文物保护中的未来展望

1. 技术突破与创新

随着科学技术的不断进步，相信未来会有更多的无损光谱技术被开发出来，以克服现有技术的局限性。例如，通过改进仪器的设计和性能，提高分析的灵敏度和准确性；通过开发新的算法和数据处理方法，提高数据分析和解释的效率及准确性。

2. 降低成本与普及化

随着无损光谱技术的不断发展和成熟，相信设备的制造成本会逐渐降低，使得更多的文物保护机构能够购买和使用这些设备。同时，随着技术的普及和推广，更多的专业人员将掌握无损光谱技术的操作技能，为文物保护工作提供有力支持。

3. 标准化与规范化

随着无损光谱技术在文物保护领域的应用越来越广泛，相信未来会有更多的标准化和规范化工作得到推进。通过制定统一的标准和规范，可以确保不同机构和人员在使用无损光谱技术时能够采用相同的方法和参数进行分析，从而提高结果的可比性和可信度。

4. 跨学科合作与交流

文物保护是一个涉及多个学科的综合性工作，无损光谱技术只是其中的一种手段。未来，期待看到更多的跨学科合作与交流，将无损光谱技术与其他技术和方法相结合，共同推动文物保护工作的发展。

综上所述，无损光谱技术在文物保护中虽然面临一些挑战，但随着技术的不断进步和应用的深入推广，相信这些挑战将逐渐得到克服。未来，无损光谱技术将在文物保护领域发挥更加重要的作用，为保护和传承人类文化遗产做出更大的贡献。

第六节 青铜文物保护技术的应用与发展

一、青铜文物的价值

青铜文物在我国有着悠久的历史，目前出土的青铜文物最早距今已有四五千年。青铜文物是中华民族重要的文化遗产，一旦这些历史遗珠受到损害，将会造成不可挽回的损失。

　　青铜文物的主要成分是铜、铅、锡等，并混有其他类型的杂质，其表面呈现青绿的颜色，因此被称为"青铜"。史料显示，青铜器最早起源于6000年前新石器时期的古巴比伦两河流域，我国出土的青铜文物以夏代青铜容器和兵器为最早，它们是中国早期精神文明与传统文化形成的见证者，经过夏、商、周时期，逐渐形成了独具特色的青铜文化。"九鼎"是我国早期青铜器的代表，其寓意是国家统一昌盛，彰显了至高无上的王权，历代帝王也都以"九鼎"为自己权力的象征。目前，我国故宫博物院收藏有大量自商代以来的青铜文物，其中以商周时期的青铜文物最为精美，青铜器文化达到了鼎盛。类型涉及炊器、食器、酒器、水器、乐器、车马饰、铜镜、带钩、兵器、工具和度量衡器等。青铜器的出现代表了世界文明的开启，其中蕴藏着悠久的历史文化。通过对青铜文物的研究，我们可以了解当时社会的政治、经济、文化等状况，其历史价值、科学价值、艺术价值无法估量。我国独具特色的礼乐文明也是在商周时期形成的，其主要代表是1978年出土的曾侯乙编钟，现藏于湖北省博物馆，其铸造技艺精湛，是我国青铜器铸造史上的最高成就。曾侯乙编钟也改写了世界音乐史，其良好的音乐性能被中外相关领域的学者、专家誉为"稀世珍宝"，对世界范围内考古学、历史学、音乐学、科技史等领域产生了深远的影响。现收藏于中国国家博物馆的青铜四羊方尊是商朝晚期青铜祭祀用品，该青铜器采用了块范法浇铸，技艺精湛，集浮雕、圆雕、线雕于一体，形体端庄优雅，被业界人士誉为"臻于极致的青铜典范"。恩格斯在理论研究中将青铜器作为世界文明诞生的三大标志之一，文物工作者应充分了解青铜器的价值，加强对青铜文物的保护，把握青铜器文化的精髓。

二、我国青铜文物保护技术的发展历程

　　以青铜器的器物类型划分，青铜器包括炊器、食器、酒器、兵器、祭祀器、装饰器等。青铜器具有较高的历史、艺术和科学价值，是重要的历史文化资料，许多青铜器文物都是国宝和珍贵文物，保护好、传承好青铜文物是国家和社会共同的责任。

　　由于青铜器埋藏于地下数千年，受到自然环境因素和人类社会生产生活的影响，很多青铜文物侵蚀、风化较为严重，成为濒危文物，有的出土时就已经面目全非或残缺不全，要想让青铜器展现原有的历史风采，避免青铜文物受到进一步的侵蚀和破坏，就需要文物专业技术人员对青铜文物开展修复和保护应用技术研究，按照科学合理规范的操作规程来实施青铜文物的修复工作。比如青铜器修复工作要经过多个步骤，包括清洗、除锈、整形、焊接、补配、做旧等，经过专业修复人员的精雕细琢，青铜文物的本来面貌才能呈现在世人面前。

我国青铜器修复和保护技术经历了不断发展和完善的过程，在明清时期就已经形成了多个门派，比如北京派、潍坊派、西安派、苏州派等。经过历代文物保护人员的努力，通过不断地探索和创新，文物保护修复已经成为一项专业的技术工作，在我国文物博物事业发展中不断完善，为推动国家文物保护事业发展做出了重要贡献。新中国成立以来，随着国家对文物保护工作的日益重视，城乡经济发展和城镇化步伐的加快，各省市都相继出土了大量青铜文物，也急需进行保护和修缮，通过修缮为博物馆的展陈提供良好的藏品来源和基础条件，使其展示在社会公众面前。

以江苏省为例，近年来，江苏省文博系统对青铜文物的修复工作成果较多，如江苏省邳州市2007年启动了"修复研究课题"，对考古发掘出土的一批珍贵的东周时期的青铜器开展文物修复工作，这批青铜器具有重要的历史和学术价值，但很多器物修复前破碎严重，甚至无法辨认出造型，新建成的邳州博物馆为开馆陈列需要，委托中国科学院文化遗产科技认知研究中心进行攻关，采用科学合理的修复工艺和材料，对这批珍贵的东周墓葬出土青铜器进行修复，其昔日风采被重新展现在社会公众面前，保护了这批珍贵的历史文化遗产。此外，还有江苏丹阳出土的西周青铜器、江苏苏州窖藏青铜器、江苏涟水三里墩青铜错金银牺尊、南京六合区程桥东周墓葬出土的青铜剑等珍贵的青铜文物，都得到了及时有效的修复和保护。

三、青铜文物的常见病害与保护措施

（一）青铜文物常见病害原因分析

从专业的角度分析，青铜器表面腐蚀的原因非常复杂，通过分析可以发现，青铜器在刚刚出土时表面会分布着较多的氧化物、氯化物，这是因为青铜器表面分布着很多孔洞，在地下埋藏上千年，一旦出土就会吸附大量水分与空气，而空气中含有大量的氧气、一氧化碳、二氧化碳、二氧化硫、氮氧化合物等，就会在青铜器表面发生化学反应，导致青铜器表面腐蚀。因此，青铜文物的腐蚀原因除了自身材料的抗腐蚀特性外，应重点分析文物所处的环境因素。

1. 青铜文物的材料分析

古代并不具备现代的金属提炼技术，因此，青铜器的原材料中包含很多杂质，主要成分除了铜以外，还有铅、锡、硅、铁、锰等物质，类似于现代的合金金属。青铜器历经千年，受到自然界温湿度和多种元素的影响，出现不同程度的腐蚀是必然的。

2. 环境因素分析

当青铜文物处于自然环境中，表面发生化学反应就意味着文物正受到腐蚀。环境因素主要包括以下几个方面：

（1）温度与湿度

在博物馆中，影响青铜文物安全保存的最基本的因素就是环境中的温度与相对湿度，按照国家相关标准要求，博物馆内青铜器、铁器、金银器、金属钱币等文物的存放温度应控制在20℃，相对湿度控制在0%～40%RH范围内。当环境中的温度升高时，环境中的湿度也会发生变化，空气中的部分气体和一些腐蚀性的气体溶解度就会改变，会加速青铜文物的锈蚀情况。温度是加速化学反应的主要因素，按照阿伦尼乌斯公式可确定，化学反应速率与温度变化之间存在密切关联：当环境温度升高10℃，青铜文物表面的化学反应速度就会成倍增长。当环境中的相对湿度超过55%RH时，青铜器表面的氯化亚铜就会快速与空气中的水分进行反应，湿度越大，反应就越快速，如果环境中的相对湿度达到80%RH以上，此时的水分就相当于催化剂，除了氯化亚铜会发生反应外，还会促使其他化学反应产生，加速青铜文物的锈蚀。

（2）氧气、二氧化碳、二氧化硫等

随着我国工业化的发展，空气污染越来越严重，虽然近些年国家对于环境治理越来越重视，但空气污染问题依然严峻。空气的主要成分是氮、氧、稀有气体和二氧化碳，总占比约为99.97%，剩余的0.03%是由臭氧、一氧化氮、二氧化氮、二氧化硫等气体组成的。虽然一氧化氮、二氧化氮的含量非常低，但危害是非常大的。氧气是存在于自然环境中的重要氧化剂，在青铜文物出土时，原本的平衡状态就会被打破，表面的氯化亚铜与环境中的水、氧气发生化学反应，就会生成粉状锈。当粉状锈随风飘散到其他青铜器表面，在空气中的二氧化碳、二氧化硫等物质的影响下，不仅会产生不同的化学反应，还会引起环境中微生物的滋生。此外，空气中的氮氧化物会形成酸性环境，也会加速青铜文物的腐蚀。

（3）光源

在观看、展览与研究青铜文物的时候，人们不可避免地需要用到光源，但是光也会对文物造成伤害。由于光子具有波粒二重性，通过光电效应可以验证光波中蕴含着巨大的能量，并且波长越短，能量越高。太阳光中的红外线是一种热辐射线，当照射到青铜文物表面时就会导致温度升高，同时还出现应力变化，使得文物加速损坏，而紫外线则会加速青铜文物表面老化，危害相当严重。除了太阳光外，人工光源也会对青铜文物造成损伤。

（二）馆藏青铜文物的保护措施

1. 环境中温湿度的控制

环境中的湿度过高是导致青铜文物有害锈蚀的主要原因，青铜器表面的大部分氧化反应都是因为湿度升高而提供了适宜的条件。有研究表明，如果博物馆中其他环境因素都保持良好，相对湿度在35%RH以下，则青铜文物可以保持良好的状态。因此，可以确定青铜器最佳的保存环境：温度15℃～25℃，相对湿度低于35%RH。

我国大部分地区四季分明，环境中的温湿度受自然环境的影响明显，季风、降水、日照等自然因素都会影响博物馆中的温湿度。因此，要想将博物馆内的温湿度控制在规定的范围内，就需要采用一定的技术措施。比如可以通过空调系统进行调节，恒温恒湿机、冷热风机以及加湿机、去湿机等设备，都可以起到调节环境温湿度的作用。对于文物柜、陈列柜等小环境，可以使用高活性吸附材料来进行调节。具体采用什么样的方法调节环境温湿度，博物馆可以根据实际需求合理选择，根本目的是为青铜文物提供一个最佳的温湿度环境。

2. 空气中污染物的控制

污染气体主要来自氮氧化物、硫化物等，还有装修材料中也含有大量挥发物质。上文中已经提到，空气中的二氧化碳、二氧化硫遇到潮湿空气中的水分，就会形成酸性环境，对青铜文物的损害是非常严重的。因此，为了保证青铜文物安全，应在博物馆内部设置多个监测点，对馆内的环境进行实时监测，防止污染气体对青铜文物造成伤害。另外，针对密封文物柜、陈列柜等，我们可以加装空气过滤系统，还可以在密封后充入氮气，以对青铜文物起到很好的保护作用。

3. 对博物馆内光源的管理

为了防止太阳光对青铜文物的损伤，我们应在馆内安装光照强度测量仪，检测光照强度紫外线的水平，在展示区域可以安装红外滤光镜和紫外滤光镜，减少红外线和紫外线对青铜文物的损害。人工光源宜选择LED冷光源，对青铜文物的照度在300 lx以下，这样基本不会对青铜文物造成伤害。但是，如果青铜文物上有其他材料的附属品，比如纺织品、彩绘等，或者青铜文物是经过加入现代材料修复后的，光照度应按照附着物或者修复材料的要求进行控制，还要注意参观者在现场不能使用闪光灯拍照。

4. 避免受到自然灾害的影响

大自然的破坏力是相当大的，地震、洪水、台风、雷击等突发性自然灾害，极易对文物造成毁灭性的破坏。因此，博物馆必须安装防雷击装置，还要具备较强的抗震性能，文物在存放中应使用无酸囊匣，可有效预防外界环境对文物造成的影响，即使发生剧烈震动，青铜文物也可以以此作为缓冲。另外，存放青铜文物的展柜、储存柜等也应该采用防倾倒设计，出现地震或较严重的撞击时，可以防止文物倾倒造成损坏。

四、青铜文物保护和应用技术发展的对策

文物藏品的管理和保护是博物馆工作的重要基础工作，没有完善的藏品保护和应用管理就谈不上博物馆功能的发挥，因此，博物馆工作必须建立在对藏品有效保护的基础之上。青铜文物是各级博物馆展陈工作的重要组成部分，也是最引人瞩目的文物精品之一。博物馆要发挥和完善功能，必须做好青铜文物修复技术的研究和应用工作，做好基础性的工作，才能为社会公众提供更好的展陈藏品，提升博物馆的展陈特色和质量。在新形势下，为探索和做好青铜文物的保护和应用工作，提出以下对策和建议：

（一）编制青铜文物保护修复方案

青铜文物的保护修复过程要严格遵循科学的规程，在开展青铜文物修复工作之前，首先根据青铜文物的实际，比如文物的信息、保存状况、价值分析、残缺程度等，对文物的现状和病害情况进行调研，进行相关基础信息的登记和录入；同时，借助现代化检测仪器对文物进行必要的检测，如拍摄X光片，进行锈蚀成分分析，建立档案和文献资料；在修复过程中也要不断补充和完善最新的数据资料，拍摄器物各个组成部分的细节特征、质地、装饰等特色。同时，还要建立科学合理的修复评估方法，待修复完成后，对修复的效果进行全面评估，并将有关数据录入文物修复档案，为今后的文物修复工作提供较为可靠的数据来源和分析依据。

（二）充分利用现代科技手段，提升文物修复的科技含量和效果

在传承和总结传统青铜文物修复技术的基础上，结合现代技术和方法，借助先进的科技仪器，比如利用荧光光谱仪、电子显微镜等检测设备，对青铜器进行数据分析研究，对文物表层的锈蚀物成分和残缺面进行全面调查分析，对症下药，使修复前后的青铜文物呈现一致性和协调性，以求达到较好的修复效果。此外，可借助现代高科技仪器，提升文物修复的准确性。目前可以利用的现代科技仪器较多，比如依托现代流行的3D打印技术，制作青铜器残缺部分的雕塑模型，利用树脂材料建模，有效弥补文物缺损部分。此外，还可利用真空等离子清洗技术，利用产生的等离子体与青铜器内的铜锈进行化学反应，将青铜器铜锈去除的同时，能够有效保护青铜器的铜面不受人为损伤，做到精准处理，提高文物修复的工作效率。

（三）加强对青铜文物修复专业人才的培养

青铜文物修复技术是一门综合性的专业技术，不仅要求专业修复人员具备文物历史保护知识，同时还需对化学、物理、美学、光学、篆刻、焊接等技术都有所掌握。只有具备这些条件，他们才能成为出色的青铜文物修复专业技术人员。目前，我国

各级博物馆普遍缺乏文物修复人才，特别是青铜器修复人才。这制约了我国文物博物馆事业的持续健康发展。因此，我们必须完善青铜文物修复人才的培训机制建设，比如推进高校增加文物修复专业，加强与地方博物馆之间的人才培训共建机制，将博物馆作为人才实训基地。文博系统定期地开展对在职专业技术人员的培训工作，着重培养专业技术人员的文物理论知识、创新意识和科研能力，学习和发扬大国工匠精神，锻炼扎实的业务能力，培养更多的青铜器保护修复骨干力量，为文物博物馆事业的健康发展提供有力的人才支撑。各地组织人事部门要完善人才引进和扶持政策，积极引进大学毕业生，为文物修复专业技术人才在学术、待遇、职称等方面提供更好的激励政策，以促进文物修复队伍的发展。

（四）加大青铜修复技术所需新型材料的研发力度

积极研究青铜文物腐蚀机理，分析了解青铜锈的形成原因和发展过程，研发高效的除锈技术，采用新型材料，降低青铜文物的腐蚀率，为青铜文物腐蚀控制提供必要条件。加强对新型膜类材料的研发，通过应用新型膜类物质，阻断空气内的有害气体和成分，减少有害物质对青铜文物的不利影响。

（五）加强对青铜器文物环境的有效控制

青铜文物由于受自身化学属性的影响，容易受到空气等外部环境的影响。空气中含有有害气体，会使青铜器表面和内部化学元素产生化学反应，特别是青铜器历经数千年的岁月，往往锈蚀已经比较严重，出土或在博物馆陈列的过程中，现代的空气环境对青铜器文物会继续产生不利的影响。空气的温度和湿度发生变化，会加重对青铜器的腐蚀。因此，加强对温度和湿度的控制，可以有效缓解青铜器的腐蚀程度。各级博物馆展厅和文物库房应配备相关的恒温恒湿设备，使文物展厅和库房空气环境实现恒温恒湿。

第八章 文物修复与文物修复技术

第一节 文物保护修复理念溯源及其对文物修复技艺的影响

一、文化遗产的价值及其保护与修缮的思想

（一）我国文化遗产的价值及其现存状况

文物的本质为自身蕴含悠久历史的古代遗产，集艺术、科学、技术于一身，不仅可以彰显设计者与制作者的思想，映射当时的时代背景与艺术氛围，同时还具备了观赏或使用的价值。文化遗产既有外在的艺术美，又有社会和历史的美，更有科学的美和文化的美。但当前，研究人员并没有从一个更完整的视角去理解文化遗产的科学性，文化遗产的科学性对于文化遗产的价值并没有充分体现。为了更好地认识"古为今用"这一理念，我们必须认识到科技和文物之间的辩证关系。

对文物进行修复的过程中，蕴含着许多重要的意义，它可以对我们的历史研究起到积极的推动作用，同时还可以提高社会的向心力和民族凝聚力，从而让文物的社会价值得到充分的体现。同时，加强对文化遗产的保护，加强对宗教、民族、地区文化和特点的研究，也是对文化遗产保护的一种有益的探索。而且，文物的真伪和高价值是其鲜明的特征，也是一种不可再生的资源。我们必须对文物进行合理的保护和修复，以技术手段来弥补文物的不足，使文物的完整性和活力得以充分发挥。

（二）恢复的概念和现状

近代文物修缮思想是指文物修缮与保护的观念、意义与方法的总称。从19世纪到现在，我国的文物保护与修复工作已经形成了一个比较系统、比较完善的学术体系。在目前的情况下，对文物进行修复，不仅要保证其本身的艺术、文化和历史价值，而且要保证其本身的价值。

在进行修复的过程中，我们需要对修复品进行分析。我们应该谨慎地对待出土文物，尽可能地将其原本的信息，比如历史与艺术等特点进行保存与还原，然后才可以推动相关的历史、科学、艺术的研究。对于已经出土的文物，我们既要科学地保护它们，又要"延长"它们的生命，以保证它们的真实感和完整性。而对于受损

较严重的文物，则需要进行粗略的修补。文物修缮也是一种"活"的过程，因此，在修缮工作中，必须以"活"为出发点。

二、文物保护与修复思想的起源和发展

（一）国外文化遗产保护与修缮思想的起源和演变

文化遗产保护与修复观念的起源与演变，是随着时代潮流的发展与科学技术的进步而演变的。早在18世纪晚期，西方国家就已经对文物科技展现了足够的关注，并且对其给予了足够的重视。

（二）中国文化遗产保护和修复思想的起源和演变

在我国，有特色的文物修缮概念的出现，标志着文物修缮技术逐步走上了历史的舞台。在中华人民共和国以前，为了提高文物的观赏性、经济效益，对文物的修复最主要的评价准则就是"天衣无缝""补处莫分"。中华五千年风风雨雨，我们的文物保护与修复观念也在不断更新，我们应该保留、发扬和融合传统的文物修复技术。

三、文物保护修复理念对文物修复技艺的影响

（一）影响文物保护修复技艺的因素

受现代文物保护修复理念的影响，考古发掘更加关注事中和事后对遗迹或文物的保护。就文物修复技艺而言，"修旧如旧"抑或是"修旧如新"一直是学术界争论的焦点。对于不同价值、不同类型、不同侧重的文物应当具体问题具体分析，寻求不同的保护和修复方式。

第一，文物价值的不同侧重。依托文物所侧重和展示的科学价值、艺术价值及商业价值的比例，一一对应考古修复、展览修复和商品修复三种不同的文物修复技艺。同时考虑文物本身的科学性与艺术性、个人和市场的需求性与商业性。普遍认为，文物修复既要展示其本身的固有存在价值、内涵特殊意义、地域文化特色，又能达成对公众需求的呼应，既要保持真实性和保护性，又能将创新和复古完美融合。

第二，文物具有不同的类型。由上文可知，文物尤其是可移动文物分为陶器、石器、玉器、漆器等，拥有纷繁复杂的不同质地，且鉴于文物形制大小、数量多少、价值程度的不同，处理的技艺和手法也不尽相同，以期明晰文物的纹饰、装饰、制作工艺、出土背景等，同时为文物保留历史的神秘感。文物的保护修复没有绝对"一刀切"的划分标准，应依文物实际情况进行合理判断和技艺使用。

第三，出土文物的不同破损程度。受埋藏环境、埋藏时间等因素影响，文物尤

其是可移动文物难免产生变形、破碎等破坏性损伤，应及时采取合适的技艺和措施展开抢救和修复。值得关注的是，要注意保留文物身上历史的印记。另外，文物信息的一定程度损失，是任何破损文物修复技艺所无法避免的诟病。

（二）文物保护修复理念在文物修复技艺中的科学运用

1. 正确处理传统与现代的对立统一关系

修复工作者和相关学者应当与时俱进，总结、升华传统修复理念及其支撑下的修复技艺。纵观我国文物修复技艺发展长河，理论知识欠缺的传统手艺人充当先行者，最先从事文物特别是可移动文物的修复行列。第二代修复者半路出家，缺乏全面的科学文保理论和认知，难以接受和认可现代修复理念和技艺。老匠人坚持认为，最小干预原则和可识别性原则完全不可取，"天衣无缝"才是修复水平的绝佳体现。现阶段的关键在于借由增加财政拨款、引进高科技仪器、增加同行间交流学习等路径，推动现代修复理念的普及。

2. 修复工作中对技艺进行改善研究和实际运用

受科研技术提高、民众意识升级的影响，文物修复行业逐渐形成"传统+现代"的修复理念，且借助高科技仪器使得文物修复更加理想化、科学化、原真化。在推广多学科交叉作业的大背景下，化学、生物学等专业人员转身投入文物修复工作行列，如何将新设备、新思路在修复工作和技艺中得到体现，是目前的关键所在。例如，纸质书画文物修复中的生物酶揭裱技术，受诸多因素限制和阻碍，无法实际践行"修旧如旧"理念在现代理解下的尝试。对于文物修复中留存的"痼疾"，应切实结合老一辈匠人的手艺和现代技术，实现新的质的突破及飞跃。

3. 文物修复理念及技艺的科学发展

文物修复工作者和科研者需比较、学习中西方、古现代的修复理念，对文物修复技艺进行全新的阐释，既满足民众需求心态，又赋予历史价值、商业价值、艺术价值。例如，将尊重文物的原真性原则充分杂糅于中国传统书画修复的洗、揭、补、全四个步骤（技艺），并依托出土文物情况和修复效果选取适当技艺。例如，清洗技艺是进行复原性修复还是现状性修复，可转化思维并尽力采用物理方法将古色保留、污色去除。又如，全色技艺可借鉴西方后退原则（配补、全色接近原心又略有区别），既可远观又可近赏。

（三）文物保护性修复及技艺提升对策

1. 文物信息采集整体全面

作为文物保护性修缮及技艺提升的前提条件和基础模块，对文物信息的全面掌握和深入探析，是最大化发挥文物价值的必然要求。以可移动文物之青铜器修复为例，青铜器基本固有裂缝、纹饰受损、破碎等问题，博物馆和考古人员应当对文物的名称、材质、年代、来源、外观、工艺、编号等有用信息进行详细记录并留档。此外，注意借助现代技术手段明晰文物的病害情况、产生原因、预防措施和外部信息，并拓展信息搜集渠道。

2. 文物分门别类科学规范

首先，以材质为标准展开分类。利用材质划分法对文物进行最基础的分类，统一保护难度、修复难度。例如，青铜器往往有铜绿，就对其危害性、保护性进行区分并差别对待。其次，以文物损害程度为标准展开分类。文物出现性状改变问题是不可避免和忽视的，但损害程度有所区别。在实际修缮工作中，抢救性修缮永远是第一要务，再依次根据文物的受损害程度逐级修复。

3. 制定文物修复方案

首先，制定具有针对性的修复方案。以待修复文物的现实状况为准，进一步确认修复目标、修复过程、修复技艺等。其次，明晰文物保护性修复的基本原则。将最小干预原则、环境统一原则、可逆性原则充分融入文物修复方案当中，直接避免二次损害。最后，明晰操作措施、提供可靠指导。如济宁博物馆展出的青铜盉（缺失器盖），与随州博物馆馆藏的一件文物几乎一致，遂以其为原型，以铜铸补配器盖的方案完美修复。

4. 加强现代技术的运用

现阶段 VR 技术、物联网和数字化技术的飞速发展，为文物修复技艺和路径提供多元科学的选择。例如，缺乏直观性与立体性的传统拍照的文物信息采集方式，逐渐被 3D 建模打印技术和三维虚拟立体技术取代，以提高文物修复的精准性。博物馆和文物考古保护单位应当定期学习交流和技术提升，增进文物工作者在文物保护性修复中的思维理念、实操水平和专业能力。

第二节 纸质文物藏品的修复和还原

一、纸质文物受到损害的原因

（一）纸质文物发生损坏的内在原因

纸是用天然的有机质制成，含有纤维类物质，材料组成不适合长时间保存。纸质上所用的材质，也会影响到纸质的保存。在古代，人们使用的是墨，这些材质都是自然形成的，所以对纸质的影响并不大。但目前的油墨使用的是强酸溶液，这会增加纸的酸化程度，造成纸的损坏。

（二）纸质文物发生损坏的外在原因

1. 存在时间过长

造成纸质文物破损的一个重要因素是长期保存。由于纸质的主要成分是纤维素，所以它不适合长时间的存放，在长时间的存放之后，纤维素很有可能会发生氧化反应，从而造成纸质的发黄，并且在触摸的时候很容易碎裂。所以，在进行修复时，应谨慎处理纸质，以免发生二次损毁。

2. 空气污染物

不管怎么保存，纸制品都不可能与空气彻底隔绝。空气中的气体会和水分子作用生成酸液，从而加快材料的损坏速度。现在的空气质量越来越差，污染情况也越来越严重，空气中的有害气体越来越多，这就会对纸质文物产生损害。此外，由于物质本身具有缓慢的氧化反应，在长期的氧化过程中，再加上空气中的各种元素的影响，所产生的损害就会越来越明显，从而使纸质上的字体颜色变得越来越淡，对纸质文物保护产生一定的负面影响。

3. 温度与湿度

温湿度的变化对纸质文物的保存有很大的影响。一天 24 小时之内，温度和湿度是不断变化的。若温度太低，则纸制品易受潮、变质。如果温度太高，就会影响到纸质的完整性，削弱纸质的韧性，从而导致纸质受损，而水分对纸质的影响也是不容忽视的，如果湿度太低，纸质上的字迹就会变得模糊，甚至有可能导致纸质的腐朽。如果空气中的湿度太高，又给了细菌生长的机会，导致细菌滋生，就会对文物造成损害。

4. 微生物与昆虫

在高温、高湿度条件下，可滋生大量的细菌、害虫。纸质类文物因其原料为纤维质，是昆虫繁殖的理想温床，因而在一般存放条件下，纸质类文物也会受到昆虫的严重危害。在保存条件比较差的情况下，这些虫子会对纸制品造成更大的伤害。这样，空气中的霉菌在纸质上滋生，就会对纸质产生侵蚀作用，还会在纸质上留下一些污迹，从而加大了辨认的难度。

二、现代的纸质文物保护修复技术

（一）低温杀虫技术

昆虫的侵染会对纸质造成很大的破坏，因此，在对纸质进行修复前，必须将纸质中的昆虫清除干净。传统的杀虫剂杀灭昆虫的方法具有很大的破坏性，且易于引起更大的危害。所以，在现代科技中，经常会使用低温杀虫技术来对纸质文物进行保护和修复，将纸质文物储存空间的温度设置在零下20℃左右，几天的低温冷冻，可以有效地杀死昆虫，不会对纸质文物造成任何伤害，也不会对修复人员的身体造成伤害，从而更好地实现了文物的修复。

（二）微波杀虫技术

微波杀虫技术主要是通过控制纸制品中的水分，来达到对纸制品进行保护和修复的目的。在将纸质文物放入仓库前，将其放入微波炉中，对其进行杀菌消毒，可以有效地提高文物的修复效果，而且所需的时间比较短，通常只需要一分钟左右就能完成。但在对古书进行微波修补时，应注意其对纸质色彩的影响，以防止因微波而引起纸质颜色的改变。微波加热杀虫的原理是通过微波炉加热使昆虫因为加热而死亡，从而达到修复的目的。微波杀虫的效率比较高，花费的费用也比较低，而且它本身没有残留污染，可以使纸质文物得到很好的修复，是一种十分实用的文物修复技术。

（三）脱酸技术

纸类文物极易受到酸液的侵蚀，且随着存放时间的延长，其中酸液含量会逐渐升高，从而使其发生腐蚀的危险大大增加。所以，在对纸质文物进行保护与修复的时候，需要对纸质进行脱酸处理，通过脱酸试剂来降低纸质纤维的酸性，也可以用浓度较低的碱性溶液来进行酸碱中和，这样既不会对纸质纤维造成损伤，又可以对纸质文物起到更好的保护作用。不过在配制药剂的时候，一定要注重比例的计算，这样才不会对纸上的字迹造成影响。

在纸类文物的保护中，脱酸技术已较为成熟，可分为液相和气相两种。但是，因为气相脱酸技术的成本等原因，几乎很少有人会使用它。而液相脱酸技术又分为两种，一种是含水液相，另一种是无水液相，由于纸质文物及字迹都怕水，因此，不含水的无水液相脱酸技术就成了纸质文物保护中的主流脱酸技术，比如Bookkeeper。

纸类文物的保护要从日常的预防和控制入手，在文物进入仓库之前，必须对它进行有效脱酸，然后把它放在一个无酸的环境中，这样可以减缓它的酸化。对未经去酸与经过去酸处理的纸件，要分别存放在两个仓库中，防止出现集体酸化情况。

（四）纳米技术

随着科学技术的发展，尤其是纳米技术的发展，使得纸类文物的修复技术取得了新的突破。使用纳米技术来对纸质文物进行修复，主要指的是将纳米新材料运用到纸质中，并关注其对纸质本身的颜色是否产生了影响，在不影响纸质色彩的情况下，可以避免纸质的老化程度进一步加剧，从而提高纸质文物的抗老化能力，同时还可以提高纸质的强度和耐热性能，从而达到对纸质文物进行保护和修复的目的。在当代纸质文物的修复技术中，多采用纳米技术，其为新时代下的纸质文物的保护与修复发挥了积极的作用。

第三节 瓷器文物修复的常见误区及完善对策

一、瓷器文物修复的常见误区

（一）瓷器文物修复的动机和目的不正确

瓷器是广大劳动人民在生产实践中的智慧结晶，它的出现极大地改善了人们的生活方式，促进了人类文明的进程。瓷器文物记录了历史的发展过程，对瓷器文物的考古和研究，可以帮助人们更好地了解历史，使破碎的文物重新恢复本色，完整地展现给世人。但是由于受现代社会利益至上的思想影响，一些人在进行瓷器文物修复时的目的和动机不正确。他们进行文物修复主要是为了瓷器文物能够有更高的经济价值，在进行文物修复时将文物的经济价值作为第一要素，而忽略了瓷器文物的文化价值和艺术价值。这就会导致在进行文物修复时，为了使瓷器文物能够获得最大的经济效益，修复人员和单位会凭主观意向改变文物的原貌，最终导致瓷器文物所承载的历史文化被修改和破坏，导致后人在进行研究时出现错误。

（二）盲目应用各种现代技术

瓷器文物作为历史的见证者，大多深藏于古代墓葬之中。然而，历经千年风霜，它们时常受到自然与人为因素的侵扰，导致严重破损。为了让这些文物重现昔日光辉，修复工作显得尤为重要。

目前，针对破碎的瓷器文物，常规的修复工艺主要包括清洗、拼对、粘接、补配、着色等环节。每一步都需精心操作，力求恢复文物的原貌。然而，在实际操作中，我们有时会过度依赖现代技术，导致修复工作走向误区。

举例来说，当考古学家发现一些瓷器碎片时，他们通常会努力拼接，使这些碎片重新组成一个完整的器具。在这一过程中，保持文物的原貌至关重要。但遗憾的是，有时为了增强文物的观赏性和结实度，修复人员会采用现代技术对瓷器的裂纹进行处理，甚至在表面涂抹现代涂料，以增加其光泽度。这样的做法，虽使文物看起来更加美观，却往往掩盖了其原本的风貌，使文物失去了本色。

因此，在应用现代技术进行文物修复时，我们必须保持审慎和适度的态度。修复的目的是让文物重现历史的光彩，而不是改变其本来面貌。我们要在尊重历史、尊重文物的前提下，运用现代技术，为瓷器文物修复工作贡献力量。

（三）文物修复过程过于随意

目前，我国对于瓷器文物的修复还没有专门的行业规范，更没有国家标准，在修复过程中缺乏专业性，过于随意。再加上目前能够进行瓷器文物修复的专业人员极少，文物修复的时间、价格和具体标准都没有明确的规定，每一个修复师都从自身的专业角度来进行瓷器文物的修复，造成全国各地的文物修复标准和程度各不相同。例如，景德镇是我国著名的陶瓷中心，在瓷器文物修复领域具有很高的知名度。景德镇修复人员凭借其高超的制瓷技艺，在进行陶瓷文物修复时，会对瓷器文物的大面积损伤通过接胎、补胎、重新做彩等工序来进行修复，也就是说，他们把文物修复作为一个瓷器的再加工过程。这样虽然能够达到商业交易的目的，但是将瓷器文物进行回炉重烧，会对瓷器文物的原貌造成严重的破坏，使瓷器文物丧失原有的历史风貌，严重地削减了其历史、艺术价值。而考古修复和博物馆展览修复与之不同，他们的修复是尽可能保持文物本色，尽可能减少损伤。可以看出，考古修复和博物馆展览的修复是从瓷器文物保护和考古展览的角度进行的，不同于景德镇的修复过程。通过景德镇瓷器文物修复与考古修复及博物馆展览修复的对比，我们能够看出，当前人们对瓷器文物的修复还存在认知误区，没有认识到在实际修复过程中对瓷器历史价值、艺术价值的严重影响。

二、完善瓷器文物修复的对策

瓷器文物是不可再生的，随着时间的流逝会不同程度地受到破坏。我们要对文物进行修复，以保证文物能够长久保存，为后人保存更多的历史文化艺术品，帮助后人通过瓷器文物更好地了解人类发展的历史，这是我们进行文物修复的主要目的。文物修复就是维持文物的无缺陷，保证其文化价值而进行的工作。但是要做好这项工作，就必须处理好文物的历史背景、文物本身各种信息之间的相互关系，修复过程中要把握正确的原则。

（一）健全和完善瓷器文物的修复标准

为了更好地提高我国瓷器文物的修复水平，使更多的瓷器文物能够发挥其应有的历史文化价值，我们必须建立和完善瓷器文物的修复标准。国家有关部门应该出台专业的瓷器文物修复规定，并且将其纳入法律层次，对于那些破坏瓷器文物历史价值、艺术价值的人员要给予处分。具体来说：一方面，国家要针对瓷器文物修复出台详细的修复细则，设定文物修复的原则和前提，保证文物的历史风貌，坚决杜绝为了追求美观和商业价值而改变瓷器文物的自身特点。例如，在对考古过程中发现的瓷器碎片进行修复时，国家应该规定任何修复单位和个人都不能改变瓷器文物的原始风貌和艺术价值，也就是不能进行煅烧改变瓷器表面的物质组成和颜色状态，只允许在瓷器接缝处进行处理。另一方面，加强瓷器文物修复的法律监督。对于那些不按照国家规范进行瓷器修复的人要给予相应的惩罚，情节严重的应该承担刑事责任。通过法律来促使人们按照正确的修复原则和标准进行瓷器文物修复工作，使那些急功近利者因畏惧法律的权威，在进行瓷器文物的修复时能够按照国家的相关规定进行。

（二）加强专业人才的培养

随着社会的快速发展，现代技术的日新月异，越来越多的瓷器文物被发掘出来，展现给世人。然而，面对每年涌现的大量瓷器文物，其保护工作却显得力不从心。许多瓷器文物因得不到及时修复，其历史价值和艺术价值逐渐减弱，这无疑是我们珍贵文化遗产的一种损失。

因此，国家应当加大对瓷器文物修复专业人才的培养力度。这些文物保护工作者不仅要具备高超的修复技术，更要有深厚的文化素养和强烈的责任心。他们应该深刻理解，每一件瓷器文物都是我国悠久历史和灿烂文化的见证，是人类文明的瑰宝。在进行修复工作时，他们应怀着对历史的敬畏之心，以严谨、细致的态度对待每一件受损的瓷器。

在人才培养的过程中，我们还应注重拓宽他们的知识视野。历史学、考古学、美学、人类学、民俗、宗教等多方面的知识，都是瓷器文物修复工作者必备的素养。通过不断丰富他们的社会科学和自然科学知识，使他们能够从多个角度、多个层面去理解和认识瓷器文物，为修复工作打下坚实的理论基础。

当这些修复人才具备了丰富的知识背景和专业的修复技术后，他们就能够更好地完成瓷器文物的修复工作，为我国保存更多的文化财富。这不仅是对历史的尊重，更是对未来的传承。让我们共同努力，为瓷器文物的保护和传承贡献自己的力量。

（三）重视瓷器文物修复过程中相关信息资料的记录存档

在文物修复保护的过程中，相关信息资料的记录和存档扮演着至关重要的角色。这些资料不仅承载着修复工作的智慧与辛勤，更是我们与古人跨越时空的对话。每一次记录，都是对历史的尊重与传承，为后代子孙留下了丰富的文化遗产。

这些信息资料可谓是修复工作的第一手资料，它们如同文物修复师的日记，详尽地记录了每一件瓷器文物的全部信息。从文物的出土背景、年代鉴定，到其材质、工艺、纹饰等特征，都被一一记录在案。这些资料不仅为我们提供了深入了解文物的窗口，更为修复工作提供了宝贵的参考。

此外，文物修复的详细过程也被记录在资料中。修复师们如何运用精湛的技艺，将破损的文物一点点修复如初，这些过程都被以文字形式呈现在资料中。这不仅有助于我们了解修复师们的工作方法和技巧，更为我们提供了一个学习和借鉴的平台。

通过建立科学、完善的文物修复保护档案，我们可以让瓷器文物修复保护过程更加科学化、正规化。这些档案不仅为修复工作提供了有力的支持，更为我们提供了一个全面系统地了解文物修复保护工作的途径。

同时，这些资料也为以后的文物修复与保护工作积累了更多的经验。通过查阅这些资料，我们可以了解过去修复工作中的成功与不足，从而在未来的修复工作中避免重蹈覆辙，提高修复工作的质量和效率。

综上所述，相关信息资料的记录和存档，在文物修复保护过程中具有不可替代的作用。我们应该充分认识到这些资料的重要性，并努力做好相关工作，为文物的保护和传承贡献自己的力量。

第四节 纺织品文物的修复保护与数字化修复研究

一、纺织品文物保护修复的发展进程

我国早在公元前3世纪，就以"丝绸古国"这一称号在世界闻名遐迩，但是我国纺织品文物考古及保护修复工作是从1972年湖南长沙马王堆汉墓开始的。在经过多年的发展之后，我国纺织考古收藏、科研以及保护修复等工作都得到了一定发展。自1991年开始，平均每年十大考古发现中就有一项为纺织品，我国也成立了第一家将纺织品文物的科技考古和保护修复作为主要目标的专门机构——中国纺织品鉴定保护中心，而后又成立了很多专门开展纺织品文物科研及保护修复的机构，如2001年法门寺地宫出土的纺织品保护工作开始之后，陕西省考古研究院和德国美茵兹罗马—日耳曼中央博物馆共同成立纺织品保护实验室。

欧洲纺织品文物保护强国有英国、瑞士以及德国等，美洲主要有美国和加拿大等国家。国外纺织品文物保护修复的特征是充分重视预防性保护，谨慎科学地对待纺织品文物保护、修复方案的编制以及保护修复方法的选取，并且在纺织品文物保护修复工作正式开始前，还会对纺织品文物相关的社会、文化以及宗教等因素进行分析，以便在后续纺织品文物保护修复工作进行过程中充分应用积极因素，尽可能

减少不利因素造成的影响，从而对纺织品文物保护修复工作的效率及效果做出保证。

我国是世界上最早发明养蚕、缫丝以及印染等工艺技术的国家，丝绸还是我国古老文化的代表。但因这种类型的文物保存困难，且在保存过程中容易遭受破坏，在气候等外部因素的影响之下，很多出土纺织品文物因为没有采取恰当的保护而被损坏。因此，提升纺织品文物保护修复工作的研究力度，能够对我国纺织品文物丰富性做出保证，从而在我国研究及传承丝绸文化的过程中，起到一定的促进性作用。

二、纺织品文物保护修复技术概述

（一）回潮技术

回潮技术在抚平褶皱、展开折叠部分以及去除印迹过程中发挥着十分重要的作用。回潮技术的工作原理是通过间接或者直接方法，凭借一定技术措施，凭借可以察觉到的湿气而不是潮湿或者饱和湿气来增添纺织品的纤维含水量。在回潮工作正式开始之前，文物工作者应针对纺织品的湿度敏感性、回潮过程中的霉变以及外观变化等情况进行分析。在回潮方法选择过程中，文物大小、结构以及纤维强度等因素应得到充分重视。回潮的基本方法可以划分为密封型及敞开型两种，密封型回潮还包含湿度自动控制回潮箱回潮以及半透膜回潮等，开放型回潮方法包括蒸汽法以及房间环境控制法等。简单帐篷型回潮法是最为简单的一种密封型回潮方法；而得到较为广泛应用的加湿方法是容器水挥发法、硅胶法以及超声波加湿器法等。

（二）清洗技术

现阶段，在古代纺织品清洁处理中应用的方法可以划分为物理方法和化学方法两种类型。物理方法是凭借除尘工具将附着在纺织品表面或者内部的松散性污染物去除掉，一般这种方法会在古代纺织品文物表面清洁中得到应用。妥善应用这种方法可以将覆盖在纺织品表面上的浮尘及沙土除掉，让固结在纺织品上的其他污染物充分暴露出来。当前，经常使用真空吸尘器除尘法以及湿布擦拭法等。化学方法是应用化学试剂去除在纺织品文物表面黏结牢固或者嵌入纤维内部的污染物，分为湿法清洗和干法清洗两种类型。湿法清洗一般是将水的洗涤作用放置在主体地位上，通过水的冲刷将纺织品上的污染物去除掉，在必要的情况下可以添加适当的清洁剂。这种方法在染色度高并且强度大的纺织品中展现出较强的适应性。依据添加清洁剂种类的不同，分为水洗法、漂白清洗法以及生物酶清洗法等。干法清洗是将有机溶剂洗涤作为主要内容，需要时可以适当添加其他类型的助剂，适用于强度不高并且不是十分重要的文物修复中，但是这种方法并没有得到广泛的应用。

（三）除霉技术

纺织品纤维原料的具体构成成分是纤维素及蛋白质，这两种物质都是微生物理想的生长处所，所以防霉防腐是纺织品文物保护工作进行过程中应充分重视的问题。科学合理地控制纺织品文物保护库温湿度，能够让纺织品文物霉变及腐烂问题的发生概率得到有效控制。针对已经出现腐烂、霉变问题的纺织品文物，文物工作者应当切实依据纺织品文物性质以及害虫的生命特征进行处理。纺织品文物经常使用到物理及化学方法进行防腐杀菌，其中物理方法有冷冻法以及微波法；化学法一般是熏蒸法。文物工作者在实际应用时，应切实依据纺织品文物腐烂、霉变的程度，在充分考虑各个因素情况之下，选取适应性较强的除霉技术完成霉变问题处理工作。

三、纺织品文物数字化修复

（一）基于图像修复算法的数字化修复

1.PDE 图像修复算法

该方法为主要基于偏微分方程和变分模型的图像修补技术。该修复模型的核心思想是以像素点为基本单位，将待修复区域周边的已知局部几何特征，如梯度、照度、结构张量等，根据物理扩散的原理传播到待修复区域中去，以完成破损区域的修复。其典型的模型有：第一，2000 年，贝塔米奥（Bertalmio）等提出的基于偏微分方程的 BSCB 模型，其基本思想是将破损区域边缘的已知信息沿等照度线方向，将有效信息交替进行修复和扩散至待修复区域，实现图像的修复。第二，Chan 等提出基于整体变分的 TV 模型和基于曲率驱动扩散的 CDD 模型。TV 模型认为图像修复问题的实质是一个贝叶斯问题，采用变分法求解方欧拉－拉格朗日（Euler-Lagrange）方程，通过迭代实现图像修复。CDD 模型在 TV 模型的基础上引入曲率信息，有效改善 TV 模型存在的问题，却因为算法复杂度过高，导致修复耗时较长。第三，泰莱亚（Telea）等提出一种快速行进 FMM 模型算法。该算法基于快速行进方法，从待修复区域的边界开始，并进入待修复区域内部，首先逐渐填充边界中的所有内容。

该类图像修复算法对于小范围破损图像，如裂缝、污点、飞线等类型修复效果较好，但由于在修复过程中，获取有效信息的范围十分有限，在修复纹理丰富或大面积破损的图像时，常因纹理丢失而产生大块模糊，使得修复效果不佳。

2.基于范例的图像修复算法

该方法将图像中已知区域的信息，通过算法计算，粘贴到与之匹配的未知区域中，从而实现图像修复的效果，代表方法为 Criminisi 算法，将 Criminisi 算法应用于纺织物的图像修复工作中，李张翼认为，经典 Criminisi 算法在匹配最佳模块时，过分考虑颜色信息产生较大的视觉出入和不连续性,加入结构张量使其能够在规则纹理的修复上有较好的效果。对单一的织物纹理修复得到很好的视觉连续性,但是对大幅结构破损区域修复效果欠佳。曹齐等使用图像自身梯度信息和图像差值信息来区分纹理图像和非纹理图像,最终实现使用数据可以有效区分纹理和非纹理图像,针对 Criminisi 算法中优先权计算问题所带来的结构断裂和边缘模糊等问题做出进一步改进。在优先权计算公式中,使用图像的结构张量中的边强度和角强度构建一个新的变量,增强图像在修复过程中的结构信息,并且将原始的相乘的计算方式变为相加的方式,加入参数因子来调节图像的修复质量;针对原始 Criminisi 算法中,图像修复的过程中采用的是固定的修复模板所带来修复块匹配错误和纹理模糊等问题,使用峰值信噪比和结构相似度提出一种衡量图像质量的评判方式,使用该评判方式来选取图像修复过程中的最佳修复块,获得最佳的图像修复效果。蒋超等提出纺织物修复工作可划分为画作型图样修复与规律型图样修复,整理出纺织文物图样数字化修复方法流程,提出一种人机交互的修复方式,通过人工补全图样的结构信息,引导图样的结构修复,然后采用基于样本的纹理合成方式补全图样信息,最终实现画作型图样的纺织品文物数字化修复。Wang 等设计了一种破损织物数字图像采集系统,开发了一套基于非单视觉的提花织物纹理图像修复算法。该图像修补方法通过非单视觉成像方法获得待修补图像和目标图像。利用图像配准和泊松图像融合技术,先对受损区域进行分块匹配,然后再将目标图像上的补丁复制到缺失数据区域,改善了置信度快速下降的问题,提高了匹配精度,完善了织物的修复质量。

该类图像修复算法在众多学者的不断优化改进后,对规律性较强的大面积破损图像的修复效果较为良好,具备深入研究的必要性及工程实际意义。但由于算法的自身缺陷,对结构复杂的破损图像修复效果仍有待提高。

(二)基于深度神经网络的数字化修复

与基于图像修复算法的技术不同,基于深度学习的图像修复方法能捕获更多的高级语义,对规律性较弱、结构复杂的画作型图样修复效果更好,因此,越来越多的神经网络模型被应用于图像修复领域,并在古代壁画、古代文献、唐卡等修复领域取得不错效果。

Pathak 等人提出一种上下文编码器(Context Encoder),通过卷积神经网络训练,生成任意图像区域的内容,目前已被视为基准算法。Yang 等人在 Pathak 等的基础上,加入了局部纹理网络(the Local Texture Term),并引入了局部纹理损失(Local Texture Loss),完善了图像的纹理修复,从而提高了填充图像的视觉质量。Liao 等人在 Context Encoder 的基础上,增加了边缘纹理生成网络,将缺失图像的边缘纹理信息补全，用以指导上下文编码器对缺失图像的生成。Zeng 等人在 U-Net 的基础上提出一种基于深度生成模型的金字塔编码器网络（PEN-Net）。通过由深到浅的修复方式，将高级语义特征映射到低级特征中，从而保证了图像修复的视觉和语义一致性。Navasardyan 等人将基于样本的方法应用于深度卷积神经网络，并引入洋葱卷积的概念，保持了特征的连续性和语义的一致性。Guo 等人提出一种双流网络，该网络对结构约束的纹理合成和纹理引导的结构重建进行相互耦合，使其相互引导，从而生成更可信的图像。

第五节 表面处理技术在金属文物修复中的应用

一、表面处理技术概述

金属文物表面锈蚀的机理复杂、原因多样，但从整体来看锈蚀都是自表面开始。了解金属文物的表面微观结构，并针对不同情况采取相应的保护、修复措施，对延长金属文物的寿命、恢复金属文物的原貌具有重要意义。在金属文物的各项修复技术中，化学处理技术具有见效快、恢复效果好等优点，但其缺点也十分明显，例如，化学药剂可能会对金属文物造成二次腐蚀，有些化学试剂本身有毒性，会对文物修复人员的身体健康构成威胁等。相比之下，表面处理技术对文物造成的损坏较小，并且具有较强的针对性，可以对金属文物发生锈蚀的区域进行"点对点"修复。目前常用的表面处理技术有表面溅射、表面喷涂、表面气相化学沉积、表面化学修饰、表面光化学沉积等。

事实上，我国在古代就已将表面处理技术应用到金属文物的制作中了。例如，河南安阳殷墟遗址出土的虎面镀锡铜盔，采用了青铜表面镀锡的工艺，对文物起到了良好的保护作用，出土时其表面仍然光耀如新；越王勾践剑采用了硫化防锈技术，这也是越王勾践剑时隔千年仍然光彩夺目、锋利无比的主要原因。近代以来，国内外在金属文物保护方面大多采取"缓蚀+封护"的处理思路。简单来说，就是在金属文物表面涂抹一层药水，药水干燥后形成一层封护薄膜，将金属文物与外界空气隔绝，避免空气中的氧气、二氧化硫等物质与金属文物接触导致生锈。这种方法虽然能达到保护文物的效果，但是药水覆盖在金属文物表面会影响其观赏价值。相比之下，将表面处理技术应用到金属文物的修复与保护中，遵循了文物修复的最小干预原则，不仅能够取得理想的修复、保护效果，还能保证修复区域与金属文物整体的色泽保持一致，不影响文物的观赏价值。

二、金属文物修复中常用的表面处理技术

（一）用添加剂改变文物表面结构

由于埋藏环境的特殊性，金属文物表面会附着一层氧化物、氯化物。这些自然形成的化合物大多为松散的多孔状结构，对周边环境中的水蒸气、二氧化硫等物质有较强的吸附能力，进而加剧对文物的腐蚀。如果采用常规的除锈方法清理金属文物表面附着的锈斑，会使金属直接暴露在空气中，造成金属与空气中的氧气、二氧化硫、水蒸气等长时间接触，导致反复出现锈蚀的情况。因此在金属文物的保护与修复中，可以使用添加剂改造金属文物的表面结构，达到阻止腐蚀的效果。例如对于青铜器，可以选择苯丙三氮唑（BTA）作为添加剂，其与青铜文物表面的氧化亚铜结合后，能够形成一层致密、稳定的表面络合物，从而封堵表面层的孔隙，改变青铜器表面锈蚀层的结构，阻止空气中的氧气、水蒸气、二氧化硫等与青铜器接触，起到延缓锈蚀、保护文物的作用。在金属文物修复中，使用添加剂改变文物的表面结构，具有操作简便、保护效果明显的优势。

（二）人工控制表面微区喷涂技术

微区喷涂技术借助高分辨率光学显微镜在金属文物发生锈蚀或出现裂缝的位置，使用氩离子溅射方法或超微束 Al_2O_3 清除金属文物表面锈斑，并在该部位喷涂防护性金属材料，从而达到修复文物表面的效果。在应用这一表面处理技术时，防护性金属材料的选择至关重要，应满足以下三个条件：一是材料本身的化学性质稳定，不会与金属文物发生任何化学反应；二是材料能够与金属文物牢固粘连，不易脱落；三是材料与金属文物的色泽相同或相近。微区喷涂技术的流程为首先标记出待修复金属文物表面需要处理的区域，然后按照该区域的形状、面积，用剪刀剪出相同大小的铝制薄片，将薄片紧紧贴在金属文物的待修复区域，并在薄片上钻孔，通过小孔注射喷涂材料填补金属文物表面的坑洞。这种方法既不会对金属文物造成损害，又不会改变金属文物的原貌，是一种比较理想的表面处理技术。根据喷涂方式的不同，人工控制表面微区喷涂技术又可分为以下三类。

第一，火焰喷涂，即选择金属丝或粉末状物质作为涂层介质，然后使用"氧气—乙炔"火焰熔化喷涂介质，在喷涂介质经过高温作用呈熔融状态后，通入压缩空气将介质吹到保护部位，完成金属文物的修复。第二，电弧喷涂，即仍然选择金属丝或粉末状物质作为涂层介质，然后用高压电弧将喷涂介质熔化，最后利用压缩空气将熔化后的介质破碎成微粒，喷涂到待修复部位。第三，等离子喷涂。这种喷涂方式的涂层介质同上，金属丝或粉末状物质被离子化的氩气等离子束熔化后，直接被喷涂到待修复部位。在该方法中，由氩气等离子体提供动力，不需要使用压缩空气，

避免了喷涂介质在高温环境下氧化的问题，同时喷涂形成的表面涂层孔隙度更小，文物表面处理效果更好。

（三）人工控制表面微区气相化学沉淀

这种方法需要借助专用的化学气相沉积（CVD）装置，适用于金、银等文物的保护处理。运用该方法处理金属文物前，需要清洗文物表面的灰尘、污垢、锈迹等，保证金属文物表面光洁，能够让保护材料与金属文物牢牢粘连。将待修复的金属文物放入化学气相沉积装置中，该装置采用密封系统，在持续减压条件下，高温化学气体反应产物会逐渐沉积到金属文物的保护区域，完成表面处理。气相化学沉淀技术可以选用的保护材料有碳化钛（TiC）、氮化钛（TiN）、氧化铝（Al_2O_3）等。化学气相沉积装置的左侧分别连接了两个气体装置，利用胶管通入氨气和甲烷，发生如下化学反应：

$TiCl_4+CH_4 == TiC+4HCl$

$TiCl_3+NH_3 == TiN+3HCl$

经过这种方法处理的金属文物表面光洁度好、涂层密度高，能够取得理想的修复效果。同时，还可以根据金属文物的锈蚀程度和修复面积，利用阀门灵活调节气相化学物质的流量，改变沉积速度和密度。由于保护材料是化学性质相对稳定的化合物，因此可以保证金属文物在修复后不会出现重复锈蚀的情况。

三、金属文物修复中表面处理技术的应用方法

（一）检测分析

鉴于不同金属文物在出土时间、保存环境及病害成因等方面均呈现出显著的差异性，修复工作前的深入调查显得尤为关键。工作人员需积极查阅相关文献资料，并结合物理与化学检测手段，对金属文物的特性进行全面评估。通过X线荧光技术等物理检测，我们能够准确判断金属文物的主要材质及其受损程度，进而对文物表面的锈斑进行细致标记。同时，借助化学滴定法，我们可以确定锈迹中是否含有氯离子等有害物质，这些物质的存在将直接影响文物的保存状况。一旦发现有害物质，必须予以彻底清除，以预防修复后再次生锈的情况发生。在全面检测与深入分析的基础上，我们将制定出科学合理的表面处理方案，确保每一步修复工作都精准到位。按照这一方案，我们将有序开展金属文物的修复工作，力求在最大程度上延长其保存期限，让这些珍贵的文化遗产得以长久传承。

（二）表面清洗

清洗，作为金属文物表面处理的初始步骤，旨在消除表面的有害物质，以最大

限度地还原文物的原始风貌。在这一环节，必须谨慎操作，确保金属文物原有的铸造痕迹和文字图案得以保留，以免在清洗过程中对文物历史价值和艺术价值造成损害。

目前，针对金属文物的表面清洗，已有多种方法可供选择。其中，激光清洗因其诸多优势而受到广泛应用。它具备高度的稳定性，不会对环境造成污染，也不会损害文物本身，且自动化程度高，非常适合用于精密零件和金属文物的清洗。

激光清洗的原理是利用激光束照射金属文物的表面，使附着其上的污物通过蒸发、剥离或振动弹出等方式脱离文物，从而达到清洗的效果。根据处理方式的不同，激光清洗可分为干洗法、湿洗法和惰性气体法等。其中，激光湿洗法尤为出色。它通过在文物表面涂刷一层液体薄膜作为能量交换介质，再利用激光照射进行去污。这种方法对文物的损伤较小，且清洗效果彻底，因此被认为是目前最为理想的表面清洗技术。

（三）补配修复

在完成表面清洗后，工作人员应仔细检查金属文物表面是否有缺陷。通常情况下，一些金属文物在清洗掉表面的污垢和锈斑后会留下大小不一、数量不等的坑洞，需要对这些坑洞进行补配修复。对于发现的坑洞，工作人员首先要判定坑洞的成因，如果是铸造缺陷形成则无须处理；如果是锈蚀所致，并且影响到了金属文物的观赏价值，就需要及时选择合适的材料进行补配。金属文物可以使用爱牢达（Araldite）高性能环氧树脂与方解石粉按照1∶1混合，然后加入清水，加水过程中要不断搅拌，得到充分混合的黏稠状修补材料，再将材料捏成面团状填入金属文物的坑洞中，轻轻用力压实后，完成对缺陷部位的补配。自然放置一段时间，等到修补材料完全固化后，工作人员再使用手术刀、打磨机等文物修复工具，对修补材料进行塑性，最后使用砂纸进行打磨，保证修补材料与金属文物融为一体、过渡光滑。考虑到后期还要对修补部位进行镀铜、着色等处理，因此补配部位的高度应当略低于周边基体，这样才能保证修复完成后补配部位与周边基体高度相同，达到理想的修复效果。

（四）化学镀铜

由于修补材料为非金属材料，要想让修补材料与金属文物呈现相同的金属色泽，就必须对修补材料进行化学镀铜处理，使其金属化。在进行化学镀铜前，为了避免对金属文物的其他部位造成影响，需要对补配材料以外的区域采取必要的保护措施，例如使用保鲜膜进行包裹，等化学镀铜结束后揭去。除此之外，应用这种方法还要注意以下两点：其一，为了提高化学镀铜的效果，操作时需要在通风环境下进行，必要时可以借助吹风机加快溶液凝固；其二，为了提高镀层与金属文物的黏结力，需要对金属文物进行粗化和除油处理。粗化处理通常使用氢氧化锡溶液，但金属文物修复所使用的补配材料多为环氧树脂与方解石的混合物，遇到氢氧化锡溶液后会溶解，导致补配效果变差。因此，粗化处理可以选用砂质打磨的方式，将补配材料打磨至哑光状态即可。进行除油处理时，使用量筒分别量取100ml的氢氧化钠溶液和350ml的碳酸钠溶液，将两者混合后得到专用的"除油液"；或者使用50g氯化亚锡和10ml的盐酸混合，可以得到敏化液。完成上述准备工作后即可开始化学镀铜。镀液的配方为60g硫酸铜、120g乙二胺四乙酸二钠盐、0.5g亚铁氰化钾、80ml次氯酸，混合后加入氢氧化钠，将镀液的pH值调节为11，然后使用酒精灯加热至60℃。选择与补配区域面积等大的棉花，蘸取镀液后，将棉花敷贴到补配位置，尽量使棉花完全覆盖补配位置。静置6小时后，镀液与补配材料充分接触，补配材料完成"金属化"。考虑到镀液有较强的挥发性，因此需要保证通风，将挥发出来的有毒气体尽快排出室外，保证空气质量。同时，每隔30分钟更换一次棉花，以保证镀铜效果。

（五）表面着色

补配材料金属化后虽然呈现出金属光泽，但与金属文物的颜色仍有差异，为了保证金属文物的整体观感，还要采取表面着色措施，使补配部位的色泽接近金属文物本身的颜色。表面着色处理所用的溶液有两种，分别是镀金液和镀铜液。镀金液的主要成分为2g亚硫酸金钠、25g硫代硫酸钠、10g硼砂；镀铜液的主要成分为300g五水合硫酸铜、160ml乙二胺、40g硫酸钠。文物修复工作人员可以根据金属文物的不同色泽选择相应的电刷镀溶液。溶液配制完成后，将溶液倒入专用的设备中，设定参数如下：直流电压3.3V，电流密度60~80A/dm^2，镀笔移动速率10~15m/min。各项参数设置完毕后，设备即可自动对文物进行表面着色。除了电刷镀着色外，也可以根据金属文物的颜色选择相应的着色剂，然后使用棉花蘸取着色剂，将其敷贴到化学镀铜后的区域上。观察该区域的颜色变化，在接近金属文物整体色泽时即可停止操作。

锈蚀是金属文物保存过程中最常见的病害，其不仅会缩短文物的寿命，而且严重影响文物的美观程度。相较于常规的金属文物修复技术，表面处理技术一方面对文物造成的负面影响较小，另一方面还能兼顾修复和保护的效果，是目前比较理想的金属文物修复技术之一。在应用这一技术时，工作人员首先要进行检测分析，明确表面处理的基本流程并制定相应的修复计划，然后按照具体方案依次完成激光清洗、去除锈斑、补配修复、表面着色等一系列操作。在修补金属文物表面坑洞的基础上，使补配材料与金属文物整体的色泽保持一致，达到"远看一致，近看可识别"的修复要求，确保金属文物的观赏和研究价值能够充分发挥出来。

第九章 博物馆展览陈列艺术和文创开发

第一节 新形势下博物馆陈列展览的转变与发展

一、新形势下博物馆陈列展览转变发展的必要性和背景分析

（一）必要性分析

在新形势背景下，博物馆不仅肩负着保护珍贵文物的重要职责，同时也承担着传承和发扬中华优秀传统文化的重要使命，只有做好珍贵文物的陈列和展览工作，社会大众才能更加准确、更加深刻地了解和把握馆藏文物所涉及的历史演变进程以及文物背后的历史价值。为了进一步扩大文化传播覆盖领域，博物馆就必须要对现有的陈列展览模式进行推陈出新，进一步激发起社会大众对博物馆的参观欲望，全方位、多维度地满足社会大众的文化需求。

（二）背景分析

1. 群众的需求和品位发生变化

在旅游业日渐繁荣的背景下，博物馆因其强大的文化底蕴，现如今已经成为重要的旅游资源，其珍贵的文物和浓厚的文化气息是吸引游客纷至沓来的重要源泉。但是在科学技术高速发展的背景下，人们获取信息的途径更加便捷，足不出户就可以浏览天下事，生活环境的变化，也直接带动了人民群众对博物馆需求和品位的变化，如果博物馆的文物或者文物的陈列展览方式不具有足够的吸引力，那么就会有越来越多的人倾向于选择使用电子设备来汲取文化营养，而非去博物馆实地参观。形势的变化，在很大程度上敲响了博物馆陈列和展览工作的警钟，如果不能对文物的陈列和展览效果进行优化创新，博物馆的前进之路必将道阻且长。

2. 社会环境发生变化

在信息技术高速发展的背景下，传统的文物陈列和展览方法已经无法跟上时代的发展潮流，也无法满足人民群众对文物背后文化价值的深层次需求，这是一个不争的事实。人们在参观博物馆时，枯燥大于惊喜，失落大于满足，这主要是因为人们的思想价值观念在与时俱进，博物馆却仍然采用传统的陈列展览方式，这不仅无

法满足人民群众的实际需求，更无法挖掘出文物背后的人文价值。所以在社会大环境不断变化的背景下，博物馆必须要建立现代化的工作体系，紧跟时代的发展潮流，并能够对人民群众的精神文化需求进行深层次调研，真正发挥出博物馆传承文化和弘扬文化的重任。

二、博物馆陈列展览的现状分析

（一）与社会文化发展相脱离

通过大量的走访调查不难发现，现如今，绝大多数社会公众对博物馆的印象仍然停留在严肃、庄重、刻板的初级阶段，根本没有真正认识到博物馆作为一种非营利性公益性质机构的重要性。这是因为在过去相当长的一段时间里，博物馆都采用固定陈列展览的方式，即使有所调整也都是一些细节的变动，与社会公众之间存在着很大距离。在现代科学技术不断成熟的背景下，人们的审美水平不断上升，对美的要求也越来越高，如果文物的陈列展览只单纯地注重视觉效果，不能对人们产生深层次的文化引领，也不能激发起他们的探索欲望，那么文物也就失去了应有的教育功能价值。现如今，仍旧有很多文物的陈列逻辑不够科学，对文物价值的解读也不够科学和清晰，导致文物陈列展览与社会文化发展相脱离，根本无法充分发挥出文物背后所蕴含的文化价值。

（二）展览形式固化单一

虽然多媒体技术和网络信息技术已经在社会各个行业中广泛应用，但是很多博物馆对先进信息技术的应用还停留在初级阶段，文物的陈列展览方式仍旧相对固化和单一。例如在展览静态文物时，博物馆多采用实物静态陈列的方式，并配以图片、展板和灯箱对文物进行解说，这种陈列展览方式虽然容易更新并且成本低廉，但是却无法与观众进行良好互动，也无法对文物的真实状态进行全面展示，人性化稍显不足。

（三）现代信息技术运用不足

现如今，现代化技术已经广泛应用在各大博物馆中，博物馆也开始纷纷在官方网站上建设虚拟展厅，社会大众可以结合自身兴趣在虚拟展厅中对文物进行了解，利用信息技术对展品进行信息化处理，这不仅可以对文物进行多维度、全方位覆盖，同时也能深层次地满足人们的精神文化审美需求。但是在实践应用过程中，没有充分利用信息技术的先进优势，导致展览形式不够新颖、展览流程不够科学，这不仅浪费了技术资源，也影响了博物馆宣传教育功能的发挥。

(四)陈列展览主题模糊

利用博物馆文物陈列展览的公益平台体系,人们可以对历史和文化进行深层次的交流和互动,并在探究中深刻感受文化内涵、增强文化自信。但是现如今,博物馆的陈列展览普遍存在着主题模糊的情况,所陈列展览的文物与现实文化内涵需求无法有机结合,明显限制了文化背景内涵的凸显。众所周知,博物馆所陈列的物品只有高度符合当地的社会现实,并能够与当地所处环境建立一定联系,才能在情感上引起社会大众的共鸣,才能真正发挥出博物馆的教育宣传功能。但是在实践中,文化内涵与陈列物品断裂是一个普遍存在的事实,这也在很大程度上制约了博物馆的建设速度和建设水平。

三、博物馆在陈列展览中的有效转变发展措施

(一)应用高科技手段推动工作形式的更新

博物馆可以利用5G技术手段促进展览形式和陈列方法的创新。为有效落实展览工作,可以引进多媒体形式,让"声""图""动"等不同效果于文物展览中呈现,如,可以采用环绕型的音响和利用大屏幕显示器进行陈列方式的优化和设计,在视觉、听觉甚至是触觉上全方位地深入进行展览,满足参观者的实际需求。配备相关信息化设备,深入发掘相关文物的历史价值和文化价值,从而有助于更好地让群众在参观博物馆的实践环节中,理解文物背后所珍藏的文化内涵和文化底蕴。此外,博物馆在与旅游业相结合的情况下,应用上述先进技术手段,能为游客提供较为优质的体验,能在旅游行业中占据一席之地,带动整个城市的经济发展。博物馆在陈列和展览实践环节中主动进行转变和发展,提供自我展示平台,以此优化创新,可以改变原有形式上的不足,带动整个地区群众文化素养的提升,还可以与旅游行业共同进步。

(二)清晰展示重点内容,构建展示主题

博物馆陈列的相关物品在形式上完成了优化,改变了单一浅显的现实问题。设计方案和规定展览计划时一定要注重形式的转变,针对不同的展览主题要做好符合实际情况的规划和建设,以促进整体化发展。要充分展现相关物品的个性化形式,并加以创新,吸引群众的眼球。

再者,设计人员要通过不同的专业化形式"刺激"参观人员的视觉和听觉。形式的创新以及陈列讲解等不同方式,可以让群众留下较为深刻和清晰的印象。以深层次的形式满足群众在参观博物馆时的心理需求,提升其参观体验,践行多样化的方法,可以带动整个行业的运转。形式的优化创新以及改进以往在实践中的不足,

可以促进行业的有效运转。

（三）加大相关人员的学习培训，做好陈列和展览

随着社会不断发展和进步，人们的思想意识不断提高，群众接触新鲜事物机会较多，博物馆在完成陈列、展览相关工作时，应加大力度做到与时俱进，立足实际，完善创新，降低负面影响。综合分析要基于博物馆陈列中的现实情况，对博物馆内现有的资源进行整合，避免资源浪费现象的发生。

博物馆要加强相关策展人的培训工作。以系统全面的学习方式，了解先进技术和先进的博物馆陈列展览的策划方案。同时，在工作中总结经验，明确自身工作的价值和重要性，借助有效的陈列和展览提升文物对群众的吸引力，增强文物的文化内涵，提升对群众的感染力。

博物馆在组织陈列和展览的实践环节中，应注重展览实践内容与生活周围环境的紧密结合，避免出现脱节的现象；以主题烘托环境氛围的方式，满足群众在文化领域的精神需求。在实践中，相关人员应了解重点，了解发展的基本方向，认清目前社会的现实情况，从发展趋势等多方面考量，完成学习；践行多方面的措施，做好博物馆的陈列以及展览相关规划工作，促进整个行业的蓬勃发展。博物馆充分发挥教育和引导作用，可以进一步提高群众的文化素养。

（四）以人为本，渲染环境氛围

博物馆在完成陈列和展览实践工作的环节中，应秉承以人为本的原则。博物馆是为群众服务，为群众提供文化学习机会和营造文化氛围的机构。因此，各项设施和展览计划、展览措施的践行均应以博物馆自身的现实情况为准，秉承以人为本的服务理念，为群众提供良好的阅读体验。博物馆应采用立体化的形式和多样化的方式以增强效果，加深群众的实际参观感悟。此外，博物馆以人为本的服务理念也符合社会发展的现实需求。

综上所述，在目前发展的新形势下，博物馆如果想通过转变形式满足发展的需求，就必须要践行多样化的措施，带动整个行业的发展。博物馆应根据自身的新常态特征，转变原有的形式，从陈列和展览方面入手，展现出自身的作用和文化特色，吸引参观的群众，带动整个行业的进步。博物馆能够推动各方面综合成果的强化，可以通过自身的转变和发展让整个城市受益，以及促进该领域的综合性进步。博物馆在实践和运行中可以体现自身的文化宣传能力，拓宽群众的视野。

第二节 博物馆展览空间的情境剧场化设计

一、情境剧场化在博物馆展览空间设计中的应用优势

情境剧场化设计可以创造连贯的故事线，将展览内容串联成一个有机整体。通过精心策划和设计，展览空间可以像一部戏剧或故事，让观众沉浸其中。这种连贯性使观众能够更好地理解和感知展品背后的历史和文化内涵，使观众的参观经历更加完整和有意义。充分利用多媒体技术和互动装置可以增强观众的参与度和互动性。通过使用触摸屏并结合虚拟现实、增强现实等技术，观众可以与展品进行更深入的互动和探索。这样的参与式体验激发了观众的好奇心和学习兴趣，使观众更加积极地参与到展览中，提高了观众对历史和文化的理解与记忆。合理运用灯光设计和音效也是情境剧场化设计的重要手段。通过精心设计的照明和音效，展览空间可以营造出恰到好处的氛围和情感。柔和的灯光可以突出展品的细节和特色，营造出独特的视觉效果。音效的运用可以通过声音的传递和环境音乐的配搭，进一步加强观众对展品所代表的历史场景或文化背景的感知和体验。

二、情境剧场化设计在博物馆展览空间中的应用

（一）创造连贯的故事线

案例博物馆可以选择一个明确的主题或故事背景作为展览的基础。这个主题或故事背景应该与展品相关，并可以引发观众的兴趣和好奇心。例如，如果展览与某个历史事件相关，博物馆可以以该事件的关键时刻或地点作为主题，以此为线索来串联整个展览的内容。博物馆可以通过展览空间的布局和设计，来呈现故事的起承转合。展览空间可以分为不同的区域或房间，不同区域或房间呈现故事的不同阶段或场景。通过有序的导引设计和视觉元素的安排，观众可以按顺序体验故事的发展过程，从而感受到展览的连贯故事线。使用合适的展示手法和多媒体技术也是创造连贯故事线的重要手段。博物馆可以运用投影技术、音频导览、互动装置等多媒体元素来增加展览的吸引力和娱乐性。合理地安排并使用这些技术，观众可以在展览空间中获得更深入、更生动的故事体验。博物馆可以考虑采用连贯的视觉语言和主题符号来强化故事线的连贯性。通过在展览空间中使用一致的色彩、字体、图标等元素，以及与主题相关的符号和标识，观众能够在不同的展区之间建立关联，并更好地理解故事的发展和内涵。

(二)充分利用多媒体技术和互动装置

案例博物馆在多媒体技术应用方面可以实施一系列创新举措。通过使用大屏幕投影、高清视频等技术，结合展品与多媒体内容，为观众带来引人入胜的视觉体验。同时，利用短片或纪录片等影像方式，展示展品的历史背景和相关故事，使观众更直观地了解展品的价值。

在互动装置方面，案例博物馆可以设置触摸屏、游戏台等，增强观众的参与度和互动性。观众可以通过这些装置获取更多关于展品的信息，或参与互动游戏和模拟体验，从而更深入地探索展览内容。

此外，增强现实（AR）和虚拟现实（VR）技术的应用，也是案例博物馆创造沉浸式体验的重要手段。通过 AR 技术，观众可以扫描展品上的二维码或标识，获得更多虚拟元素的展示；而 VR 技术则能让观众身临其境地体验展品所代表的历史时期或特定环境。

为了实施这些创新举措，案例博物馆可以与专业的科技公司或设计团队合作。这些团队具备丰富的经验和专业知识，能够提供高质量的多媒体技术解决方案，确保多媒体内容的精准呈现和良好的用户体验。

(三)合理运用灯光设计和音效

案例博物馆可以通过灯光设计来营造不同的氛围和情境。使用定向照明和聚焦照明可以突出展品或特定区域，引导观众的目光，使其更加专注。同时，运用不同色温和颜色的灯光营造出不同情感与氛围，例如，使用柔和的暖色调灯光来打造温馨而亲切的氛围，或者使用冷色调灯光来表现出严肃和庄重的氛围。音效在情境剧场化设计中也能起到重要的作用。适当的音效可以增强观众身临其境的感受。例如，在展示一个历史场景时，通过播放背景音乐、环境声音或相关人物对话的录音，观众能够感受到时代氛围和场景的真实性。此外，利用立体声效果和定位技术，将音效从不同方向传递给观众，可以创造出立体声场的感觉，增加观众的参与感和身临其境的体验。灯光和音效也可以结合使用，从而发挥更加综合的效果。通过精心设计的灯光变化和音效转换，可以实现展览场景之间的过渡与连接，使整个展览呈现出流畅而连贯的故事线。例如，在观众穿越不同展区时，利用渐变的灯光和音效来引导观众的行进节奏，增强观众的参与感和期待感。

(四)结合展品特点规划空间布局

案例博物馆在空间布局规划上可以根据展品的主题和特点进行精细化设计。通过分类分组的展品，依据相关性和故事线索安排展厅布局，实现连贯的展示效果。大型展品可设置专门的展台或展柜，强调其重要性；小型展品则可使用展示架或展示盒，方便观众近距离观察。同时，利用支架、模型、图表等，以图文并茂的方式呈现展品信息。

情境剧场化设计方面，案例博物馆可以通过装饰元素、背景音乐和氛围灯光等，营造与展品相关的环境氛围，增强展示效果。例如，对于不同历史时期的展品，设置相应的装饰元素和背景音乐，重现当时环境，使观众更深刻地感受文化历史价值。

此外，案例博物馆还可以引入沉浸式设计元素，运用虚拟现实技术、全息投影或交互式装置等，将观众带入展品所代表的情境之中。观众可以与展品互动，参与故事情节，深入理解展品意义，增加参与度和兴趣。

（五）利用景观设计和装饰元素

案例博物馆可以利用景观设计来打造独特的展览环境。通过合理规划和布置植被、花草以及水景等自然元素，营造出与展品主题相符的氛围。例如，对于展示自然历史或生物多样性的展览，我们可以模拟自然环境，使用适宜的植被和水景，让观众感受到身临其境的自然之美。而对于历史文化类展览，我们可以运用景观设计元素来再现特定历史时期的建筑风格或景观特征，营造出具有时代感的展览氛围。装饰元素在情境剧场化设计中扮演着重要角色。案例博物馆可以根据展品的特点和主题选择合适的装饰元素，并将其巧妙地融入展览空间中。例如，在展示艺术品的区域，我们可以采用特殊的墙面装饰、艺术品配套的家具或装置艺术作品等，以提升观众对艺术品的感知和欣赏。对于具有宗教或神圣意义的展品，我们可以运用相应的装饰元素，如雕塑、壁画或石柱等，营造出庄重而肃穆的氛围。

情境剧场化设计还可以结合景观设计和装饰元素创造出视觉引导效果。我们可以设置景观要素的位置、高度和颜色，引导观众的目光流线，使其在展览空间中有序地移动。例如，使用起伏的地形设计、曲线路径或平台来引导观众按照预定的路线参观展览，同时增加观众的探索兴趣。此外，利用色彩搭配、灯光照明和装饰元素的排列，突出展品或特定区域，吸引观众的注意力，并引导观众更深入地了解展品信息。装饰元素还可以与技术手段结合，创造出互动式和沉浸式的展览体验。案例博物馆可以利用投影技术、虚拟现实或增强现实等技术手段，将装饰元素与数字内容相结合，呈现出动态的视觉效果或交互式的展示形式。这种融合可以使观众参与到展览中，与展品产生更直接的互动，并提升观众的参与度。

（六）采用故事性的展示方式

情境剧场化设计在博物馆展览空间中可以采用故事性的展示方式，通过角色扮演、虚拟人物引导参观和模拟重要历史事件的互动表演等手段，为观众创造出生动而引人入胜的展览体验。

案例博物馆可以邀请专业演员或工作人员扮演历史人物或相关角色，在展览空间中进行角色扮演。这些角色扮演者可以根据展览内容和历史背景，以真实的形象出现，并使用适当的服装和道具，与观众进行互动。工作人员可以通过讲述故事、回答问题或传授技艺等方式，将观众带入特定的历史时期或文化背景，使观众更加身临其境地感受到历史事件的氛围和情境。

利用虚拟现实技术或数字化展示手段，案例博物馆可以创建虚拟人物来引导观众参观。这些虚拟人物可以是历史人物的再现，也可以是特定角色的形象。通过在展览空间中设置交互式屏幕或头戴式显示器，观众可以与虚拟人物进行对话和互动。虚拟人物可以向观众提供导览、解说和答疑等服务，引领观众深入理解展品的历史背景和文化内涵。

为了让观众更好地了解和体验重要历史事件，案例博物馆可以设计互动表演，模拟这些事件的场景。通过设置舞台和相关道具，邀请专业演员或志愿者参与互动表演，观众可以作为旁观者或参与者，目睹历史事件的再现。这种表演形式可以通过生动的表演、音效和灯光效果，将观众带入历史事件发生的环境中，增强其沉浸感和参与感。情境剧场化设计在博物馆展览空间中采用故事性的展示方式，通过角色扮演、虚拟人物引导参观和模拟重要历史事件的互动表演等手段，为观众创造出生动而引人入胜的展览体验。这种设计方式能让观众与历史人物或虚拟形象进行互动，深入了解展品所表达的历史和文化内涵，并通过互动表演来亲身体验历史事件的情境，从而增强观众的参与感和对历史事件的理解。

（七）提供多维度的观众参与

案例博物馆可以设计一些参与性强的活动或工作坊，让观众亲自参与到展览过程中。例如，组织手工艺制作活动、模拟实验或演绎等，观众可以亲自动手，体验展品所呈现的技艺或过程。这样的活动不仅让观众参与其中，还促使观众深入了解展品背后的知识和技术。案例博物馆可以利用数字技术和互联网平台，提供在线互动和社交分享的机会。观众可以通过手机应用程序或网站，参与在线互动游戏、留言评论或分享展览内容。这种形式让观众在展馆之外也能与其他观众或博物馆进行互动，拓宽了展览的影响范围。案例博物馆还可以通过设计多媒体展示，结合影像、声音和文字等元素，打造更丰富的观赏体验。案例博物馆更可以使用投影、视频、音效等技术手段，将展品呈现在多维度的空间中，让观众感受到身临其境的沉浸式体验。观众可以自由选择关注的角度，深入探索感兴趣的内容，进行个性化的参与方式。

第三节 基层博物馆陈列展览的可持续发展方式

一、基层博物馆陈列展览的特点和价值

（一）时空性和流动性特点

在不同地区的基层博物馆中，陈列展览类活动普遍具有时空性和流动性等特点，因此需要通过特定的建筑空间和游览路径，为游览者们全面地、立体化地展示博物馆展出的具体藏品和文化遗物等内容，但是需要处理好陈列内容和展品性质之间的关系，对陈列设备和场馆设施、灯光等要素进行统筹规划和合理设计，这样才能达到预期的展陈效果。时空性和流动性等特点会集中体现在不同游览路径设计方案之中。基层博物馆的策划工作人员需要重点体现特定展陈主题、藏品性质等基本信息之间的关联性，从而呈现出多个维度的策划设计效果。基层博物馆的展陈空间比较有限，需以核心空间资源为基础，对展陈藏品数量和平面间距进行优化设计，从而呈现出较强的空间和时间流动性特征。

（二）按主题和艺术形式进行组合

在策划设计具体陈列展览活动的过程中，需要突出具体内容和主题。可以对特定展览主题和艺术设计形式进行有机组合，重点呈现基层博物馆的艺术文化内涵和宣传教育创新之处，立体化展示展品目录与构思设计方案之间的关联性，并配置特定的灯光条件，这样才能立体化展示博物馆的独特艺术风格和表现手法。不同内容主题的基层博物馆陈列展览活动，需要全方位、立体化展现时间和空间维度上的故事场景，并将展品浓缩到特定空间区域之中，这样才能协助特定主办方实现文化教育与宣传等展览目标。按照特定主题以及展览艺术设计形式进行有机组合，非常考验基层博物馆对陈列展览活动的策划设计能力，也需要迎合游览者的独特需求，客观展现陈列内容。

（三）文化宣传与传播

不同地区的基层博物馆需要通过多种多样的陈列展览类活动，来实现文化宣传与价值观传播的具体功能，其文化传播价值优势非常显著。但是与省市地方博物馆有所不同，基层博物馆等公益机构侧重于地域性文化元素符号的传承和推广活动的宣传，需要全面展示馆藏藏品的独特文化内涵和内容主题等。基层博物馆在进行文化宣传和价值观传播的过程中，需要合理组织和调度馆藏资源，将历史文物和历史

史料等不同载体直观地展示在游览者面前。通过一系列基层博物馆的陈列展览类活动，很多游览者能够直观地感受到具象和抽象的文化内涵、思想精神等内容，拓展了文化信息的传播渠道。这样一来，就从艺术性、系统性等多个维度提升了基层博物馆的文化宣传传播价值和优势。

（四）历史文化教育

在对基层博物馆的各项陈列展览活动进行策划设计的过程中，相关工作人员需要从历史文化教育等多个视角客观展现展品的独特文化传承价值和教育功能，并通过独特的艺术展现形式和风格，将历史文物的现实性、具象性和抽象性特征进行深度解读，协助游览者初步理解历史文物的独特传承价值和艺术魅力。基层博物馆需要承担起历史文化教育的具体职能，这样才能合理配置面向大众群体的教育资源，将具体展品和馆藏藏品作为历史文化教育的重要载体。历史文化教育是基层博物馆的重要职能之一，但是我们要避免将陈列展览类活动局限在某一个形式之中，这将影响文物等教育资源的信息传播和拓展。

二、基层博物馆的陈列展示策划

改革开放后，我国文化事业建设得到快速发展，博物馆数量和类型发生了巨大变化，中国博物馆事业进入新的历史发展时期。博物馆积极履行职能的同时自觉承担社会责任，在传播文化等方面发挥重要作用。陈列展示策划是博物馆文化传播的核心，基层博物馆陈列展示策划要结合地方特色文化突出主题。当前基层博物馆陈列展示策划存在诸多不足，如何科学优化基层博物馆陈列展示策划，是亟待研究的重要课题。

（一）博物馆陈列展示策划分析

博物馆是为社会发展服务的非营利性常设机构，是以教育研究为目的的保护、传播人类文化遗产的机构。博物馆的性质体现在不以营利为目的、为社会发展服务、面向大众的永久性机构上。博物馆的公益性决定了它为公众服务。博物馆是收藏文化遗存的教育机关，具有专业性、权威性的特点，是利用陈列标本进行宣传政策、经济、文化等的教育工具。博物馆的职能有多种，其服务社会的形式具有独特性。博物馆的发展演变与社会进步相互影响，是多功能文化复合体。

博物馆是通过某种方式进行藏品展示陈列的特殊场所。我们可以通过展示营造氛围，激发人们的兴趣。博物馆具有明显的空间感知特点。空间是其展示媒介。博物馆建筑空间包括地面、墙面及与天花板围成的室内空间，按照功能划分为陈列空间与服务空间。博物馆的空间划分主要为满足自身的功能要求，满足公众的空间审美需求。博物馆陈列展览在时间规模与固定性方面存在差异，博物馆陈列展示策划是以文物标本为基础，按主题系列形成组合，进行教育传播和文化信息传播。陈列展示策划要求思想性与艺术性融合，表现形式触动观众心灵；要求博物馆陈列展示策划把握艺术性展现，根据观众心理、生理特点等方面综合考虑空间总体规划；艺术处理要求寻找典型特征塑造成功艺术形象；空间安排要求虚实有序，适当合理划分空间布局。我们可以根据陈列主题把握展出内容，以艺术形式进行展示策划设计。

博物馆陈列展览的类型有多种，根据场所分为室内陈列与室外陈列，按形态分为固定陈列与移动陈列，依据时间包括常设陈列与临时陈列。博物馆陈列展览策划设计要素包括展示空间、陈列物品与陈列工具。展示空间是利用部分空间场地，运用道具灯光等满足参观者生理、心理需求；陈列物品包括平放与立体展品，陈列物品的方式有周边式、独立式与混合式陈列。陈列工具是陈列物品的主要载体，是博物馆陈列展示的重要元素，博物馆陈列工具包括展柜、展板。博物馆陈列展览策划是复杂的过程，包括策划设计、艺术形式设计等环节。陈列设计包含其他专业领域的知识元素。博物馆陈列工作首先要确定选题，与博物馆方面、设计公司协作完成任务。设计大纲是博物馆陈列设计的内容文字框架，须经过不断修改编写。

（二）博物馆陈列展览策划的特性与意义

博物馆的陈列展览策划具有时间性与流动性特点，博物馆的陈列空间特点决定了其展示设计的特殊性。博物馆的产生从收藏开始。陈列空间是博物馆的核心空间，其展示水平是衡量博物馆工作质量的重要标志。博物馆的日常工作是征集收藏文物、举办陈列展览、进行教育。陈列展览策划要运用形象思维，通过艺术手段表现构思，要处理好陈列内容与展品性质的关系，展示陈列设备、造型设计与选材等方面的关系，博物馆安全防盗设施与陈列空间艺术处理等方面的关系。博物馆陈列展览策划涉及众多学科，具有设计内容多维性特点。

博物馆的陈列展览策划不同于经济商业性展览艺术，二者的设计思想存在差异。博物馆的陈列展览策划要综合体现博物馆的特有性质，展览常取富贵华美的艺术格调渲染科技成就的辉煌。博物馆展品多以珍贵的历史文物为主。博物馆对标本的保管收藏要求严格。博物馆的陈列展览策划包括陈列空间与展示艺术。设计陈列空间要确定设计属性与对象要素。博物馆陈列以文物标本为基础，按主题艺术形式组合，进行教育传播。博物馆的陈列展览策划是采用艺术手段对文物标本等内容进行科学组合，以达到展示科技、自然、历史发展规律的目的。博物馆的陈列展览策划依据主题要求确定风格，运用科技手段组合展品。博物馆的陈列展览策划包含收集资料、确定展品目录、构思展示艺术方案等一系列工作。艺术设计包含构思方案筛选优化、确定艺术风格、展示方式、灯光配置等。

博物馆的陈列展览策划具有文化传播和文化教育意义。博物馆的研究工作的目的是揭示收藏物的历史、艺术、科学价值。研究工作是博物馆陈列展览的基础。陈列展览在藏品的形象性发掘中占据核心地位。我们要将学术性的藏品通过陈列展览发掘其形象性，能够起到良好的教育效果。博物馆的陈列展览将晦涩难懂的文物标本通过策划，贴近民众生活，与观众产生共鸣；收藏文物标本通过展览陈列表现其艺术性来迎合观众的审美情趣。很多人到博物馆通过展览陈列的藏品获取信息知识。博物馆陈列展览在信息传播中具有核心地位。文物具有历史现实性、具象与抽象性。陈列展览从博物馆输出信息入手，向观众展示科学健康的主题。如青铜器的历史性是商周时期的实用器具，现实性是通过展览展示青铜文化。

三、基层博物馆陈列展览策划的改进对策

随着博物馆的免费开放，博物馆要在做好文物收藏等工作的基础上精心策展，陈列展览是体现博物馆文化价值的基本方式，陈列是博物馆进行社会教育与为科研提供参考的重要方式，博物馆的陈列展览体现博物馆藏品与管理工作的水平。基层博物馆大多为综合性博物馆，博物馆应有体现馆藏性质的基本陈列。当前基层博物馆陈列策划存在一系列问题。博物馆的陈列策划要彰显本土特色，围绕主题，创新展陈形式，加强展陈工作管理。

（一）基层博物馆的陈列展览策划的要求

基层博物馆的展陈策划要准确选择展览主题，精心编写陈列大纲，合理选择参展文物。展览主题是博物馆展陈设计的关键问题。我们在选择展览主题时，要注重艺术定位，突出地域历史文化。博物馆陈列展览主题的定位要根据地域文化等多方面因素考虑。综合类博物馆要围绕历史特色来确定，反映某领域专题内容，要结合地域文化特性展开，以突出地域性。主题艺术形象的打造是反映陈列展览主题的核心手段，展览设计要向观众生动传递展览相关的内容信息。

博物馆陈列展览大纲的撰写是展览成功的前提，要组织专业人士研讨大纲框架，以保证其科学严谨性。群众的知识层面、传统习惯不同，所以，我们要结合当地优秀文化传统，充分挖掘能够彰显本土自然历史等方面亮点的主题。文物是表现陈列展览内容的主要载体，陈列展览大纲选定文物的标准非常重要，这要求选择要适合，其类型与陈列展览主题要紧密联系。选择陈列展览的文物要与本土历史文化发展相关，要避免选择与本土文化无关的文物。综合性展览陈列选择的文物不同于专题展陈。综合性展陈应以表现该展览主题为基础。基础博物馆在对文物的选择中，若出现文物破损，须请有资质的维修部门维修。从丰富陈列展览内容的角度出发，我们要选择不同地区、不同类型的文物，使文物的内涵得到充分体现。

博物馆运用艺术手段设计具有艺术形象的展陈，可以充分发挥自身的教育功能，要求科学配置展览光线，艺术规划展览空间，巧妙搭配衬托材料，合理利用科技手段提升展览观感效果。博物馆陈列布展要注意空间的和谐统一，用艺术手法打造特定空间架构，展览布展前要对展厅展柜进行合理布局。展览光线设计是准确表达陈列主题的前提，因为这可以影响陈列展览的艺术效果。我们需要考虑照明强度与光照角度，充分显示展品的形状、色调、质感，添加独特构思来配合色彩冲击力，注重色彩在展览形式设计中的应用。我们可以根据不同单元、不同主题，采用主色调烘托展览，在布展中注意光线控制，采用艺术灯光设计，对文物进行一定的保护。博物馆举办展览可以根据展品材质运用巧妙构思选择合适的材料衬托，凸显文物的珍贵高雅。

（二）博物馆展陈策划的优化建议

博物馆客观地向人们展示人类历史文明，展示人类祖辈经历过的生活。当今社会进入信息革命时代，信息时刻占据人类生活的各方面，现代博物馆是广泛收集某种信息资源的场所。历史博物馆陈列人类社会历史事件，直观展示人类生产生活创造的智慧，用直观的方式刺激人类感官。现代博物馆的陈列展览设计要与时俱进。我们可以利用虚拟手段陈列表达博物馆展品的核心精神。博物馆的陈列展览技术随着信息化的发展而不断进步。基层博物馆的展陈策划要求突出文物信息的真实性，提高藏品的使用率。如故宫博物院数字化博物馆设置详细的选择项，点击参观导览，打开设置的超链接，为观众提供清晰的引导。观众根据浏览参观目的，进入不同的页面。其设置简洁明了，为观众提供了参观方向。

博物馆展陈策划要注意文字内容创新、形式艺术创新与观众参与创新。要用精练的词句提示主题思想，以帮助观众迅速、全面认识展品。如墨西哥国立人类学博物馆中陈列的24吨第五太阳石，是阿兹台克文化的象征，需要通过文字说明让使观众理解石头的来源。博物馆展陈中的文字创新要求说明具有专业性，说明设计的有趣、直观，数字化博物馆要求具有时代感。文字说明应为表达展陈内容与主题思想，《博物馆学概论》规定了文字说明的内容、标题、特点等问题，展陈文字说明要观点明确，如台北故宫博物院资源丰富，陈居中的《文姬归汉图》、吴琚的七言诗行草等具有重要收藏价值，其文字说明是观众领略书画艺术历史价值的关键。李公麟《免胄图》的文字说明可指引观众了解历史，又长又晦涩的解说难以引起观众的阅读兴趣。

博物馆同时也是爱国主义教育基地，设计要为大多数人所接受。博物馆展陈形式艺术要从舒适感、整体感与特色感等方面创新。博物馆要展陈珍稀文物，就必须严格控制博物馆的温湿度。博物馆要为观众营造舒适感。如天津自然博物馆动物陈列室的设计采取不规则空间分割，力求达到摄影机拉近镜头焦距的效果，选择曲线构图方式，改变四平八稳的格局；湖北随州博物馆战国曾侯乙墓出土文物的陈列采用锯齿形折线布局，使过渡空间减少，扩大展览空间；云南红河哈尼族彝族自治州博物馆利用陈列高低错落形成落差线条，产生美观的层次效果，观众视线随着展品上下起浮，使得展览富有活力。

基层博物馆的陈列展览策划管理要加强设计师的文博素养，规范陈列、深化设计环节，管理好陈列设计的工程招投标。陈列设计师要具有艺术设计能力，学习建筑结构工艺材料学等相关知识，陈列设计工作内容包括划分空间布局，确定陈设设计重点等。设计师要具备艺术修养与想象力，陈列设计师要在方案构思前研究陈列宗旨、计划内容等，用视觉化草图的形式分析陈列文本中的篇章结构，将实物与辅助陈列进行列表统计，整体考察陈列品的尺度范围。博物馆陈列设计师要具备较强的专业知识和扎实的科学文化知识，熟练掌握计算机辅助设计语言。部分基层博物馆的陈列设计师缺乏对文物学等的系统研究，因此，我们要培养具有创新精神的博物馆陈列设计人才，提升基层博物馆陈列的策划水平。

四、基层博物馆陈列展览的可持续发展方式

（一）运用高科技手段，推动陈列展览形式的创新

在整体策划设计各项陈列展览类活动的过程中，基层博物馆的讲解员和其他工作人员需要运用场景化的展览空间展示形式，搭配独特的艺术设计风格，在运用VR以及AR技术进行全景化展览空间设计的过程中，突出不同游览路线和活动主题之间的关联性。基层博物馆需要及时引进高科技手段和计算机设备，动态化模拟分析不同展品在展览空间区域内的独特游览角度，结合地域性的历史文化内涵和精神价值等教育资源，优化陈列展览活动的实际实施效果。

（二）清晰展示藏品内容，构建展览主题

合理运用室内外展览空间，清晰展示具体藏品内容，讲解员和其他工作人员需要统一对展览品的认知，全面突出馆藏文物的历史信息真实性和具象性等特征，协助游览者从不同的视角了解和还原历史事件及场景故事等内容。很多基层博物馆在引入全景化展览空间模式的过程中，能够合理布置不同馆藏展览品之间的空间密度和间距等设计要素，并在构建具体展览主题的过程中，将数字化技术和虚拟现实技术相融合，清晰引导观众沉浸式体验不同游览空间区域，从而打造特定的沉浸式展览场景。通过清晰展示具体的藏品内容，并对其进行全方位解读，我们才能构建起立体化的展览主题。

（三）加强工作人员的岗位培训

基层博物馆的讲解员等专业工作人员需要具备一定的活动策划意识和创新意识。只有这样才能最大限度地提升博物馆的各项文化教育功能和资源整合价值。因此，基层博物馆需要进一步加强对内部工作人员的岗位培训，并将策划设计、艺术设计、场景空间设计、建筑设计、活动策划与实施、展览品讲解、虚拟现实技术等不同培训资源进行分类整合，协助工作人员掌握更多专业技能，从而服务好不同展览活动的受众群体。通过系统化的岗位培训，基层博物馆协同举办的各项陈列展览活动，能够优化配置高科技资源和人力资源，对核心展览空间和辅助展览空间中布置的展品、故事场景和游览路线进行有机融合，充分发挥馆内工作人员的专业认知优势，并构建起良性培训教育模式。

（四）以人为本，渲染展览环境氛围

以人为本，需要以基层博物馆举办的展览活动参与者为主，并逐步优化展览空间内的藏品陈列形式，引导观众沉浸式体验不同游览路线和内容主题之间的关联性。在全面渲染展览环境和氛围的过程中，需要将灯光的明暗度、色度等技术参数设置在合理区间之内，避免影响部分馆藏展览物品的各项表面纹理清晰度和环境安全稳定性。以人为本渲染基层博物馆的展览环境氛围，也有助于提升历史文化教育资源的空间整合价值，并将文物数量、空间配置形式等策划设计内容与场馆实际情况相结合，营造出沉浸式的展览体验效果。

第四节 文旅融合背景下博物馆发展的新机遇

一、博物馆与文旅融合发展的适应性

作为文化遗产的守护者和传承者，博物馆与文旅融合发展具有适应性。

首先，博物馆拥有丰富的文化资源，可以满足不同人的需求。不论是对历史文化感兴趣的学者、艺术爱好者，还是对科学技术有浓厚兴趣的年轻人，博物馆都能为其提供有针对性的内容和体验，满足其精神文化需求。

其次，博物馆的展览活动具有灵活性，可以随着社会需求和时代的变化进行调整。在文旅产业的发展过程中，博物馆可以举办特色展览活动，围绕时事热点、社会问题等进行主题展示，从而引发公众的关注与参与。此外，博物馆还可以利用互联网技术和数字技术推出虚拟展览、在线讲座等活动，使更多人享受到博物馆的文化服务。

再次，博物馆具有与旅游景点协同发展的潜力。在文旅融合背景下，博物馆可以与周边旅游景点合作，打造精品旅游路线和旅游产品。游客可以在欣赏自然美景之余，前往博物馆深入了解当地的历史文化，丰富自身的旅游体验。

最后，博物馆通过举办文化和教育活动，能够为社会大众提供更加多元的服务。比如，博物馆可以面向大众开展公益讲座，向大众讲解更多文物知识；可以与高校合作举办学术研讨会等学术交流活动，为学者们提供良好的研究合作平台。此外，博物馆还可以开展亲子活动、工作坊等教育活动，培养年轻一代的文物意识和创造力。

总之，博物馆作为文旅产业的重要组成部分，与文旅融合发展具有很强的适应性。博物馆拥有丰富的文物资源，可以利用灵活的展览方式展出这些资源，同时与旅游景点合作，推出精品旅游路线，为人们提供多元化的文化服务，进而满足人们的个性化需求，推动文旅融合良性发展。

二、文旅融合背景下博物馆的发展现状

近年来，我国博物馆事业取得了显著的发展成效，各类博物馆不断增加，场馆设施不断完善，展陈水平不断提高，观众数量也呈现出持续增长的态势。然而，作为文化旅游产业的重要组成部分，在文旅融合快速发展的过程中，博物馆在创新发展方面仍然面临着一些亟待解决的问题。

（一）展陈内容单一，缺乏吸引力

博物馆拥有历史悠久且种类丰富的文物资源，博物馆中的文物主要通过展览、陈列等形式向大众展出。随着博物馆的热度不断提高，很多游客不远千里来到博物馆，只为一睹当地文物的风采，对博物馆抱有较大的期望。然而，当下博物馆传统的展陈形式显然已经不能满足受众的需求。一方面，博物馆文物的展陈形式较为单一。一直以来，博物馆都给人一种庄严的感觉，使人有一种距离感。博物馆要想拉近与受众之间的距离，就必须改变自身的形象。但是现阶段，大部分博物馆的展览都是将文物直接放置在展览箱中展出，并在旁边配以文字介绍。这种展览形式虽然明了易懂，但是缺乏新意，难以给受众留下深刻的印象。另一方面，展览内容重复也是造成博物馆展览缺乏吸引力的主要原因之一。博物馆展览的内容和主题直接关系到该展览是否具备较强的吸引力。中国国家博物馆数据报告（2022年度）显示，2022年，中国国家博物馆共举办各类展览49个，其中包括3个基本陈列、11个专题展览、28个临时展览以及7个巡回展览，展览主题包括"镜里千秋——中国古代铜镜文化""和合共生——故宫·国博藏文物联展""意大利之源——古罗马文明展"等，这些都是具有高知名度和热度的主题。可见，博物馆展览主题的多元化是提升博物馆"流量"的密码，展览作为博物馆最重要的文化服务产品，必须精益求精。

（二）观众参与度不高，互动性不足

作为提供公共文化服务的重要单位，博物馆需要确保自身的文化辐射力度和范围。从文化传播角度来看，博物馆是文化的输出侧和供给侧，受众则是文化的需求侧。供给要想满足需求，就必须准确把握需求甚至创造需求。而从目前博物馆受众的满意度来看，博物馆还需要在受众参与度以及社区互动方面下功夫。受众参与度不高是当前博物馆面临的普遍问题。通过实地调研发现，造成这一问题的原因主要有以下几个方面。首先，博物馆在展览设计方面存在单向输出问题。传统的博物馆展览模式过于呆板，缺乏互动性和参与性，导致受众往往只能观看文物，缺少互动的机会。这使得受众难以与展品产生交流，因而降低了他们的参与度。其次，博物馆在互动体验方面缺乏创新。随着数字化时代的到来，各行各业开始运用数字化手段去辅助或单独完成部分工作。博物馆可以利用虚拟现实、增强现实等技术为受众提供更丰富多样的互动体验。然而，一些博物馆并未意识到这些技术的重要性，无法让受众在参观过程中产生参与感，影响了受众的体验。最后，博物馆与受众的互动交流不够。博物馆应积极倾听受众的声音，并根据受众的反馈对工作进行相应的调整，可以通过问卷调查、座谈会等方式全面了解观众的兴趣和需求，从而为他们提供更好的参观体验。

（三）文化服务产品缺乏创新，动力不足

一直以来，陈列展览都是博物馆的中心工作，是为人民群众提供文化服务的重要手段，也是博物馆公共文化服务产品的主要形式。21世纪以来，新博物馆学逐渐兴起，博物馆的功能也在不断更新。在新公共服务理论的影响下，公共文化服务的方向逐渐从供给决定向需求导向过渡。在此背景下，博物馆公共文化服务产品的供给在形式和数量上也必须跟上受众的需求。目前，博物馆主要的文化服务产品除了陈列展览外，大部分是文创产品。而随着文旅融合的深入，博物馆也应积极打开思路，开发更多的文旅项目，如研学等。但是受到资金、人才等资源的限制，博物馆文旅项目的开发难度较大。对此，博物馆可以与社会力量合作，共同开发新文化服务产品，例如，与艺术家、设计师、创意机构等合作。在此过程中，博物馆要注意不断完善合作机制和平台。

三、文旅融合背景下博物馆的发展路径探讨

（一）创新展览内容，焕发吸引力新光芒

在文旅融合的新时代，人们的出游动机已经转变为追寻和体验各地的特色文化。博物馆作为文化传承的重要载体，应积极策划富有本地特色的主题展览。通过故事

化的叙事方式，将展览内容以引人入胜的情节展现出来，激发观众的兴趣和情感共鸣。同时，展览内容应力求简洁明了，通过讲述真实、生动的故事，帮助观众深入理解展品背后的文化内涵和历史价值。

为提升观众体验，博物馆可引入智能导览系统、语音解说、移动应用程序等现代科技手段，为观众提供全方位、个性化的服务。此外，博物馆还应紧跟时事热点，定期推出相关主题展览，吸引公众关注和讨论。同时，与其他博物馆、画廊或艺术机构的合作，可以引入更多元化的艺术风格和文化元素，进一步拓宽展览的受众范围。

在展览形式与场馆布局上，博物馆应大胆创新，打破传统展览模式的束缚。通过丰富多样的展览形式和灵活的场馆布局，为观众带来全新的视觉和感官体验，满足不同年龄段、不同兴趣爱好的观众需求。

在展览技术方面，博物馆应积极探索数字技术和多媒体技术的应用。利用虚拟现实、增强现实、全息投影等先进技术，为观众打造更加生动、逼真的展览场景。观众可以与展品进行互动，深入了解其文化内涵，增强参观的趣味性和互动性。

（二）文创产品焕新颜，文化服务更贴心

文创产品作为博物馆与公众沟通的重要桥梁，其设计和质量至关重要。然而，当前博物馆文创产品市场面临同质化严重、受众满意度不高等问题。为此，博物馆应加大创新力度，提升文创产品的吸引力和文化内涵。

博物馆可以组织创意活动，邀请公众参与文创产品设计，通过比赛等形式激发大众的创新热情。同时，与本土艺术家、设计师或文化创意机构的合作也是提升文创产品质量的有效途径。他们可以根据博物馆的主题和展品特色，共同设计出既具有审美价值又实用的文创产品。

在数字化时代，博物馆还应拓展文化服务的范围和形式。利用新媒体技术开发移动应用程序，提供参观导览、展品解说等便捷服务。此外，建立数字档案库，让公众能够随时随地在线浏览博物馆的珍贵藏品。

为了提供更加个性化的服务，博物馆可以利用大数据和互联网技术为观众提供定制化的导览服务。观众只需提前预约并输入相关信息，即可获得专属的参观路线和专业导览员的陪同讲解，让每一次参观都成为一次深入的文化体验之旅。

（三）充实人才队伍，提高人才质量

人才是博物馆发展的关键。目前，许多博物馆受到人才匮乏、人才专业性不高等现实问题的影响而无法高质量开展工作，影响了受众的满意度。博物馆可以通过积极招聘优秀人才和加强培训等方式，充实人才队伍并提高人才质量。博物馆可以与高校和相关研究机构合作，吸引具有相关专业背景和经验的人才加入。此外，聘

请国内外知名专家作为顾问或特聘讲师为人才培养提供指导和支持。同时，博物馆应当制定完善的人才培养计划，包括内部学习、外出培训和学术交流。内部培训可以由博物馆内部的高级工作人员和专家负责，针对不同职位安排不同的培训课程，提升员工的专业能力和管理能力。同时，博物馆还可以组织员工参加外部培训、研讨会和学术会议，与其他博物馆和文化机构进行交流，拓宽员工的视野，增加员工的专业知识储备和经验。除了专业知识和技能的培养之外，博物馆还应该注重培养员工的团队意识、创新思维和团队合作能力。博物馆可以通过组织创意讨论、团队项目和跨部门合作等活动，鼓励员工提出新颖的想法和方案，提升员工的团队协作能力。同时，博物馆还可以邀请专家进行培训，提高员工的综合能力。多样的培养方式将有助于激发员工的创造力，推动博物馆的不断创新和发展。

总之，博物馆参与文旅融合是符合当下经济发展趋势的创新发展模式的。博物馆通过将文化资源与大众旅游需求相结合，提供多样化的文化旅游产品和新颖的文化服务，不仅能够丰富人们的旅游体验，还有助于实现自身的可持续发展，促进地方经济繁荣发展。

第五节 博物馆文创产品的开发策略与经营途径

文创产品是文化创意产业的产物，是文化创意产业内涵的延伸，具有一定文化性、地域性及民族性等。博物馆文创是在文创产品的基本属性基础上，利用博物馆自身资源，通过提取、重组等创意设计方法而衍生出的创意产品，它继承了原馆藏物品的形式、风格、意义、元素符号等，具有深厚的文化内涵和实用价值。

一、博物馆文创产品的开发策略

（一）基于故事叙述的游戏化设计

游戏化设计是指在非游戏情境中使用游戏元素及游戏机制。游戏化设计介入博物馆文创设计，是基于博物馆文创设计开发这一非游戏情境，使用户通过游戏化进程去深入了解博物馆文创的文化内涵。2016年，受到逻辑推理类综艺节目热播的影响，线下的"剧本杀"开始在国内大范围普及。游戏全程以剧本为核心，不仅满足了年轻人对于社交的高需求，角色扮演演绎剧本的热潮更是吸引了大批消费者。在当前注重版权保护与提倡文化产业发展的环境下，这有利于"游戏+文创"模式的发展。"剧本杀"等游戏化的故事演绎方式，为博物馆文创产品叙事性开发提供了更广阔的发展空间。

（二）基于符号挖掘的品牌跨界

在万物皆可跨界的时代，各大企业与品牌纷纷物色合作对象，联合跨界打造更加广阔的营销策略。博物馆文化创意产品的跨界设计应与生产经营环节充分结合，生产出符合消费者和市场需求的产品。博物馆的文化符号是博物馆文化内涵最直观的体现，是博物馆文化最典型的象征，通过文化符号的挖掘来实现跨界联名是博物馆文创产品跨界融合最普遍、最具代表性的方式之一。基于符号挖掘的博物馆跨界融合主要分为三部分：与热门 IP 融合、与第三方合作、新媒体平台助力。三种方式相互贯通，强强联合，增强了博物馆文创产品的品牌效应。

（三）基于情境体验的数字融合

伴随着互联网大数据、云计算、人工智能等新技术的广泛应用，基于增强体验、个性化体验等情境体验的数字技术融合策略，成为数字时代博物馆文创开发的显著特征。通过引入数字技术对博物馆文创进行情境分析可知，数字媒介的应用与融合方式、用户接收信息的渠道等成为博物馆情境设计的约束条件。在博物馆文创数字情境的营造过程中，借用新媒体媒介将动态影像赋予实物中，突破了以实物、模型、图像文字为基础的传统博物馆文化创意设计模式，为观众提供了前所未有的视听体验。如故宫博物院建立了数字故宫小程序，用户在手机上即可参观，了解各种文物信息。数字时代为观众提供了更生动的情境体验，这已成为博物馆文创最主要的开发策略之一。

二、博物馆文创产品的经营途径

（一）通过实体文创商店经营

在文创产品商店，游客可直接挑选该博物馆的所有文创产品，直接与销售员沟通交流，便捷地获取自己所需的文创产品。文创商店经营文创产品是为游客提供参观和体验文创产品的重要阵地，这一渠道不可忽视。文创商店的位置设在博物馆陈列展览厅前、中、后均可，更符合民众参观博物馆习惯的位置应是陈列展览厅之后，因为游客在参观展览时，注意力更集中于展览本身，当参观结束后，他们才会想要购买一些文创产品带回家作为纪念品。

（二）通过举办文创主题活动提升文创产品的知名度

文创产品需要展示出来才能被民众熟知。举办丰富多彩的文创展览活动是吸引民众前来参观文创产品、提升文创产品知名度的有效方式。2022年国际博物馆日当天，德州市博物馆举办的文创集市活动内容丰富，包含丝网印刷和凸版印刷术的互动体验、古代服装体验区以及非物质文化遗产的糖画展示等，这吸引了大量游客前来参观。2022 年 6 月，在兰州市举办的首届文创节，参与单位有 200 多家，文创产品种类多样，现场活动更是丰富多彩，吸引了众多参观者。对研发文创产品较多的博物馆来讲，不定期举办"文创产品展"是行之有效的营销策略。

（三）通过网页、手机客户端等新媒体平台经营

近年来，抖音、快手成为自媒体运营的首选平台，很多博物馆注册了官方账号，拍摄文化短视频，在直播时推销自己馆内的文创产品，取得可喜的成绩。在淘宝网、京东商城这样的购物平台，让文创产品入驻，也达到了一定的成交量。例如甘肃省博物馆以"马踏飞燕"为原型的"绿马"文创产品当时火爆全网，在网上的成交量可以达到8000单/天，在抖音平台的点赞量短短几分钟内就可以达到10万，转发量也是3万多，这种方式极大地提升了文创产品的经营效果。

（四）以数字文创产品带动线下文创产品的运营

数字文创产品在网络发达的当今社会传播速度极快，部分文创产品还具有互动性或可动态呈现，深受民众喜爱，其中年轻消费者占据了很大比例。通过数字文创产品的发行与运营，可激发更多民众对文创产品的好奇与兴趣，进而愿意到线下博物馆文创商店来参观、挑选购买，或通过其他网络渠道购买自己喜欢的文创产品。

（五）重点推销特色文创产品，以少带多

随着对博物馆文化元素的挖掘与文创产品需求量的增加，各个博物馆在文创产品研发与经营方面会投入更多的精力和资金，文创产品数量和品质也会逐渐提升。在经营文创产品时，应突出重点，集中精力推销最具特色、易受大众喜爱的文创产品，提升本馆文创产品形象，以特色文创产品带动其他产品的经营。例如故宫博物院的"朝珠"耳机、四川三星堆博物馆的三星堆祈福神官主题盲盒等均"红极一时"，深受广大民众喜爱，可以此为契机，再推出馆内其他文创产品，推动文创产品的有效营销。

（六）注重文创产品的品牌建设

品牌营销是促进产品推广和口碑建立的重要环节，通过树立品牌口碑，让民众一提到该品牌的文创产品就觉得质量好、品质高，有特色和创意，逐渐达到口口相传的口碑。2023年，我国文创产品前10大品牌是由CN10/CNPP品牌数据研究部门通过大数据、云计算以及人为市场分析参数等方式的综合判断下得出的结论，其数据客观公正，其中包括中国国际博览会（文创）、中国国家博物馆（文创）等，在消费者购买品牌文创产品时具有较高的参考价值。

第十章 文物保护理论的研究与实践

第一节 文物保护学学科建设的思考与探讨

一、文物保护学科概述

（一）文物保护学的特点

1. 综合性和交叉性

由于文物是人类历史上遗留下的遗物和遗迹，它是人类有形和无形遗产的物质承载体。它赋存的遗产信息决定了它具有明显的人文社会科学属性，而它物质本体的原材料取自生物圈，所以对于其物质本体的研究又决定了其具有明显的自然科学的属性。这种双属性也必然决定了文物保护学具有跨社会科学和自然科学的综合性特点。同时，由于文物材料既有天然材料（如石材、木材等），也有人工制造或合成材料（如纸张、陶瓷、合金等），所以物质本体研究也必然要涵盖诸多自然科学领域。因此，文物保护学必然具有多学科的交叉融合特点。

2. 实践性和应用性

文物保护的目标在于治理文物价值赋存物质本体病害，并延缓其发展速度，以延长其"寿命"。而实现该目标的路径有三条：一是延缓材料的劣化速度；二是增强结构抵抗外界破坏的能力；三是改善文物的保存环境。而要实现以上三个目标，必须依靠综合技术的应用和工程实践方能达到，所以文物保护学必定是一门实践性和应用性交叉的学科。

（二）文物保护学的学科定位

从1989年西北大学文物保护技术专业人才培养计划论证通过开始至今，我国开设有文物保护类专业或研究方向的高校已达70余所。除了新疆、海南、宁夏等少数地区外，全国大多数省（市）区都已有文物保护类相关专业或研究方向的高校分布。但是，如前所述，由于文物保护学学科身份的缺失，其相关专业在学科目录里分布在历史、考古、博物馆、建筑、艺术等多个学科中，知识体系被严重分割，专业、学位名称也极不统一。因此，要建立文物保护学首先得明确其学科定位。

目前，文物保护技术是一门普通高等学校的本科专业，属历史学类专业，基本修业年限为4年，授予历史学学位。

从现代教育理念和行业需求分析，文物保护技术专业教育特点兼具人文社会科学和自然科学双重属性，而且与工程技术紧密结合，因此，要求培养人才既要掌握数理化等学科的基本知识和历史、考古的一般知识，又要掌握文物材质分析、保护材料应用方面的知识，还要具备保护修复等一定的实际操作技能，旨在培养能在博物馆、文物考古和文物管理机构从事文物保护与科学研究工作的专门人才。因此，文物保护技术培养的人才是解决文物保护中实际问题的专业技术人员，而不是历史研究人员，显然，目前授予历史学学位与其培养方向是极不相符的。

如前所述，文物保护学是一门应用性的学科。它是利用自然科学原理及相关技术研究文物物质实体保护和维护技术方法的科学，它的研究对象是文物，它的研究任务和目标是文物物质实体的保护和维护。显然，该学科不属于人文社会科学大类，应属于理工科类。理科是指研究自然物质运动基本规律的学科，而工科是指将自然科学原理应用至工业、农业各部门所形成的诸多工程学科的总称，也称工学。因此，文物保护学应属于工科，隶属于交叉学科门类下，而文物保护学培养的专业人才应授予工学学位。由于文化遗产几乎涵盖了人类社会的一切，文化遗产保护学几乎涵盖了所有的学科，与文物学存在同样的问题，即以学科概念替代工作领域概念，由于其涉猎面过于广泛，加之物质遗产和非物质遗产在研究和保护方法上也存在较大差异性，所以难以形成统一的方法论、知识结构和理论体系。因此，文物保护学较之文化遗产保护学从学科定位上更为明确。

（三）文物保护学与相关学科的关系

文物保护学具有综合性和交叉性特点，将是一门由多个一级学科融合形成的新兴交叉学科。

对于一级学科，我国目前有以下两种界定方式。第一种，根据教育部《学位授予和人才培养学科目录》，在高等学校研究生教育体系设置中，一级学科是学科大类，二级学科是其下的学科小类。截至2021年1月14日，共设哲学、经济学、法学、教育学、文学、历史学、理学、工学、农学、医学、管理学、军事学、艺术学、交叉学科14个学科门类、112个一级学科。例如，理学下设有数学、物理学、地理学等10余个一级学科。第二种，根据1992年11月发布，1993年7月1日实施，2009修订的国家标准《中华人民共和国学科分类与代码国家标准》（GB/T 13745）共设自然科学类、农业科学类、医药科学类、工程与技术科学类、人文与社会科学类5个门类、58个一级学科。例如，自然科学类下有数学、物理学、地球科学等8

个一级学科。2015年，新增研究生方面"网络空间安全"一级学科。2021年，新增"交叉学科"门类及"集成电路科学与工程""国家安全学"2个一级学科。

1. 文物保护学和人文与社会科学类学科的关系

根据百度百科的界定，"人文与社会科学是人文学科与社会科学的统称。人文科学，是以人类的精神世界及其沉淀的精神文化为研究对象的科学。社会科学则是一种以人类社会为研究对象的科学。人文科学主要研究人的观念、精神、情感和价值，即人的主观精神世界及其所积淀下来的精神文化，包括文、史、哲及其衍生出来的美学、宗教学、伦理学、文化学、艺术学等；社会科学主要研究客观的人类社会，侧重于运用实证的方法来研究宏观的社会现象，其隶属的一级学科主要有经济学、社会学、政治学、法学等"。由于文物是人类历史上遗留下来的遗迹和遗物，所以它凝聚着古代人类的情感、观念和智慧，是古代各历史时期的社会见证。因此，文物保护，核心是价值的保护，而对于文物价值的认知，必须依靠人文科学中历史学、考古学、美学、艺术学等学科和社会科学中社会学、政治学等学科知识的支撑。

2. 文物保护学与自然科学类学科的关系

自然科学是一门以观察和实验证据为基础，对自然现象和自然规律进行描述、理解和预测的科学。其隶属的一级学科主要有数学、力学、物理学、化学、地球科学、生物学等。文物保护学是以文物为研究对象，以文物物质实体的保护和维护方法为研究内容和研究任务的学科。而对文物物质材料和结构的分析和研究，必然需要自然科学中最基础的物理学和化学的知识；同时，由于人类历史上所有的建造行为都发生在地球表层，其建造产物建成后也必然要遭受大气环境和生物圈的影响，所以探究文物实体破坏规律和破坏过程，还需地球科学、生物学和力学等学科知识。

3. 文物保护学与工程与技术科学类学科的关系

工程与技术科学是工程科学与技术科学的统称。其中，工程科学是运用基础科学、技术科学、经济科学、管理科学等自然科学和社会科学的理论研究成果，直接研究和参与解决生产实际问题的科学。其隶属的一级学科主要有测绘科学技术、土木建筑工程、化学工程、机械工程等；技术科学是将科学理论应用于物质生产，研究生产中的技术、工艺的科学。其隶属的一级学科主要有材料科学等。由于这两者均属于运用基础科学理论开展应用研究的学科，所以很难明确分清两者的学科边界，因此一般统称工程与技术科学，前者侧重于建造、制造行为的总体研究，后者则侧重于物质制造流程、工艺的研究。由于文物保护学是以文物物质实体的有效维护和保护为研究目标，所以工程与技术研究必然是其最终的落脚点。因此，工程科学与技术科学知识的应用和支撑必不可少，如测绘科学技术、土木建筑工程、材料科学等。

综上所述，文物保护学主要是由人文与社会科学、自然科学和工程与技术科学三大门类下多个一级学科融合而形成的新兴交叉学科。

（四）关于文物保护学的知识结构

1. 职业教育和学历教育有机结合，分层构建

鉴于文物保护是一个实践性很强的工作，所以在文物保护学知识结构构建中应充分考虑到行业特点，将职业教育和学历教育相结合，以适应不同层次人才培养的需求。

（1）职业教育

根据百度百科的界定，"职业教育是指使受教育者具备从事某种职业或者职业发展所需要的职业道德、科学文化与专业知识、技术技能等综合素质而实施的教育模式"。职业教育包括职业学校教育和职业培训。本章的职业教育特指学校教育，可分为中等、高等职业学校教育。鉴于我国本科教育重在培养行业内的普适性人才，培养的毕业生往往实践能力不足，而中等职业教育重在技能型人才培养，但往往存在数理化基础及理论基础不足等问题；所以，根据文物保护行业的特殊性及文物行业对保护修复技术人员综合专业素质的要求，文物保护职业学校教育应定位于高等职业学校教育为宜，培养的人才不仅要注重保护修复技能的培养，更要注重运用理论分析、解决实际问题的能力和素质的培养。

鉴于以上考虑，文物保护高等职业教育教学知识结构可分为基础理论和保护修复技术两部分：基础理论以课堂教学为主，以参观实践为辅；保护修复技术以实践教学为主，辅以专项基础知识教授。其中，基础理论可包括考古学概论、博物馆学概论、修复理论、文物修复技术概论等；由于保护修复技术涉及传统工艺技术，所以保护修复技术可采用现代教学授课模式与传统师徒制相结合的教学模式，其中，专项基础知识可采用课堂教学与实践相结合的模式，如传统工艺与技术、文物材质分析与鉴定、病害甄别与分析、修复材料与工艺等，修复技能可采用师徒制培养方式，以加强人才培养的针对性。

（2）学历教育

本章的学历教育特指受教育者经过国家教育考试等国家规定的入学方式，进入国家有关部门批准的学校等教育机构学习，获得国家承认的学历证书，并获得相应学位的教育模式。该类人才培养模式分本科、硕士和博士三个层次，其知识结构设计也应与人才培养层次相适应，以便支撑相应层次的人才培养要求。与本科层次相对应的知识结构设计应包括第一学位基础学科历史学、考古学的基础知识，如考古学概论等，和艺术学、民族学、政治学、社会学等辅助性学科基础知识，以及保护修复技术的通用基本知识，毕业生可获得历史学学士学位，毕业后应具备辅助开展文物保护修复项目和科研的能力。与硕士层次相对应的知识结构可针对不同专业培养方向，设置不同的工学专业学科课程以设计相应的知识体系，如历史建筑保护应设置土木建筑工程的相关课程，如建筑史、土木建筑结构等；石窟寺及石刻保护应设置地质学专业学科课程，如矿物学、岩石学、工程地质学等，毕业生可获得工学等第二学士学位，毕业后应具备半独立开展文物保护修复项目和科研的能力。博士层次的知识结构应紧密围绕培养对象的研究方向来构建，如各主要研究方向的前沿理论动态、科研成果与技术体系及应用知识，毕业后应具备独立开展文物保护修复项目和科研的能力。

（3）在职教育

在职教育是指在职人员通过业余时间到学校或培训机构学习，以提升个人职业素质的教育模式，它是职业教育和学历教育的补充。为区别学历教育，本章的在职教育特指职业培训，即在职人员通过业余时间到培训机构进行短期学习的教育模式，不包括在职人员在职期间到学校所进行的继续学历教育模式。由于本科和硕士毕业生仍不具备独立开展项目和科研工作的能力，所以入职后的继续培训教育，无疑是提高他们实践能力及解决实际问题能力的有效途径。因此，在职教育是对职业教育、学历教育不足的补充并互为支撑，以形成我国文物保护完整的教育体系。

21世纪以来，国家文物局开始在文物保护工程管理中推行责任设计师、责任工程师和责任监理工程师资格管理制度，根据法国等国家的成功经验，将管理制度与在职人员的培训机制有机地结合，是完善文化遗产管理体系的有效举措。因此，根据目前我国文物保护工程从业资格考试大纲，可以构建出我国文物保护工程专业人员在职教育的知识结构。

2. 突出主干学科并充分体现多学科交叉融合

通过以上学历教育和职业教育知识体系构建，受教育者在本科教育和职业教育基础理论部分吸收了主干学科历史学、考古学和博物馆学的已有知识，这为受教育者奠定了良好的基础、建立了基本的专业素养，充分体现了文物保护行业人才知识结构的特点。

由以上学历教育知识结构体系培养出的文物保护学专业的研究生毕业时，必须具备两个以上的学位，掌握或熟悉多个学科领域的知识，这既充分体现了交叉学科的特点，同时也充分体现了目前国际文化遗产保护领域专业人员知识结构的特点和发展趋势。

3. 充分反映事业发展

文物保护学旨在培养能在文物考古、博物馆、文物管理机构从事文物保护与科学研究工作的专门人才，所以在知识体系构建时，既要重视传统的基础知识，如历史学、考古学，又要考虑将国内外文化遗产保护领域发展的相关知识纳入，如国际文化遗产保护理念的实践与趋势、我国文化遗产领域的重大政策举措、保护行动及发展方向，使人才在培养中不仅能学到传统的书本知识，还能学到与文化遗产保护事业发展相关的知识，以便未来更好地为文化遗产保护事业发展服务。

4. 加速前沿理论知识孵化

文物保护学是一门新兴的交叉学科，学科理论体系构建初始，相关学科理论、方法的应用，必将加速文物保护学理论体系中新兴理论、知识的更新与孵化，使之成为理论创新的基础，并供各层次受教育者学习，形成理论创新和知识更新的良性循环机制，使学科知识结构和理论体系日臻完善。

5. 及时反映新兴技术的应用

如前所述，文物保护学是一门实践性和应用性的工程与技术学科，所以技术的应用是文物保护学的重要研究内容，同时文物保护学又是一门新兴的学科，在知识结构的构建中，既要反映传统技术知识和体系，也要反映新兴技术知识和应用前景。如测量技术，既要包括传统古建筑测量方法、传统工程测量方法，也要包括当代测量技术（如三维激光扫描等）的原理、特点及应用前景，从而促进文物保护学知识结构的不断更新，为受教育者提供最前沿技术的信息，为理论创新和技术创新提供支撑。

二、文物保护学学科建设的必要性

（一）文化遗产保护事业发展的必然趋势

文物行业作为一个涵盖多学科知识体系的应用领域，其保护学科的发展长期以来与其他学科的进步紧密相连。然而，文物保护学科至今尚未确立其独立的学科地位，这一状况带来了一系列问题。

首先，在申报国家基金项目如自然科学基金时，由于缺乏明确的对应学部和支持方向，以及信息不对称等因素，文物保护基础科研难以获得国家层面的有力支持。这严重制约了文物保护科技的创新与发展。

其次，由于学科设置不清晰和教育体系不完善，文物保护领域的科研人员素质参差不齐。虽然已有70多所高校设立了与文物保护相关的专业，但文物保护并非一门独立的学科，而是通常作为一级学科下的自设二级学科或研究方向存在。这导致文物保护的知识体系被割裂，相关专业分散在历史、考古、博物馆、建筑、艺术等多个学科中，学位名称也缺乏统一标准。这种现状极大地限制了文物保护领域人才的培养和队伍的建设。

综上所述，无论是从文物保护科研工作的角度，还是从人才培养的角度来看，设立独立的文物保护学都是文化遗产保护事业发展的迫切需求。这一举措将有助于整合和优化资源，提升文物保护的科研水平和教育质量，推动文化遗产保护事业的持续发展。

（二）文物保护行业多学科融合的需要

文物保护科学的特殊性决定了其必然是一门跨自然科学和社会科学，并与工程科学紧密相关的、多学科融合的应用技术科学。正是这一特性，让许多学者和专家会质疑其作为学科存在的独立性。从目前文化遗产保护领域分析，似乎任何学科都可在其中找到定位，而任何技术也似乎都可在文物保护应用中找到自己的用武之地，但是文化遗产保护的核心是价值的保护，所以与价值相关的真实性、完整性等保护理念是我们衡量各项技术应用适宜性的标准，也正是这些保护理念对文物保护技术和工程实施具有指导性和引领性，才使文物保护技术区别于一般的工程技术，更具有人文属性和特点。因此，如果不确立文物保护独立的学科地位，建立完善的知识体系和理论体系，在多学科交叉融合中，难免会迷失方向，无法科学定位各学科技术的应用方向和边界。所以，文物保护学的设立是文物保护行业多学科交叉融合的需要。

三、文物保护学科建设的几点建议

（一）增设文物保护学为一级学科

在目前的学科目录体系下，文物保护学仍不是一门一级学科，文物保护相关专业分散于近半数的学科门类和近20个一级学科之下，学科设置的不合理严重阻碍了我国文物保护学科在高等教育系统中的建设和教学工作，也不利于我国文物保护事业的发展。因此，应在《学科分类与代码》（国标）和《学位授予和人才培养学科目录》中增设文物保护学为一级学科，下设多个二级学科。文物保护学的交叉学科性质与历史学门类相差甚远，而文物保护学实现保护文物的最终目标，要靠技术的应用与实践，这一点更接近于工学门类，因此，将文物保护学列入工学门类比较合理。在学位授予上，可以根据实际研究方向选择授予工学或理学学位。

（二）完善文物保护学科教学体系

文物保护学的学科建设与教学密不可分，现在文物保护领域已有本科生、硕士生、博士生，但学生应该学习哪些知识，目前为止没有统一意见。因而，学生学什么，老师教什么，仁者见仁，智者见智，基本上各个学校、教师都是按照自己的想法在执行。

1. 基础知识

此板块主要使学生掌握与文物保护相关的数学、物理、化学、生物等背景知识，以及考古和文物等学科基础知识。这是本科阶段必须学习的内容。当然，根据需要有可能增加一些其他专业的通识教育，如地质学基础等。

2. 专业基础

主要教授文物保护基本理念、文物保护发展史、文物保护基础理论、文物保护常用技术，以及文物制作技术。目的是让学生了解文物保护发展历史、重要案例、理念原则、国际宪章公约和文物的制作技术等。在文物保护通论部分，建议在讲述文物保护理念时，穿插部分哲学基本概念和思想。

3. 分支理论

研究文物保护必须了解文物材料结构与性能、文物病害的发生与发育、文物信息（价值）属性、文物保护科学原理和理论方法、文物材料与腐蚀，以及保护材料的作用、文物实体的孔隙结构及产生和发育过程等理论，这是文物保护分支理论的主要内容。

4. 专门技术

按文物大类分别教授漆木器、纸张、纺织品、砖石质、金属器、古代建筑和土遗址文物保护技术，重点是案例教学，及上述保护技术的科学原理、材料、工艺，以及效果评估方法。专门技术中既包括文物的腐蚀防护、材料的降解反应抑制、污染物清除和脆弱文物的加固，又有传统的修复技法。文物保护学科教学体系四大板块中，专业基础和分支理论板块彰显了文物保护学科特色，是与其他学科的根本区别所在。

上述板块分类中的基础知识和专业基础主要针对本科教育设置；研究生的教学重点为深入讲解分支理论和专门技术，关注深度和前沿问题。文物保护的实践技能也同等重要，在本科和研究生课程设置上，应当提供一些实践课程，在修复保护和现场保护实践中提升学生的实践技能。

第二节 文物保护学的理论探讨

一、文物病害及文物保护

文物是人类在社会活动中遗留下来的具有历史、艺术、科学价值的遗物和遗迹，是物质遗存。文物的病害就是环境与文物相互作用、相互制约引起的影响文物的安全、功能和价值信息继续保存的问题，文物的病害是文物与环境相互作用的结果。

影响文物病害有两方面因素：文物的材质和结构、文物的赋存环境。文物材质种类多，分为无机质和有机质，文物的结构包含了结构组成与形制特点等内容；文物的赋存环境有多种形式，有室外与室内之分，也有地上、地下和水下之分，文物所赋存的自然环境、气象条件、人为环境也千差万别。

文物保护就是采取管理与技术措施减缓文物的劣化，保存文物所蕴含的价值信息，文物保护技术的实质有两方面内容：一是提高文物本身抵抗环境破坏的能力；二是控制环境条件，降低环境对文物的劣化。

文物保护技术可分为两类：一是保护修复与加固，通过技术手段修复文物功能或对文物劣化部分进行补强加固以提高文物安全程度，达到保存文物价值信息，减缓文物劣化速度的目的，延长文物寿命；二是预防性保护，通过控制不良环境影响因素，改善文物的赋存环境，将影响文物劣化的环境因素控制在恰当的范围，从而降低环境因素对文物的破坏，进而达到减缓文物劣化速度的目的。这两类技术实质就是控制文物病害发生的两方面影响因素：内因（文物本身）和外因（赋存环境），控制的前提都是需要对影响因素的作用进行风险评估。

二、控制论和风险管理理论与文物保护

（一）文物的控制论

控制论是关于控制的理论，文物保护就是对文物风险实施控制的技术，控制论是研究动态系统在变化的环境条件下如何保持平衡状态或稳定状态的科学。文物的控制论有两个基本特征：第一，被控制的对象必须存在多种发展的可能性，文物有发生病害的可能性，也有不发生病害的可能性，病害有继续发展的可能性，也有稳定的可能性；第二，人可以通过一定手段对可能性进行选择，文物保护技术就是通过控制影响文物病害发生的内外因条件选择文物发展趋势的可能性。

（二）控制过程与控制能力

文物的控制过程包含三个核心环节。首先，需要对文物可能的发展情况进行全面分析，这可能包括文物可能出现的病害、病害可能的发展趋势、病害发展速度的不确定性，以及文物可能消失的风险等。其次，在诸多可能性中，我们需要有针对性地选择一些积极的可能性，例如文物不出现病害、病害不进一步恶化、病害发展速度得到有效控制等。最后，通过调整影响文物状态的各种因素，使其朝着我们选定的可能性发展。

然而，文物的可能性空间往往呈现出复杂的演变趋势。例如，经过保护修复的文物，有时可能会出现新的病害，从而形成新的可能性空间。因此，控制过程并非一成不变，而是需要根据文物在不同阶段的发展情况，灵活调整控制条件。

同时，控制能力也是一个值得深入探讨的问题。实质上，控制能力就是缩小文物可能性空间的能力。在文物保护实践中，很难将可能性空间缩小到某一特定状态，更多的是将其缩小到一定的范围内。将控制目标设定为某一特定状态，往往会增加控制成本，甚至导致控制失效。相反，设定一定范围的控制目标，可以降低控制难度，提高控制成功率。

以馆藏文物环境控制为例，恒温恒湿是理想的控制状态，但实际操作中很难实现。因此，我们通常会将温湿度控制在目标值附近的一个较小范围内，以确保文物处于相对稳定的状态。同样，让文物永久保存是一个理想目标，但现实中难以实现。因此，当前的文物保护理念是尽量延长文物的寿命，这样的目标更加实际可行。

在文物保护效果评估方面，由于现有评估手段的局限性，往往缺乏量化手段。我们可以从控制能力入手，通过评估可能性空间是否得到有效缩小，对保护效果进行定量评估。这不仅有助于我们了解保护工作的实际效果，还能为未来技术的发展提供思路，进一步缩小文物的可能性空间。

（三）控制方法

控制的方法有随机控制、记忆控制、共轭控制、负反馈控制等。随机控制是可能性空间缩小的过程，在文物病害调查时就需要涉及随机控制的问题，要达到控制有效，随机控制要求目标必须在探索范围之内，也就是说文物调查时需要全面，所有可能影响文物病害的因素都要调查清楚。如大足石刻宝顶山治水工作，开始由于没有注意到岩体中的软弱夹层产生构造层间错动现象，一直对大佛头部等处出现少量、点状渗水不能有效控制。基于这样的原理，现在实行的文物监测工作，也应该对所有可能影响文物的因素全面监测，虽然有些因素目前可能对文物没有造成明显破坏，但也应该予以关注。记忆控制可以提高随机控制的速度，从现有的研究可以看出，在保护材料筛选试验中，有较多的重复工作。许多研究工作没有充分借鉴前人取得的结论性成果，从记忆控制的角度，可以制定文物保护技术的负面清单，提高控制效率。文物由于特殊性，分析测试往往需要无损技术，尤其在探测内部状况时往往缺乏必要手段。这时，我们可以采用共轭控制方法。如常用的超声波探测内部缺陷，将内部缺陷转化成波速，通过测量波速，用波速解释内部缺陷，这就是一种共轭控制的办法，这种方法可以有效解决文物保护研究中方法不足的问题。在实践中，文物保护的难度极大，很多情况使文物保护技术难以达到理想状态，只能不断逼近理想目标，这也是为什么文物保护是减缓文物劣化速度而不是防止文物劣化。文物保护的可再处理性原则也是基于这个现实，这实质上就是控制能力达不到需求的问题。负反馈控制扩大了控制能力，是一种不断趋向目标状态的过程，可以通过反馈、调整等多次控制，最终逼近目标。

从控制过程的第一个环节可以知道，要实现控制，首先需要了解可能性空间，这是一个信息收集的过程。在文物保护时，我们发现某个遗址基础掏蚀，这个掏蚀可能造成遗址坍塌，也可能不造成遗址坍塌，这种信息是不确定的。因此无法实现控制，控制需要一定的信息量，需要通过分析，确定造成遗址变形坍塌的概率，缩小可能性空间，这样才可能实现控制。实践中不对遗址掏蚀进行分析计算，就采取技术措施予以加固，这既违背了最低限度干预原则，也不符合控制论的要求。

（四）信息的传递

信息具有可传递性，没有可传递性不能称之为信息。传递需要通道，例如在石窟寺砂岩风化过程研究中，由于缺乏必要的监测设备等传递通道，遗址风化过程的微观机制就不能传递到给人，这导致我们对风化机理研究的滞后，对砂岩风化的控制技术研究一直比较薄弱。信息是客观存在的，但信息的传递具有主观性，这是信息的主观性。如遗址的含水率是客观的，但是，采用不同测试手段传递给人的结果可能不一样，这是由信息的主观性决定的。为了保证信息的正确，就需要多种信息传递通道，控制论需要信息的重复性，在对文物进行监测时，常常需要将人工检测和仪器自动检测结合起来，这样才能实现有效控制。传递通道的容量太小，信息难以及时传递，通道容量太大，信息受到的干扰增大。文物的病害程度往往是渐变的系列过程，实践中就需要对病害进行分类、分级，这样才能达到较好的控制效果。信息是可以储存的，但是，储存的信息往往只是文物的某一个侧面。文物是物质遗存，物质遗存是很难保存的，我们可以用文字、照片保存文物的信息，也可以用数字化技术保存文物的立体信息，但是，它肯定不是最全面的，信息量是有限的。因此，应该最大限度地保存文物的实体，这样才能保存无穷大的信息。

（五）系统的研究方法

控制研究的对象是文物和赋存环境整体系统，文物保护控制的是文物病害的发生、发展，这就需要研究系统内影响因素和病害之间的因果关系。以往的研究试图采用因果长链法分析影响因素与病害的关系，由于文物的病害是多因素耦合形成的，因果长链研究应该有一个合适的限度，因此，采用该方法研究进展比较缓慢。概率因果法和网络因果法在未来遗址博物馆预防性保护研究中会有较大的应用前景。文物的某一环境因素发生改变，不一定某种病害一定会出现，只是病害有出现的概率。文物病害是多因素耦合形成的，如霉菌的生长，既需要合适的湿度也需要合适的温度。我们可以通过研究文物环境与病害出现概率，研究整个系统的因果网络来探究影响因素之间的因果关系。文物病害的发生存在互为因果和自为因果的情况，病害的发展往往是一个加速的过程，如裂隙造成遗址变形，而遗址变形又会引起裂隙的进一步扩大，进而又造成遗址变形增大与加速。

在文物的病害发育过程中，大部分互为因果关系，分析这种关系，就需要考虑系统的稳态结构。遗址博物馆的遗址地面，因为温度的影响，地面土体结构风化疏松，随着疏松厚度增大，温度对遗址影响逐渐减弱，直至形成一个稳定状态。如果稳态结构的一方被改变，稳态结构就会遭到破坏，遗址的病害就会重新发育。因此，对于已经形成稳定状态的遗址，不宜对遗址表面进行清理。选择可能性时，我们期望文物与赋存环境整个系统趋于一个稳态结构，稳定态不是唯一的，可以通过提高文物性能达到稳定态，也可以通过改变环境达到稳定态。研究时，需要将所有的稳定态找出来，选择合适的控制措施，建立对文物最为有利的稳定态。稳定和均匀是密切联系的，遗址内部存在裂隙，遗址体的结构不均匀，遗址内部应力分布就不均匀，可以通过灌浆措施，使遗址结构趋向均匀；同时，在材料选择上也要求尽量选择和遗址性能兼容的材料，这也是为了均匀。埋藏在地下的封闭墓室是均匀的，墓室文物的病害是稳定的，当文物置于开放的环境中，开放系统和外界有交换，是不均匀的，文物的病害会从稳定变为不稳定，控制的措施之一就是使文物重新处于稳定环境。系统的稳态结构是不断变化的，系统常常会从一个稳定态变为另一个稳定态，最终产生质变。文物的病害发生质变可以通过飞跃和渐变两种方式实现。如遗址的崩塌，更多的是突然发生，是质变，而滑坡通常是先缓慢滑动，当滑动变形积累到一定程度，突然发生快速滑动，这个过程是连续的，是一个质变通过渐变实现的例子。在进行文物保护时，大家都比较关注飞跃引起的质变，对渐变引起的质变关注不够，如遗址的风化，遗址风化会缓慢减少遗址体量，直至遗址消失。对于一些体量已经因风化残留不多且有重要价值的遗址，这个问题应该予以高度关注。文物的质变是有条件的，文物保护就是针对文物病害的稳定态，不仅是针对文物环境的稳定态，还要研究影响稳定态的因素，控制引起飞跃和渐变的条件，从而达到保护文物的目的。

文物的预防性保护是一个控制过程，而控制可以采用黑箱理论认识文物本体和环境对病害的影响。当前，有两种研究思路：第一，研究单一因素和病害等多因素耦合和病害之间的作用过程的机制，这方面进展比较缓慢，难以支撑控制的需求，这是一种打开黑箱的办法；第二，不打开黑箱的办法，通过统计学、概率学研究影响因素和病害的结果之间的关系，不考虑中间的作用机制，这应该是未来研究的一个主要思路。

（六）文物的风险理论

风险管理是研究风险发生规律和风险控制技术的一门新兴管理科学，通过风险识别、风险评估、风险决策、风险控制等方式，对风险实施有效控制和妥善处理损失的过程。

文物保护就是对文物存在的破坏风险进行控制的人类活动，也就是对文物的病害或潜在病害进行人为干预，消除文物消失的风险。运用控制论来保护文物，就需要对文物发展的可能性空间进行判断，控制目标选择也需要对文物存在的风险进行评估、决策，风险监控也是控制的一种。文物保护主要控制的是文物的风险，这是由文物的独特性决定的。利用风险理论，可以有效补充控制论中分析文物风险可能性空间的方法，也可以通过风险评估提高可能性空间目标选择的科学性，通过风险决策来选择适合的可能性空间目标。

文物风险控制论就是通过风险管理理论对文物的风险进行识别、评估、决策，采用控制论研究文物风险系统，进而控制文物病害的发生、发展，实现保护文物的目的。风险控制理论有两方面内容：第一，文物病害的发生、发育受到构造、结构、环境的控制，调查、研究、分析文物的病害需要运用控制论的原理和方法；第二，文物保护与修复需要采用风险控制来研究适合的文物保护技术。文物风险控制论是由一系列理论组成的理论体系，它包括了地质构造控制论、文物结构与材质控制论、文物环境控制论等，也包含了文物病害评估理论、文物风险预测理论、文物风险管理理论、文物病害控制技术等应用理论。

三、文物风险控制论在文物保护中的应用

（一）在遗址类文物调查中的应用

土遗址、石窟寺、岩画类文物一般体量大，多存在于野外，是一类特殊的地质体，其病害的发育、发展受地质环境影响。在地质工程中有构造控制论、结构控制论、地质环境控制论等理论。这些理论可以分析研究遗址类文物病害，如新疆吐鲁番交河故城的崖体加固工程。交河故城在一柳叶形台地上，崖岸周长约3600米，崖面陡直，坡度80°～90°，部分崖面中部内凹，沿崖岸部分地段尚残留有高1.4～1.6米，厚0.5～1.5米的女儿墙，故城东崖岸受河流冲刷塌毁15～20米，部分地段残留有大量建筑。土遗址病害可分为三大类型：稳定问题、水的问题和浅表层风化问题，采用构造控制论和环境控制论可以准确地分析崖体稳定问题。按照控制论要求，对可能影响崖体稳定的构造、结构和环境因素进行全面调查，经过分析发现，交河故城崖体发育3组节理：NE向组，走向15°～35°，均值25°，倾角近直立；NNW向组，走向310°～330°，均值325°，倾角近直立；NWW向组，走向275°～295°，均值285°，倾角近直立。其中以走向25°和走向325°两组发育，走向285°组次之。发育一组卸荷裂隙，其优势破坏产状：走向NW，均值328°，倾角近直立，平行崖体走向，

崖体结构体主要受4组裂隙控制。崖体地层微向南东倾，坡度3%，环境因素中地震和短时间强降水影响较大。经过分析，这些因素可能造成崖体存在错断式崩塌、拉裂式和倾倒式3种破坏风险，与崖体东侧比西侧病害严重的现象相符。

（二）在遗址博物馆预防性保护中的应用

汉阳陵遗址外藏坑的预防性保护是另外一种案例。汉阳陵位于今陕西省西安市北郊的渭河之畔，2006年，在已发掘的帝陵外藏坑上建设了全封闭式的遗址博物馆，将遗址与参观环境分离，并对遗址和环境进行全面监测。研究发现，由于建筑效能降低，未能做到全封闭，遗址环境和外界仍有交换，处于不稳定态。基于控制理论，提出了采用人工干预控制遗址内部环境以及维修性能降低的玻璃隔离帷幕的观点。在研究时，基于遗址病害是多因素耦合形成，采用黑箱理论，研究了环境控制标准问题，虽然遗址环境仍处于不稳定态，但其变化波动明显减少，遗址的病害发育速度明显降低，这说明了控制措施有一定效果。基于这个认识，我们提出以现有环境条件为基础，减少波动阈值的控制标准。

（三）在壁画修复中的应用

文物是不可再生资源，文物修复过程中的风险往往对文物价值造成不可挽回的损失，如壁画的修复，可能存在方案缺陷、技术适应性缺陷、修复技术人员缺乏、修复环境缺陷等风险问题，这就需要对文物修复过程的风险进行全面识别与评估。例如修复技术人员缺陷的可能性因素有：修复人员业务水平不足、对修复特殊工艺不熟悉、对设计思想不理解、身体健康有隐患、精神状态不佳等，这些因素造成修复效果有优、合格、不合格、文物破坏等多种可能性空间，这就需要按照文物风险控制论的要求进行质量控制，通过调查、分析全面掌握修复人员状况，对存在的风险进行评估，根据评估结果，可通过选择有经验的修复人员、对人员进行针对性培训（包括操作培训、制定操作规程、设计人员技术交底），随时了解修复人员的技术、身体、精神等状况，并对出现的问题进行及时反馈，根据反馈调整控制措施。修复技术的应用也是一个控制过程，一般要经过试验、检验、反馈、调整、再试验、再检测的反复过程，这也是控制文物风险的有效手段。

第三节 文物保护领域的科学问题

一、文物保护面临的问题

文物保护是通过各种理化技术，在明晰文物实体材料的理化性能、内部结构、老化病害机理的情况下，利用科学的手段祛除文物病害、保持或恢复文物原状、维护文物真实性和完整性、增强文物稳定性、延长文物寿命的一系列动作。而在文物保护的研究与实践中，工作者们常遇到各式各样的难题，如污染物的清除、脆弱文物的加固、文物修复材料的选择等。这些问题，总体可归为三类，即科学问题、技术问题和工程问题。

（一）科学问题

科学问题是文物保护中的基础性问题，也是需要从理论层面研究和解决的认识论问题，是发现文物材料变化规律，提出相应理论，从而认识与解释文物保护，并阐明为什么这样做的指导性问题。如文物实体材料的理化性能、文物脆弱的老化机理、文物加固的理论依据与文物保护材料长期有效的依据等。科学问题涉及科学理论方面的内容，属于原理和共性层面，既是基本的科学问题，亦是认识论的问题。

（二）技术问题

技术问题是以实际操作为主的方法论问题，是在文物保护实践中如何实施的问题。如清洗纸质文物的有色霉斑、饱水竹木漆器脱水、破碎瓷器的粘接修复、纺织品的防霉除菌、糟朽皮革的加固等，这些实践问题都属于技术问题的范畴，其目标是追求达到某种保护效果。

（三）工程问题

工程问题是文物保护中组织、管理、实施等方面的整体性问题，小到如何将科学问题和技术问题整合解决，使其发挥最大效益，妥善完成保护工作；大到整个遗址保护中各个程序的先后次序、主次关系，以及文物保护过程中人员如何互相配合、协同工作，在指定时间内以少而精的人力物力科学有效地完成文物保护工作，这些都属于工程问题。一般认为其研究对象在宏观尺度上远大于技术问题，涉及问题的数量与涵盖的要素也更多，具有较强的综合性，需要统筹考虑科学问题、技术问题与管理问题。

二、文物保护三大问题之间的关系

就文物保护三大问题而言，科学问题是理论性、基础性的认识论问题；技术问题更偏向实际应用，是如何将理论付诸实践的方法论问题；而工程问题则是组织、协调和管理的整体性问题。科学问题是解决技术问题的基础，只有获得了对文物的正确认识并指导文物保护的实践活动，我们才能取得成功，而对文物错误的认识则会将保护实践活动引向歧途，对文物造成损害。文物具有不可再生性，一旦保护不当就会对文物造成永久性、不可逆的损伤，因此只有明确其中的科学道理，才能为技术的选择提供依据；而在技术问题提出和解决的过程中，又会产生新的科学问题，二者相辅相成，辩证统一，推动文物保护实践活动的不断前进。严格意义上讲，科学问题是最基础、最本质的问题，技术问题的解决应基于科学问题的研究成果之上，只有在科学问题解决之后，所研发的技术方法才具有科学性、可靠性和广泛适用性。否则，技术方法只能停留在较为浅显的经验层面，而缺乏必要的科学依据。

工程问题则要体现文物保护工作的整体性，它是协调统一各个部分矛盾的问题。在文物保护工作中，如何协调科学问题与技术问题的矛盾；如何统筹调配文物保护工作中的人力物力，使其高效有序地发挥最大效益；如何通盘筹划文物保护工作中各流程的顺序，使其最能满足实际需求等，此类要求须统筹兼顾，这些具有综合性、系统性、整体性的问题一般被归为工程问题。

科学问题与技术问题是理论与实践的关系，是知识和行动的关系，知行合一，知中有行，行中有知，互为表里，相辅相成，两者如同一对矛盾。科学理论和问题从文物保护的实践工作中来，在解决科学问题并积累了大量正确认知的情况下，指导文物保护技术，这样才能使文物保护中的技术问题得以很好地解决。例如，在脆弱纺织品的保护过程中，应先对纺织品的保存现状、老化程度、病害机理、保护和修复材料的性能与机理等理论性问题做深入的探究，在积累坚实理论基础的前提下，科学地开展保护和修复工作，这样才能避免"保护性"损伤，从而有效地延长文物寿命。因此，在文物保护工作的多数情况下，科学问题对技术问题起着指导作用，基于科学原理问题的解决，技术方案才能更合理有序地制定和实施。

由此可见，文物保护具有科学与技术的双重性，要解决文物保护的问题，无论是文物病害机理的研究，还是保护材料和工艺的选择，都需要建立在解决文物保护科学问题的基础之上。只有对科学问题有明确的把握，对文物的具体情况有充分的了解，才能避免在保护实施的过程中因认知不足、缺乏理论指导而造成对文物的损害。

三、文物保护中面临的三大关键科学问题

关键科学问题不仅是指核心的科学问题，而且是影响到全局的纲领性、前沿性、可持续性问题，是行业创新的抓手。

文物保护领域的关键科学问题主要包括三个方面：文物实体的老化脆弱机理研

究、保护材料的性能研究、保护效果的科学评测。这三大关键科学问题是文物保护的根本性问题，三者之间存在着紧密的逻辑关系。在文物保护的过程中，应首先探究病害产生的原因，再对症下药，并对病因的判断进行检验与反思，最后评价治疗效果，层层递进、融会贯通。倘若不能妥善解决基础性问题，则将难以实现文物保护的科学性。

（一）文物实体老化脆弱机理研究

文物实体的老化脆弱机理研究，是对文物的病因，即实体脆弱、老化原因的诊断。只有找准了病因，才能对症下药。文物本身就是物质，而文物的物质性决定了文物不可能永久保存在世上，每件文物最终都会走向消亡。首先，组成文物的各个材料间的相互作用会对文物造成影响，因此一件文物在生产的初期就已经很大程度上决定了它的极限寿命。例如，金银器比纺织品的材质更为坚固，因而更易于保存，而先天自带缺陷的文物相比其他同类文物更易损坏。外界的环境也会对文物的材料和结构产生重要影响，即便是同一墓葬出土的同一类文物，因其受到环境细微差别的影响，它们的老化脆弱程度也可能不同，因而产生的病害也会有所区别。

研究复杂因素超长期作用下文物实体的病害机理，就应对文物的材料、结构、内部情况，以及保存环境有细致的把握，同时这项工作也为研究文物的病害奠定基础。根据文物实体质点理论，可以将文物抽象地视为由一个个质点组成，由于不同文物实体组成的质点不同，文物的材质也会有所区别，因此可以按质地对文物进行分类，不同质地的文物，其材质理化性能各异。这些区别决定了对文物的研究要实事求是、因"物"制宜。文物的环境是宏观的环境，对文物产生影响的外界因素都是"环境"，文物实体是一个开放体系，随时与外界的物质和能量发生交换，具体而言，影响文物的环境因素主要有人为因素和自然因素，如在人为和自然因素影响下的温度、湿度、微生物、空气、光线、有害气体、有害颗粒物等。文物病害的产生与这些因素密切相关，所以不仅不同的文物病害不同，而且同一文物处于不同环境，病害也不同。例如，西北干旱地区和南方潮湿地区出土的同时期竹木漆器，因环境差异，其病害也有显著区别。

由此可见，文物实体的老化脆弱机理研究无疑是三大科学问题中最根本的问题，妥善解决好该问题，对于其他问题的解答具有纲领性作用。

（二）保护材料与文物实体材料作用机理研究

保护材料与文物实体材料作用机理研究，即依据文物实体病害的"病因"进一步研究治疗的"药物"并"对症下药"的过程。其主要问题包括：为何选取此种特定的保护材料，保护材料与文物实体材料的相容性，新的保护材料、手段、程序是否在各个方面都优于原有方法等。要解答这些问题，就需要从保护材料自身的理化性质、保护材料与文物实体产生的反应、新保护材料的研发等方面着手。如石质文物长期暴露在外界环境中，极易受到有害气体、温湿度、风沙、降雨、盐的结晶与潮解、冰劈等物理化学作用的影响，从而产生裂隙、酥粉、可溶盐附着等病害。在石质文物保护中，因为有机硅树脂既有硅氧基又有烷基，利用有机硅处理石质文物表面，其毛细管壁通过有机硅氧烷中的硅醇和石质文物表面的硅醇发生脱水作用，使石质文物表面形成"倒漏斗结构"——大口向内、小口向外，在毛细压力的影响下，外部的水不能进入，而内部的水则可以逐步散出。通过理论研究和论证，有机硅树脂的透水性、透气性使石质文物内的水分可以排出，又对外来的水汽有较好的抗水性，同时也具有耐老化性强、黏合性佳、成膜性好，具有可逆性，无色透明等特点，处理之后也几乎没有眩光，不会对文物本身和研究产生不利影响，因此，有机硅树脂可适用于石质文物的表面封护。由此可见，只有对症下药才可以科学地治疗文物的病害，倘若缺乏相关基础问题的研究，则文物可能会遭受难以挽回的二次损坏。

（三）保护效果的科学测评

保护效果的科学测评是指在科学地对文物实施保护以后，对保护后文物的现状进行评估，其内容包含：保护后文物的理化性能是否有所提升、微观结构上的缺陷是否得以修复、保护材料的服役期评测等。例如，以谷氨酰胺转氨酶/酪蛋白酸钠（TGase/SC）加固技术加固脆弱丝织品文物后，运用超景深显微镜、扫描电镜能谱（SEM-EDS）、色差仪、动态热机械（DMA）和傅立叶变换红外光谱（FT-IR）分析法对丝织品加固前后效果进行对比。研究结果表明，TGase/SC加固技术与蚕丝蛋白具有较好的相容性，加固后文物外观形貌无显著变化，强度和柔软度有明显提升。这就科学地验证了TGase/SC加固技术是一种安全、有效的加固手段，该方法在脆弱丝织品上的成功应用为后期丝织品的保护及修复提供了重要的技术支撑。由此可见，保护效果的判断需借助各种科学仪器和技术，来评价文物的稳定性、真实性和完整性，并前瞻性地预测其在博物馆稳定环境中的剩余寿命。

第四节 加强文物保护与传承中华文明

一、文物保护与文明传承的重要性

（一）真正了解文物，才能更好地保护文物

作为文物保护与传承发展的主体，博物馆要以文物保护意识为导向，重视文物

陈列和保管状态。通过对馆藏的文物进行全方位研究，形成对文物的全方位了解，并结合不同类型的文物特性，设置专门的文物陈列和保管装置。如部分易氧化的金属类文物，由于其在出土前所处环境中氧气含量较少，惰性气体较多，因此文物在地下并不会发生氧化现象，但当其在没有任何保护措施的情况下突然暴露于空气中时，会受到空气中氧气浓度瞬间增加的影响，导致氧化和锈蚀现象的发生。因此，针对不同文物的保存特性，为其设置与出土前相一致的文物保管环境是十分必要的，这就需要对文物有充分的了解。在对文物完成去保护装置的设置后，需要定期检测保护柜中的环境因素，防止对文物造成不可逆的伤害，延长文物的储存寿命，更好地完成对文物的保护工作，为文物的传承发展奠定基础。

（二）做好文物保护与传承工作，才能更好地与历史相遇

文物是不可再生的历史文化资源，是有形的历史文化载体，文物价值的客观性为人们了解文物提供了真实的参考。"文物"二字最早出现在《左传》中，"文物以纪之，声明以发之"，最初的"文物"是指礼乐典章制度，经过长时间的演变，直到唐代才与现代文物内涵相接近。博物馆要做好文化保护工作，为文物的研究提供基础，以促进传承的发展。以文物为桥梁，打破时空的界限，为现代文明与历史文明构筑联结机制。如《国家宝藏》系列节目的兴起，电视语言通过动态的形式讲述故宫博物院、陕西省历史博物馆、辽宁省博物馆、山东博物馆等国家级重点博物馆文物藏品的前世今生，唤起社会大众保护文物、守护文化的意识，带动普通群众对文物保护和传承的参与热情，扩大文物保护的主体范围，有效地普及文物安全知识。此类节目以跨时空视听化的叙事表达形式，层层深入，挖掘出文物所蕴含的深厚价值，影响深远。博物馆文物的保护与传承发展使文物不只是陈列架上无生命的器物，而是为社会群众与文物所蕴含的历史文化建立起情感上的联结。如被称为湖北省博物馆"镇馆之宝"的曾侯乙编钟，是战国时期流传下来的礼乐编钟，属于国家一级文物，是先秦时期青铜文明的缩影，既具有艺术价值，又为研究先秦时期的礼乐文化提供了具有历史价值的珍贵素材，使后代在千百年后依旧可以感受到来自历史时空的震撼。

（三）传统和历史观照下的民族文化构建

博物馆通过先进的科学技术实现对文物的保护与传承，通过大众对文物认知、安全意识和传承文化责任意识的加深，在传统和历史的观照下，实现个人文化认同和民族文化体系的系统化构建，增强社会个体对传统文化的归属感和认同感。博物馆馆藏文物以其特有的时代性，向社会群众真实地展示灿若瑰宝的中华传统文明，在历史的传承中跨越时空的限制，促进人们对民族历史和中华文明的审视。在民族

自豪感的情感加持下，唤醒中华儿女的民族自信意识，为新时期民族文化的构建提供源源不断的精神动力。同样，通过博物馆对文物的保护和传承发展工作的深入，引导越来越多的普通人参与到文物的保护和传承中，实现博物馆对文物保护与传承发展的现实意义。

二、加强文物保护传承中华文明的有效途径

首先，制定并严格执行文物保护法律法规是关键。这包括对现有法律法规进行完善，以适应新时代文物保护工作的需要，并加大对违法行为的处罚力度，形成有效的法律震慑。同时，加强执法力度，确保法律法规得到严格执行，对破坏文物的行为进行严厉打击。

其次，提高公众的文物保护意识也至关重要。通过举办各种形式的宣传教育活动，如展览、讲座、文化节庆等，让公众了解文物的价值、意义和保护方法，增强他们的文物保护意识。同时，利用媒体和网络平台，广泛传播文物保护知识，提高全社会的文物保护意识。

再者，加强文物保护的科技支撑也是必要的。利用现代科技手段，如数字化技术、遥感技术等，对文物进行保护和管理，可以提高文物保护的效率和精度。例如，通过数字化技术，对文物进行高精度复制和存储，防止文物在展示过程中受损；通过遥感技术，对文物所在的环境进行监测，及时发现并解决可能影响文物安全的问题。

此外，加强文物保护与旅游开发的结合也是一条有效途径。在旅游开发中，注重文物的保护和展示，这既可以吸引游客，推动旅游业的发展，又可以提高公众对文物的认识和保护意识。同时，旅游带来的收入，可以为文物保护工作提供资金支持，实现文物保护与经济发展的良性循环。

最后，加强国际文物保护合作与交流也是非常重要的。借鉴其他国家在文物保护方面的先进经验和技术，共同应对文物保护领域的挑战和问题，推动全球文物保护事业的发展。

综上所述，加强文物保护，传承中华文明需要全社会的共同努力和参与。通过制定法律法规、提高公众意识、加强科技支撑、结合旅游开发以及加强国际合作与交流等途径，我们可以更好地保护文物，传承中华文明，为子孙后代留下宝贵的精神财富。

第十一章 文物博物馆的管理及讲解队伍建设

第一节 文物与博物馆学：穿越历史，触摸古文明

一、文物与博物馆学的研究意义

文物与博物馆学，一个看似深奥却与我们生活息息相关的学科，它让我们有机会穿越历史的长河，触摸那些遥远的古文明。每一件文物都承载着一段历史、一个故事，它们是我们与古人对话的桥梁，是我们了解过去的窗口。

文物是历史的见证者。从古代的陶器、玉器、青铜器，到近现代的文献、照片、影像，它们都是历史的见证者，记录着人类社会的发展与变迁。通过研究这些文物，我们可以了解古人的生活方式、文化习俗、宗教信仰等，从而更好地理解历史。

博物馆则是文物的归宿。博物馆不仅是一个收藏和展示文物的场所，更是一个传播知识和文化的平台。在博物馆中，我们可以亲眼看到那些珍贵的文物，感受到它们所传递的历史沧桑。同时，博物馆也是一个可供教育和研究的地方，它让我们有机会深入了解历史，探索文明的奥秘。

文物与博物馆学的研究，不仅是对历史的挖掘和传承，更是对文化的传承和创新。通过研究文物和博物馆，我们可以更好地了解我们的文化根源，传承和弘扬我们的优秀传统。同时，我们也可以从中汲取灵感，创造出更多具有历史和文化内涵的艺术品和设计作品。

在这个信息爆炸的时代，我们更需要文物与博物馆学来帮助我们筛选出那些真正有价值的历史信息和文化遗产。让我们一起穿越历史的长河，触摸那些遥远的古文明，感受它们所蕴含的智慧和魅力吧！

二、文物与古文明的传承

（一）通过文物传承古代文明

文物作为历史的见证者，承载着古文明的智慧与精髓，是我们探寻过去、理解古代社会的重要窗口。通过文物的传承，我们能够跨越时空的界限，与古人对话，感受古文明的魅力。

首先，文物是古文明的物质载体。它们或是精美的工艺品，或是实用的生活器具，或是庄严的祭祀用品，都反映了古代人民的生活状态、审美观念、宗教信仰等情况。通过深入研究这些文物，我们能够了解到古人的生活习俗、技术水平、社会结构等信息，从而揭示出古文明的独特面貌。

其次，文物传承着古文明的精神内涵。每一件文物都蕴含着古人的智慧与情感，它们或代表着古人的信仰与追求，或记录着古人的故事与传说。这些精神内涵通过文物的形式得以保存下来，成为我们了解古文明思想、价值观、道德观等方面的重要依据。

在文物传承的过程中，博物馆发挥着举足轻重的作用。博物馆是文物的收藏、保护、研究和展示机构，通过举办展览、开展教育活动等方式，将文物所蕴含的古文明信息传递给公众。人们通过参观博物馆，能够直观地感受到文物的魅力，了解古文明的历史与文化。

此外，文物传承还需要社会各界的共同努力。政府应加大对文物保护和研究的投入，制定相关政策法规，为文物传承提供有力保障。学术界应加强对文物的研究与解读，深入挖掘其背后的历史文化内涵。媒体和文化机构也应积极参与文物传播工作，通过多种形式将文物知识普及给大众。

总之，通过文物的传承，我们能够深入了解古文明的历史与文化，感受古人的智慧与情感。在传承文物的过程中，我们需要充分发挥博物馆的作用，同时加强社会各界的合作与努力，共同推动文物传承事业的发展，让古文明的瑰宝永远熠熠生辉。

（二）三星堆中的古文明

四川广汉三星堆遗址新发现6个"祭祀坑"，目前已出土500余件重要文物，青铜方尊、黄金面具、象牙……随着考古挖掘的深入，还将有更多文物出土，带来更多关于古蜀文明的消息，促进对中华文明多元一体格局的理解。

1.《华阳国志》中的古蜀文明传说

现代考古学在中国这片土地上扎根前，人们对古蜀文明的了解，主要源于传说。东晋时期，蜀地有一位叫常璩的史学家撰写了《华阳国志》，这是我国最早最完整的一部地方志，它记录了上起远古下至东晋永和三年（347年）间巴蜀地区的历史、地理、风俗、物产等情况，今天我们要了解古代西南地区，仍绕不开这本书。

《华阳国志》卷三《蜀志》记载，"有蜀侯蚕丛，其目纵，始称王"，这位眼睛向外凸出的蜀王死后以石棺椁埋葬，蜀地百姓也效法之，"故俗以石棺椁为纵目人冢"。蚕丛之后是一位叫柏灌的王，柏灌之后是鱼凫，他曾"田于湔山"，在湔山一带游猎。

鱼凫之后是一位叫杜宇的王。他给蜀地带来了农业,从游猎转向农耕,这是人类生计方式的巨大改变,因此他世代受到蜀地百姓的祭祀。杜宇统治的时代曾发生洪水,他委任其相开明治水,"开明决玉垒山以除水害,帝遂委以政事,法尧舜禅授之义,遂禅位于开明",也就是说,开明因治水有功而继杜宇之后为蜀王。传说中杜宇的结局颇具诗意,他的魂灵化为了杜鹃鸟,每到农忙时节,就飞到田间地头鸣叫"布谷,布谷",因而杜鹃鸟又有"催耕鸟"的称呼。

《华阳国志》开列的蜀王世系及所讲述的蜀王故事,固然有真实的成分,但历经岁月的洗礼,何者为真何者为假很难分辨,而地下文物不失为一个重要的参照,而这就需要考古学的帮助了。

三星堆的故事,始于1929年。那年春天,广汉农民燕道成、燕青保父子在开挖沟渠时,偶然发现了一批精美的玉器。1934年,华西协合大学博物馆在燕氏父子发现玉器的地点附近进行了三星堆历史上的首次考古。新中国成立后,分别在20世纪五六十年代和80年代进行了两次发掘,其中80年代的发掘取得了举世瞩目的成果。1986年7月,考古学家发现了两个"祭祀坑",其出土的文物填满了一座三星堆博物馆。2019年11月至2020年5月,考古学家新发现了6座"祭祀坑",并于2020年10月开始挖掘。

经历80多年时光,考古学家对三星堆遗址文化已有了相当了解。该文化分为四期,延续时间距今4800至2600年,一期属新石器时代晚期,二期之后进入文明时代。三星堆遗址主体遗存为二期、三期,距今4100至3100年,相当于中原的夏商时代,而如果从古蜀传说的角度来看,则相当于柏灌至鱼凫时代。

2. 青铜器为中华文明多元一体格局提供实证

三星堆向我们展示了一个高度发达的青铜文明。神秘、巨大,这是我们欣赏三星堆出土的青铜器时第一时间想到的词语。

在三星堆博物馆中,陈列了大大小小许多青铜面具,其中一件青铜纵目面具,有"面具之王"的美称,它高65厘米,宽138厘米,眼睛呈柱状向外凸出,长16.5厘米,这也许就是《华阳国志》提到的"纵目"了。这两个柱体,仿佛是眼睛向外放射的光芒,配以巨大的耳朵,有"千里眼、顺风耳"之称。这件面具的额部有一个方孔,考古学家推测可能原来铸有精美的额饰。

除了青铜纵目面具外,三星堆还出土过单独的眼形铜饰件。眼睛在古蜀人心目中具有非凡的地位,实际上这也能在古文字中找到印证,甲骨文中"蜀"字的形象,是有巨大眼睛的虫子。

面具只展示了古蜀人形象的一部分,而青铜大立人则予以完整展示。青铜大立人身高180厘米,站立在一个高80厘米的方形底座上,通高260厘米。他居高临下,俯瞰着芸芸众生。青铜大立人头戴花冠，身着三层衣服，内衣也有纹饰，中衣下摆呈燕尾状，外衣是一件鸡心领左衽长襟衣，所谓"左衽"就是衣襟向左边掩，这个细节相当重要，因为中原文明历来崇尚"右衽"，"左衽"体现了与中原文明不同的风俗。

青铜大立人的手不成比例的大，手指卷成圈，似乎正拿着一件物品，但究竟是何物呢？这个问题与大立人的身份问题，在其问世30余年间一直困扰着考古学家，有人认为大立人是蜀王，有人认为是具有崇高地位的神职人员；有人认为大立人手持权杖，有人认为手持象牙，还有人认为什么东西也不持，这只是一个动作而已。种种见解，迄今尚无定论。同样尚无定论的还有三星堆出土的青铜神树，其中一号青铜神树通高396厘米，抬头仰望，似要直通天上。这棵神树铸在一个山形铜座中，树干笔直，分成三层，每层又分三枝，其中两枝下垂并结果实，另一枝上扬也结果实，果实上还站立着一只鸟。在树的一侧，有条龙向下攀。

对树的崇拜，在古代世界各宗教与民间信仰中都很常见。中国古代神话中，也有一些神树的故事。如《山海经》中所说的扶桑，"汤谷上有扶桑，十日所浴"，"九日居下枝，一日居上枝"。还有一种建木，"众帝所自上下，日中无景，呼而无响，盖天地之中也"。三星堆博物馆对这棵青铜神树的功能做出了一种解释，认为它是扶桑、建木等神树的一种复合型产物，神树连接着天与地、神与人，其主要功能之一为"通天"，既然"众帝所自上下"，人也可以，那向下攀的龙也许就是前来迎接的坐骑。

三星堆出土的青铜器呈现出了鲜明的地域特色，这是古蜀先民瑰丽想象的展现。但考古学家提醒我们，三星堆的器物是多元文化融合的成果：青铜面具、青铜神树具有本地特征，玉戈、牙璋主要来自夏商文化，三星堆在吸收中原青铜技术的同时进行了自我创新，如器型是中原的尊、罍，但风格装饰明显与长江中下游文化有关。这是中华文明多元一体格局的实物证据。

3. 古蜀黄金加工技艺炉火纯青

璀璨夺目的黄金制品，向来是公众关注考古的重点之一。本次三星堆考古，已出土了一批黄金制品。在五号"祭祀坑"出土了一个残缺的黄金面具，宽约23厘米，高约28厘米，比人脸大得多，考古学家据此认为该面具应不是给人佩戴的。残缺的面具重达280克，如果完整的话，据推测重量可超过500克。这残缺而神秘的半张脸令人浮想联翩。它是谁？黄金面具有何功能？这些都有待考古学家的解答。

古蜀文明对黄金的加工已达炉火纯青的地步。本次三星堆考古还发掘出了一件鸟形金饰片，采用脱錾镂空工艺制成，厚度仅有0.12毫米，尾羽舒展轻灵，仿佛凤凰翻飞。在古蜀文明的器物中，经常能见到鸟的形象。

成都西郊的金沙遗址，是继三星堆之后又一个古蜀文明的中心，两者关系密切，出土了不少类似的器物。金沙遗址出土过一件太阳神鸟金饰，后来被选为中国文化遗产的标志。该金饰厚度仅 0.2 毫米，用镂空的方式刻出内外两层图案，内层如散发出 12 道光芒的太阳，外层是 4 只逆时针飞行的鸟。4 只鸟首尾相接，围绕太阳飞行，周而复始，永不停歇。

考古是一场永不停歇的探索。我们需要有足够的耐心和信心，去等待一件文物刷去裹挟的泥土而露出真容，去探究一件文物的功能与意义，去廓清一种考古学文化与其他文化的互动关系，去理解中华文明多元一体格局的演化过程与机制。

地不爱宝，所以常能予我们新知。

三、通过博物馆学挖掘历史文化

博物馆学在挖掘历史文化方面扮演着至关重要的角色。它是一门综合性的学科，涉及历史、艺术、考古、人类学等多个领域，旨在通过深入研究博物馆的运营、管理、展览等方面，来更好地保护和传承历史文化。

首先，博物馆学通过系统地收藏、整理和研究文物，挖掘出文物背后的历史文化内涵。博物馆中的每一件文物都是历史的见证者，它们承载着丰富的历史信息和文化价值。博物馆学专家通过深入研究和解读这些文物，揭示出古代社会的生活方式、技术水平、审美观念等方面的信息，为我们了解过去提供了宝贵的线索。

其次，博物馆学通过策划和组织展览，将文物的历史文化价值呈现给公众。展览是博物馆与公众沟通的重要桥梁。通过精心设计的展览，博物馆可以将文物的故事、历史背景和文化内涵以直观、生动的方式呈现给公众。这不仅有助于提升公众对历史文化的认知和理解，还能激发公众对文化遗产的尊重和保护意识。

此外，博物馆学还关注博物馆的运营和管理，以确保文物的安全和长期保存。博物馆作为文物的守护者，需要采取一系列措施来确保文物的安全，防止文物的损坏和流失。同时，博物馆还需要建立完善的档案管理系统，对文物的信息进行详细的记录和整理，为后续的研究和展览提供便利。

综上所述，博物馆学在挖掘历史文化方面发挥着重要作用。它通过系统地研究、策划展览和运营管理等方式，将文物的历史文化价值呈现给公众，推动历史文化的传承和发展。同时，博物馆学也需要不断与时俱进，适应社会的发展和变化，为更好地保护和传承历史文化贡献力量。

第二节 文物博物馆的文化传播作用

一、文物博物馆的文化传播与性能

（一）文物博物馆的文化传播功能

文物博物馆的文化传播功能主要依托文物实现，文物是人类社会艺术、科学、历史的发展产物，是现代人研究过去人类社会发展、历史进步的重要依据，是传统社会上层建筑和经济社会的重要表现，是人类智慧的结晶，可见文物具有十分显著的传播价值。文化传播指的是通过人际关系将精神现象转换为实际符号，使得精神现象得以长久发展，并且在不同时间和空间内得以传输，属于重要的文物保存手段。通过对文物文化的传播，文物博物馆能够实现对人类社会优秀精神品质的传播，能够让公众通过文物获得更多有价值的信息和知识。文物博物馆本质上是为社会永久性开放、不以营利为目的的社会公益机构，这为文物博物馆发挥文化传播功能提供了便利条件和经济基础，使得其在文化传播方面的功能和作用很快得到了社会和公众的认可，真正做到了通过文物向公众展示和传递文化信息。

（二）文物博物馆的文化传播特性

文物博物馆的文化传播特性逐渐被馆内工作人员和社会公众所重视，这为公众获取多元化知识、持续完善知识体系奠定了坚实基础，提供了便利条件，有利于公众在馆内接受更加专业的文化知识传递、获取更多的精神营养。由于文物博物馆不需要考虑营利问题，能够将运行发展重点放在文物文化传播价值发挥、公共文化服务质量提升上，使得文物博物馆能够将更多的人力资源、物质资源、资金资源运用到文物陈列展览活动、文化传播活动中，有利于提升文化传播效果。例如，文物博物馆可以通过开放式展览活动有效地展示馆内文物，充分展示文物的历史魅力和文化价值，使得参观者能够结合自身文化知识接收需求，有针对性地吸收和学习文化知识，并且可以与他人进行沟通和探讨，在了解其他参观者看法和意见的同时，形成属于自己的文物认知和更高的文化素养。

二、文物博物馆的文化传播作用

（一）提高公众的文化知识水平

文物博物馆虽然不具备直接的文化知识点，但是却能以陈列、展览、介绍文物的形式，实现对文化知识的间接传播，可见文物是文物博物馆发挥文化传播作用的关键载体，并且逐渐成为不可或缺的文化传播媒介及桥梁。具体来讲，文物博物馆可以通过文物向公众展示相应民族文化、历史文化、风俗习惯、自然环境、人文环境、人类文明成果等，提高公众对于相应文化的了解程度，令公众接受来自民族文化和历史文化的洗礼和教育。文物博物馆收藏了大量的历史文化资料及自然发展资料，这些资料不但能够展示过去人类的生活活动及人文活动，还能彰显祖先们的优秀精神，从而加深公众对于民族文化和历史文化的印象，同时，引导公众切实学习中华民族的传统品质。

（二）为文化传播提供有效载体

文物博物馆内藏有大量珍贵文物，这些都是展开文化传播的有效资源，这使得文物博物馆成为自然的、开放的文化传播场所，提高了其在文化传播体系中的地位。具体来讲，公众在文物博物馆内接收文化知识的形式较多，可以自行观察、鉴赏感兴趣的文物，有选择性地吸收和学习传统文化知识；可以通过解说员的讲解和介绍，提高对文物的了解程度，从而提高文化水平。并且，文物博物馆不会对公众的学历水平、年龄、文化底蕴等做出要求和限制，而是无差别、无条件地向全体公众开放，只要自身具备参观和学习意愿，公众便能够进入馆内接收文化知识，可见文物博物馆具有绝对的开发性，极大程度上确保了文化传播的公平性和公正性。各级学校也能够将文物博物馆文化传播与学校发展结合起来，实现对文物博物馆这一文化传播资源的合理运用，使得学生在参观和鉴赏文物的过程中，学习文化知识、接受文化洗礼。

（三）顺应现代化社会发展趋势

在现代社会中，基层群众对文化的需求日渐增多，参观文物博物馆已经开始成为人们到一座城市的旅游首选，这是因为人们可以从当地的文物博物馆中了解一个地区甚至是一个国家的发展情况和文化内涵，文物所带给人们的直观感受往往要比书面知识更加强烈，从而帮助参观者进一步理解书本中的知识内容。由此可见，为了顺应现代社会发展趋势，文物博物馆有必要充分发挥其文化传播作用，并且，在文化传播过程中带给参观者一定的收获。

三、充分发挥文物博物馆文化传播作用的具体策略

（一）保持对文化传播的合理认知

文物博物馆作为传承历史文化的重要载体，承载着向大众普及和传播文化知识的使命。要想充分发挥其文化传播的深远作用，我们首先需要对文物博物馆的文化传播功能有深入而全面的认知。这种认知，并非浮于表面的了解，而是需要深入博物馆的特性层面，挖掘并领悟其深层次的内涵。

博物馆内收藏的每一件文物，都是历史的见证者，它们无声地述说着过去的故事，承载着丰富的文化价值和历史价值。工作人员应当充分认识到这些文物的独特性和珍贵性，意识到博物馆在构建社会公共文化服务体系中的核心地位。只有这样，他们才能更加珍视自己的工作，以更加敬业和热情的态度投入工作中。

在日常工作中，工作人员需要不断加深对文物博物馆及馆内文物的理解。他们应当对每一件保存、展出的文物进行全面的研究和分析，深入挖掘其背后的历史背景和文化内涵。通过这样的方式，工作人员能够更好地把握文物的特点和价值，进而在展览和讲解过程中，将文物的故事和文化内涵生动地传达给参观者。

此外，文物博物馆还需要不断创新展览形式和内容，以吸引更多的观众前来参观。通过举办主题展览、临时展览等多样化的活动，博物馆能够不断丰富展览内容，提高展览的趣味性和互动性。同时，博物馆还可以利用现代科技手段，如数字化展示、虚拟现实等，为观众提供更加生动、直观的参观体验。

总之，文物博物馆要想充分发挥其文化传播作用，就需要工作人员对博物馆及馆内文物有深入而全面的认知。通过不断学习和研究，工作人员能够不断提升自己的专业素养和综合能力，为博物馆的文化传播事业贡献更多的力量。同时，博物馆也需要不断创新展览形式和内容，以吸引更多观众的关注和参与，推动文化传播事业的繁荣发展。

（二）强化文物博物馆的文化宣传力度

为了更好地将文物博物馆的深厚文化底蕴传播给更广泛的公众，并切实履行其应有的职能，文物博物馆需要加大对文物博物馆文化的宣传力度。在条件允许的情况下，设立专门的文化宣传岗位是一个极为有效的举措，这样可以确保专职人员全身心地投入文物博物馆的文化宣传工作中。

具体而言，文物博物馆应该制定一套全面而细致的文化宣传规划。这套规划不仅要涵盖宣传活动的形式和内容，更要明确宣传的目标和受众。例如，通过举办丰富多彩的展览活动，将文物博物馆的珍藏品以更直观、更生动的方式呈现给公众。此外，还可以组织文艺汇演，通过艺术表演的形式，将文物背后的历史故事和文化内涵生动地演绎出来。

除了展览和文艺汇演，文物博物馆还可以利用免费发放宣传手册、举办讲座等方式，将文物博物馆的文化知识传递给更多的人。特别是在学校、社区、公共场所、乡村等地方，这些宣传活动往往能受到基层群众的热烈欢迎。通过与当地群众的互动和交流，不仅能够提高文物博物馆文化传播的效率和质量，还能增强公众对文物博物馆的认知和兴趣。

此外，文物博物馆还可以积极开展文创产品宣传工作。文创产品作为文物博物馆文化的具象化展现，是一种极具创意和纪念意义的宣传方式。这些文创产品，如冰箱贴、字画、瓷器、钥匙链、明信片等，不仅具有独特的艺术价值，还能够让参观者在购买和使用过程中不断回味和感受文物博物馆的文化魅力。通过宣传和售卖文创产品，文物博物馆不仅实现了文化传播的功能，还提高了自身的经济收益，实现了社会效益和经济效益的双赢。

总之，加大对文物博物馆文化的宣传力度，设立专门的文化宣传岗位，制定全面的文化宣传规划，以及开展多样化的宣传活动和文创产品宣传，都是推动文物博物馆文化传播工作的重要举措。通过这些措施的实施，文物博物馆将能够更好地履行其文化传播职能，为公众提供更多优质的文化产品和服务，为社会的文化繁荣和发展做出积极贡献。

（三）做好馆内文物的陈列展览工作

文化传播属于文物博物馆的重要职能，为了充分履行这一职能，文物博物馆需要做好馆内文物的陈列展览工作，并且，通过文物陈列展览活动发挥博物馆作为公益单位的特殊性、公益性，使得文物真正成为实现民族文化和历史文化传播、传承的重要载体。具体来讲，近年来，在社会经济水平不断提升的形势下，公众对于精神文化的需求在逐渐提高，大众的文化消费品位也在逐渐提高，这使得参观文物博物馆的公众不断增加，公众对于馆内文物陈列展览的要求、馆内工作人员服务水平的要求也在逐渐提高。为了进一步提高馆内文物陈列展览效果，文物博物馆可以扩展文物陈列展览方式。例如，通过展板文字说明、标牌文字说明等传统陈列展览方式，实现对一件文物的专门说明及展示；通过多种方式，进一步提高参观者对文物的兴趣，同时，实现传统文物展示与新型技术手段的有效融合；通过声光技术、三维模型等先进技术，制作视频讲解、语音导览资源，以此来配合讲解员讲解、导游等工作，实现对文物的多元化展示。

（四）优化当前的文化传播内容

文物博物馆想要进一步扩展文化传播功能，需要结合社会服务及文化传播的实际情况，选择切实具备文化传播价值的内容和资源，以此来提高文化传播的准确性和针对性。具体来讲，文物博物馆可以结合馆内文物类型、展厅规模、服务对象等基本因素，举办不同主题的文化传播活动，这不但能够强化公众对于文物的认知，还能够起到提高博物馆知名度的作用。例如，藏有红色文物的文物博物馆可以在每年7月1日左右举办"七一"主题活动，在"缅怀民族英雄"宣传墙上粘贴民族英雄的照片、革命时期的报纸、党的革命路径图纸等，在"感悟民族精神"宣传区摆设革命时期使用过的物品、还原领导人故居等，这些都能够实现对馆内文物的针对性展示，同时，配合主题活动强化参观者对历史知识的认知和感悟，切实提高文物的文化传播价值。为了提高主题活动的趣味性，文物博物馆工作人员可以通过讲故事、对话等形式，与参观者进行有效沟通，通过更加贴近日常生活的方式，深化参观者的印象，使得参观者能够通过讲解感受到文物背后蕴含的民族精神和革命品质。

（五）合理运用科学技术及网络系统

文物博物馆文化传播功能的实现离不开现代化科学技术及网络系统，这是因为传统文化的弘扬和传播离不开先进技术手段，文物博物馆只有实现了传统文物展览与现代科技体系的有机融合，才能符合现代博物馆的信息化、专业化建设需求。具体来讲，文物博物馆可以通过网络系统宣传发展理念、文物展览活动、文化传播活动，提高博物馆及一应活动的知名度，使得更多公众能够进入馆内进行参观。文物博物馆可以构建网络服务体系，提供网络服务功能，吸引更多公众运用网络平台和信息平台享受博物馆提供的文化传播服务，扩展公众对于博物馆的认知。文物博物馆可以加大对先进科学技术的引入和应用力度，在此基础上逐渐完善馆内现有公共基础服务设施。

例如，通过三维立体系统和技术设置3D浏览平台，实现对馆内文物的立体化展示，同时，还能对文物局部进行放大、缩小等操作，使得参观者能够更为直观形象地观察、鉴赏文物，更加全面地享受博物馆的公共服务，真正享受到博物馆在技术创新和服务创新方面获得的显著成果。

（六）与学校建立有效的合作体系

身为公益单位，文物博物馆不仅承载着珍贵文物的保护与研究任务，更肩负着文化传播的重任。尤其在现代社会，帮助学校完成文化传播任务，是文物博物馆义不容辞的责任。通过实现社会文化传播与学校文化传播的有效合作，文物博物馆能够发挥其在文化传承与传播中的独特作用。

相比于各级学校，文物博物馆在文化传播方面具有得天独厚的优势。博物馆的展览内容丰富多样，涵盖了各个历史时期、不同文化背景的文物，能够满足各年级学生、教师以及研究学者对文化知识的多元需求。通过参观博物馆，人们能够深入地了解中华民族的文化脉络和历史演变，增强对传统文化的认知和认同。

文物博物馆作为进行文化传播的最佳场所，能够为学生们提供一种身临其境的学习体验。在博物馆内，学生们可以近距离接触文物，感受民族文化和历史文化的魅力。这种直观、生动的学习方式能够激发学生的学习兴趣，让他们在轻松愉快的氛围中掌握传统文化知识。

为了实现与学校的有效合作，文物博物馆可以积极地与当地各级学校建立合作关系。通过定期举办展览、讲座等活动，吸引学校师生前来参观学习。在参观过程中，博物馆可以安排专业的讲解员为师生们提供导览服务，帮助他们更好地了解文物的历史背景和文化内涵。同时，博物馆还可以与学校共同开展文化教育项目，如举办主题展览、开展文化交流活动等，以丰富学校的文化教育内容。

文物博物馆与学校的合作，不仅拓展了学校的文化传播渠道，也丰富了博物馆的文化传播体系。这种合作模式实现了对社会文化传播资源和学校文化传播资源的充分整合，充分发挥了双方在文化传播方面的优势。在合作过程中，博物馆与学校可以相互借鉴、共同进步，共同推动文化教育事业的发展。

总之，文物博物馆作为公益单位，在帮助学校完成文化传播任务方面发挥着重要作用。通过与学校建立合作关系，实现社会文化传播与学校文化传播的有效结合，可以共同推动文化教育事业的发展，为传承和弘扬中华优秀传统文化做出积极贡献。

（七）结合实际需求开展社会服务工作

各个地区的文物博物馆面对的服务对象及基本文化特征不同，导致博物馆面临的社会服务需求、公共文化服务要求不同，博物馆需要在充分考虑服务对象社会服务需求的基础上，切实提供有针对性的社会服务。具体来讲，文物博物馆需要在尊重实际的情况下，对服务地区的社会形态特征进行进一步分析，以此来获得更多关于服务对象及社会服务的信息和数据，同时，确保获得信息和数据的可靠性和准确性。在了解基本情况和需求的基础上，文物博物馆可以结合服务地区的面积、功能布局、人口构成等指标，制定社会服务具体规划，并且在实际实施过程中不断进行有针对性的调整。考虑到社会服务的对象是广大群众，文物博物馆在选择社会服务方式、落实社会服务规划的过程中，需要结合不同服务对象的具体特征做出有针对性的改善，从而确保社会服务的灵活性和人性化，引导服务对象实现更好的发展，为社会主义和谐社会的构建做出贡献。

第三节 文物博物馆管理体制的现状与创新

一、现阶段文物博物馆管理体系中存在的主要问题

（一）部分文物博物馆管理体系较为落后

文物博物馆作为我们伟大国家文化事业发展的坚固阵地，承载着弘扬中华民族

历史文化的重任，是时代变迁与历史发展的鲜活见证。它不仅仅是一个展示文物的场所，更是连接过去与现在、沟通传统与现代的桥梁，在社会建设、经济建设、文化建设以及大众教育等多个领域都发挥着举足轻重的作用。

然而，尽管文物博物馆的重要性不言而喻，但我国当前在文物博物馆管理方面仍面临诸多挑战和问题。其中，管理体系的落后问题尤为突出。尽管国家已经针对文物博物馆工作出台了一系列法律法规，明确了文物博物馆与企业经营模式的区别，但在实际操作中，尤其是在一些小型文物博物馆中，商业经营的模式仍然大行其道。这种模式的存在，不仅扭曲了文物博物馆的公益性质，也容易导致对文物价值的扭曲和过度开发。

除此之外，文物博物馆工作人员的素质和能力问题也不容忽视。一些工作人员缺乏专业的文物保护知识，对文物的价值和文化内涵理解不足，导致文物保护意识薄弱。这不仅增加了文物损坏的风险，也影响了文物博物馆的声誉和形象。同时，由于缺乏对文物博物馆工作的深入理解和热爱，一些工作人员在服务态度和专业技能方面也存在不足，难以满足公众对高质量文化服务的需求。

因此，我们需要深刻认识到当前文物博物馆管理中存在的问题，并采取相应的措施加以解决。首先，要进一步完善文物博物馆的法律法规体系，强化法律对文物博物馆工作的规范和指导。其次，要加强文物博物馆工作人员的培训和教育，提高他们的专业素质和文物保护意识。同时，还要加强文物博物馆的监管和评估机制，确保文物博物馆的运营和管理符合规定要求，为公众提供高质量的文化服务。

只有这样，我们才能确保文物博物馆能够充分发挥其文化传承和公共教育的重要功能，为弘扬中华民族历史文化、推动社会主义文化繁荣兴盛做出更大的贡献。

（二）部分文物博物馆对藏品的保护力度不够

在我国当前的文物博物馆管理中，存在着一些文物博物馆藏品保护力度不够的问题。在文物博物馆中，每一件藏品都有着很强的代表性。由于不同藏品在自身内涵方面的差异，其反映出来的文化价值、历史价值同样存在差异。那么，在一些小型文物博物馆中，因为其自身的经济条件有限，往往难以承担起高级藏品的保护费用。这是因为藏品的价值越高，所连带的保护费用也就越高。因此，如果文物博物馆不能采取正确的方式对藏品进行保管，则很容易导致藏品出现损坏等问题。同时，藏品本身经过漫长的历史岁月，也有一定的脆弱性，极易受到环境因素的影响，从而导致藏品氧化等问题，影响藏品的价值。

（三）部分文物博物馆过度开发文物仿品

我国的文物博物馆作为文化传承的重要场所，一直以来都秉持着公益性原则，对公众实行免费开放政策。人们可以通过预约等便捷方式,自行前往博物馆,领略中华文化的博大精深。这种免费开放的模式,无疑大大提升了公众的文化获得感,促进了文化知识的普及和传播。

然而,免费开放也带来了一些经济方面的问题。由于游客的游览并不能直接为博物馆带来经济效益,一些小型文物博物馆在运营上面临着较大的经济压力。为了缓解这种压力,一些博物馆开始尝试制作并销售文物仿品,以纪念品的名义提供给游客。

然而,这种做法也带来了一些负面效应。一些博物馆为了追求经济效益,过度开发文物仿品,甚至制作了一些高仿文物。这些高仿文物不仅数量众多,而且质量参差不齐,有些甚至达到了令人难以辨别的程度。更为严重的是,一些不法分子利用这些高仿文物进行私下交易,将其流通于市面,以假乱真,牟取暴利。

这种行为不仅严重损害了民众的利益,让一些游客在购买纪念品时遭受到经济损失,也严重影响了文物博物馆的名誉和形象。博物馆作为文化传承的重要载体,应该保持其严肃性和权威性,而不是成为商业利益的追逐者。

因此,我们需要对文物博物馆的纪念品开发行为进行规范和监管。博物馆应该明确纪念品的定位,注重其文化内涵和艺术价值,而不是简单地追求经济利益。同时,相关部门也应该加强对文物仿品市场的监管力度,打击不法分子的违法行为,维护市场秩序和公众利益。只有这样,我们才能确保文物博物馆能够健康、稳定地发展,为传承和弘扬中华文化做出更大的贡献。

(四)部分文物博物馆缺乏完善的硬件保护设备

在当前,一些文物博物馆存在着硬件保护设备缺乏的问题。在不同地区,文物博物馆的投入也存在着很大差异。一些地区的文物博物馆缺乏硬件保护设备,这一定程度上影响了文物保护的效果,导致文物出现丢失和损坏等问题,给文物博物馆带来巨大损失,也影响了文物博物馆的竞争力,使其难以承办高级藏品的展览,最终导致游客流失,给文物博物馆的发展带来了阻力。

(五)部分文物博物馆管理体系建设存在的资金不足的问题

一些文物博物馆存在管理资金不足的问题。伴随着我国社会主义市场经济的发展,文物博物馆的意义和社会性质也在发生变化。首先,文物博物馆的藏品本身价值很高,更承载着历史和文化内涵。其次,文物博物馆也是我国文化产业建设的重要环节,在市场经济的大环境下,能够带动经济的发展。例如,通过打造产业链来带动经济建设,通过地区的文物博物馆建设来吸引外地人群,带动城市旅游业发展等。但是从整体来看,我国文物博物馆的资金来源仍然比较少,对市场的利用仍不够到位。

此外，文物博物馆的资金大都来自政府财政，受不同地区经济发展条件的制约，投入文物博物馆的资金也存在很大差异。同时，在经济因素的限制下，文物博物馆也缺乏收藏高级藏品的竞争力，进而陷入一种恶性循环，不利于文物博物馆的持续发展。

二、文物博物馆管理体系创新的具体措施

（一）提高文物博物馆的管理意识

针对以上问题，在文物博物馆创新管理过程中，首先要进一步提高文物博物馆的管理意识。从实际情况来看，文物博物馆作为文化事业发展的同时，也具有一定的经济效益。通过文物博物馆对市场经济机制的合理运用，打造出完整的产业链，能够带动一方经济的发展，帮助地区解决贫困等民生问题。因此，在当前文物博物馆创新管理的过程中，首先要明确文物博物馆的价值，对文物博物馆的发展方向以及作用进行定位。同时，树立市场意识与服务意识，不仅仅是通过藏品为游客带来良好的观赏体验，要通过良好的服务来获得人们的好评，提高文物博物馆的社会形象和信誉度。另外，在当前网络时代背景下，文物博物馆的发展管理也要同网络技术结合，依托网络平台来进行文物博物馆的宣传与推广。例如，可注册文物博物馆公众号，或是开通文物博物馆短视频账号，在网络平台上面向更多的人群来宣传自身，从而提高文物博物馆的大众吸引力，让更多人到文物博物馆中参观。同时，在这一过程中，也要做好工作人员的培训教育工作。无论是在线上服务，还是在网络宣传的过程中，都要具有专业和良好的风貌，并能抓住当下热点，改变以往文物博物馆过于严肃的形象，打造出一个人民大众喜爱的形象，从而提高文物博物馆在人民群众中的亲和力，获得人们的喜爱，为文物博物馆的持续发展提供扎实的主体力量。

（二）增加文物博物馆的资金投入

在推动文物博物馆的创新管理过程中，资金的投入显得尤为关键。资金不仅是文物博物馆生存的基本保障，更是其持续发展的强大动力。通过加大资金投入，文物博物馆能够夯实管理基础，优化各项运营环节，为游客营造更加舒适、有深度的参观体验，进而吸引更多公众走进博物馆，感受中华文化的魅力。

具体而言，资金的充足投入可以助力文物博物馆在多个方面实现提升。首先，它可以用于博物馆的硬件设施建设，提升展陈效果，为文物提供一个更为安全、适宜的展示环境。其次，资金还可以用于软件环境的优化，比如提升服务水平、完善运营模式、加强环境建设等，使游客在参观过程中能够享受到更加贴心、专业的服务。

此外，充足的资金还能够增强文物博物馆在高级藏品方面的竞争力。高级藏品是文物博物馆的"镇馆之宝"，是吸引游客的重要因素。通过资金的投入，博物馆

可以更有力地收集、保护和研究这些珍贵文物，让更多人有机会近距离欣赏到它们的魅力。

综上所述，资金的投入对于文物博物馆的创新管理至关重要。它不仅能够提升博物馆的整体运营水平，还能够增强其在藏品方面的竞争力，为文物博物馆的长远发展奠定坚实基础。

（三）完善文物博物馆的管理体制

在文物博物馆发展建设的过程中，还需要针对文物博物馆的管理体系进行升级和优化。首先，需要建立起完善的法律法规，在文物博物馆工作人员的日常工作中形成强有力的约束，杜绝一切不合法、不合理、不文明行为。此外，法律法规不仅仅是对文物博物馆自身和工作人员的约束，也是对游客的约束，通过法律法规来减少不文明行为的发生，避免影响到他人的观赏体验，同时，能够给文物博物馆树立起一个良好的形象。在具体工作开展中，文物博物馆的工作需要始终依托《中华人民共和国文物保护法》来展开，并树立市场思维、强化服务意识，同时，针对国内外优秀文物博物馆的先进管理理念和管理经验进行借鉴和学习，结合自身的发展特点和发展需求，打造出现代化的管理模式和精细化的管理体系。另外，在文物博物馆创新管理的过程中，也要做好自身在城市建设中的定位。一般认为，一个优质的文物博物馆能够带动一座城市旅游业的发展，吸引更多外地游客。但是在这一过程中，不同文物博物馆的辐射范围是存在差异的。例如，部分文物博物馆在全国很有名，而有的文物博物馆仅仅是在当地有名。同时，城市自身的发展情况也会影响文物博物馆的发展。例如，在一些旅游城市，其本身便对外来游客有着强大的吸引力，因此，有关部门就可以顺势将文物博物馆纳入城市的旅游业发展规划中，带动文物博物馆的发展。针对这一问题，文物博物馆的发展也需要协同好城市各领域的发展，将文物博物馆的发展建设纳入城市发展建设的总体规划中，明确文物博物馆的自身定位。

（四）重视文物博物馆的技术管理

在文物博物馆创新管理过程中，还需要进一步做好文物博物馆的技术管理，优化文物博物馆的技术手段，通过引进先进技术，为文物博物馆的管理和发展提供更多的动力。基于此，文物博物馆首先可以对网络技术进行利用，建立网络文物博物馆。网络文物博物馆的好处在于能够打破人们观赏的地域限制和时间限制，同时，也能更好地激发人们对文物博物馆的兴趣，最终促成人们来线下参观。此外，网络文物博物馆在建设的过程中，也能够帮助文物博物馆更好地收集人们的反馈，了解人们的需求和实际喜好，促进内容优化，为人们带来更好的参观体验。在先进技术应用的过程中，文物博物馆也可以利用3D技术，结合某一件主打藏品来还原藏品的历史，营造藏品所处情境，让人们能够更好地感受藏品的历史文化魅力。文物博物馆还可以开展主题活动，通过对不同活动的任务设计、服装设计、场景设计、音乐设计等具体实践，进一步优化博物馆的各项职能。另外，在主题活动开展的过程中，也能够吸引更多的人来到文物博物馆中，从而带动周边经济的发展。

（五）加强文物博物馆人才队伍建设

在推动文物博物馆创新管理的过程中，人才队伍建设是不可或缺的一环。为了进一步提升文物博物馆的人才队伍水平，我们需要采取一系列有效措施。

首先，文物博物馆应积极与当地各大高校建立紧密的合作关系，搭建起合作与交流的新平台。通过整合高校的理论资源优势与文物博物馆的实践资源优势，可以吸引更多年轻人投身文物博物馆事业。高校是人才培养的摇篮，通过与高校合作，我们可以为文物博物馆注入新鲜血液，培养出一批既具备理论知识又具备实践经验的优秀人才。

其次，针对当前文物博物馆的人才队伍，需要加强定期的培训和教育引导。通过培训，可以提升人才队伍的服务意识和决策意识，使他们能够更好地适应文物博物馆的工作要求。同时，通过教育引导，还可以增强人才队伍的责任感和使命感，激发他们的工作热情和创造力。

此外，还应注重提升人才队伍的业务本领。文物博物馆工作涉及众多领域，包括历史、艺术、考古等，因此，需要通过专业培训和实践锻炼，提高人才队伍在这些领域的专业素养和实际操作能力。只有这样，他们才能在实际工作中发挥出更大的作用，为文物博物馆的发展贡献更多力量。

综上所述，提升文物博物馆的人才队伍水平是一项长期而艰巨的任务。需要通过加强与高校的合作、定期培训和教育引导以及提升业务本领等多种措施，不断优化人才队伍结构，提高人才队伍的整体素质和能力水平，为文物博物馆的创新管理和发展提供有力的人才保障。

第四节 文物博物馆的讲解技巧和讲解队伍建设

一、博物馆讲解服务概述

2022 年，国际博协公布了博物馆的新定义：博物馆是为社会服务的非营利性常设机构，研究、收藏、保护、阐释和展示物质与非物质文化遗产；向公众开放，具有可及性和包容性，促进文化的多样性和可持续性发展。讲解员作为博物馆与观众之间的媒介，起到沟通与桥梁的作用。其以文物展览为依托，对策展思路及文物信息进行总结提炼，运用语言艺术和讲解技巧与观众进行直接的知识、情感交流。在讲解过程中，讲解员除了要熟知文物及展览的相关信息，还要对讲解词设计中包含的自身的知识进行筛选与再加工，以确保与观众进行良好的沟通与互动。由此可见，讲解作为博物馆教育的核心内容之一，其服务质量直接决定公众获取知识的信息量和对博物馆的满意度。

综上，"博物馆讲解是以陈列展览和文物展品为依据，由讲解人员对讲解内容进行提炼，运用语言艺术、讲解技能等，直接有针对性地向观众进行知识传播和信息交流的教育活动"。博物馆陈列展览本身是具体化、形象化的过程，具有一定的直观教育作用，策展人在布展时很难兼顾所有年龄段和文化层次的观众需求和理解能力，加之实际布展中的种种限制，展览很难将策展人的思路完整呈现，因此这些不足需要利用讲解服务进行弥补。恰当讲解、导览的展览才是策展人想要带给观众的，观众能在较短的时间内了解展览的内涵，将碎片化的知识信息连贯起来，成为系统的理性知识，从而达到博物馆的教育目的。当然，专家、学者、博物馆爱好者的讲解还能使讲解人员得到更多反馈意见和知识补充，这也为讲解服务质量的提升提供了重要参考。

二、文物讲解的重要性

文物讲解是讲解员在博物馆当中进行的一种介绍文物的工作，同时也是一种普及和宣传文物文化的重要途径，对于传播文化知识、推动我国文物走向世界有着重要的作用。

（一）文物讲解对传播历史文化的作用

在我国传统的文物管理观念里，文物的管理和文化的传播主要依靠于博物馆的工作人员，但是随着人们生活水平和文化水平的提升，人们的文物文化传播意识逐渐增强，文物讲解工作在一定程度上具有大众传播的意义。讲解员对文化背景、文物背景、历史背景的介绍，实现了在大众中传播文化的功能，让越来越多的参观者了解中国历史文化的形成背景，加深国民的爱国情感。

（二）文物讲解对文物保护的作用

在以往的文物收藏保护中，对于文物的陈列、保管、收藏只是一个小范围内的小众人群所关注的事情。但是随着社会经济水平的不断发展，人们的生活水平、文化水平、文化素养也不断提高，博物馆也被越来越多的人所关注，这对提升人们的精神文化生活水平起到了推动作用。通过讲解员的介绍，参观者能够对文物生出一种爱惜的感情，从而提升全民的文物保护意识，进而营造一种保护文物、爱护文物的社会氛围。

（三）满足参观者的兴趣

根据目前的调查和相关的数据统计，主动到博物馆参观的参观者一般对于文物收藏都有着不同程度的兴趣和爱好。讲解员通过对文物的讲解，深度剖析文物背后的故事、文化背景、历史背景等，以满足参观者对文物的兴趣爱好。除此之外，博物馆的文物展览还能够为参观者带来视觉的享受，进而让参观者有一段美好的心理享受过程，丰富参观者的精神世界。所以，文物讲解给参观者提供了可靠的文物知识来源。

（四）提升大众对文物的认识

文物是我国历史与文化的载体，这种历史性的实物也为很多历史文化研究爱好者提供了重要的研究依据。文物讲解是对大众文化素养、文化情操进行熏陶的一种重要途径和方式。一件文物的讲解包含历史事件、考古研究、文物特点、文化背景等知识内容，在讲解员的语言带动下，参观者能够更加深刻地认识和了解与文物相关的文化资源和文化背景，进而提升自身的文化知识和文化素养。

三、文物博物馆讲解技巧提升方法

第一，深入理解文物与博物馆内容。这是讲解工作的基础。讲解员需要深入了解文物的历史背景、文化意义、艺术价值等，同时也要对博物馆的展览主题、设计理念等有所理解。只有深入理解，才能将文物的魅力准确、生动地传达给观众。

第二，精练讲解语言。讲解语言应该准确、生动、易懂。避免使用过于专业或晦涩难懂的词语，用简单明了的语言向观众传递信息。同时，讲解语言要有节奏感和韵律感，以吸引观众的注意力。

第三，掌握讲解节奏与语气。讲解过程中，讲解员应根据文物的特点和观众的反应，灵活调整讲解的节奏和语气。在介绍重要文物或关键信息时，可以适当放慢语速，提高音量，以引起观众的注意。同时，也要注意讲解的连贯性和流畅性，避免出现冷场或中断。

第四，利用多种讲解工具。除了口头讲解外，讲解员还可以利用图片、视频、音频等多种工具来辅助讲解。这些工具可以更直观地展示文物的形象和特点，增强观众的视觉和听觉体验。

第五，与观众互动。讲解过程中，讲解员应积极与观众互动，回答他们的问题，解答他们的疑惑。同时，也可以通过提问、讨论等方式，引导观众思考，激发他们对文物的兴趣和好奇心。

第六，不断学习和实践。提升讲解技巧需要不断学习和实践。讲解员可以通过参加培训、阅读相关书籍、观看优秀讲解视频等方式来学习新的讲解方法和技巧，并在实际工作中不断尝试和实践。

总之，文物博物馆讲解技巧的提升，需要讲解员在深入理解文物和博物馆内容的基础上，精练讲解语言，掌握讲解节奏与语气，利用多种讲解工具，与观众积极互动，并不断学习和实践。只有这样，才能为观众带来更好的参观体验，更好地传承和弘扬中华文化。

四、文物博物馆讲解队伍建设策略

文物博物馆讲解队伍建设是提升博物馆服务质量和观众体验的关键环节。可以从以下几个方面加强文物博物馆讲解队伍的建设。

（一）明确选拔标准，优化队伍结构

制定明确的选拔标准，包括语言表达能力、专业知识储备、文化素养和人际交往能力等。通过公开竞聘、考核评估等方式，选拔出具备优秀潜质的讲解员。优化队伍结构，合理配置不同年龄段、学历背景和专业特长的讲解员，形成优势互补、协同发展的良好局面。

（二）加强培训和教育，提升讲解水平

定期组织讲解员参加专业培训，包括历史文化知识、讲解技巧、礼仪规范等方面的内容，提高讲解员的专业素养和综合能力。鼓励讲解员参加学术交流、研讨活动，拓宽视野，了解行业动态，不断更新知识结构。

开展内部培训和经验分享活动，让优秀讲解员分享他们的成功经验和技巧，促进队伍整体水平的提升。

（三）强化服务意识，提升观众体验

讲解员应树立良好的服务意识，以观众需求为导向，提供热情、周到、专业的讲解服务。

讲解员应主动与观众沟通，了解他们的兴趣和需求，提供个性化的讲解服务，满足不同观众的需求。建立观众反馈机制，及时收集和处理观众的意见和建议，不断改进服务质量，提升观众满意度。

（四）建立激励机制，激发工作热情

制定合理的薪酬制度和晋升渠道，确保讲解员的劳动成果得到合理回报，激发他们的工作热情。设立优秀讲解员评选制度，对表现突出的讲解员给予表彰和奖励，

树立榜样,激励其他讲解员不断进取。提供良好的工作环境和发展空间,让讲解员感受到博物馆对他们的重视和关心,增强他们的归属感和忠诚度。

(五)加强团队建设,形成合力

定期组织团队建设活动,增强讲解员之间的凝聚力和团队合作精神。建立有效的沟通机制,促进讲解员之间的信息交流和资源共享。鼓励讲解员之间开展合作与互助,共同应对工作中的挑战和困难。

通过以上策略的实施,文物博物馆讲解队伍可以有效提升其整体素质和水平,为观众提供更加优质、专业的讲解服务,进一步推动博物馆事业的发展。

参考文献

［1］薄萍.物联网技术在博物馆智慧化文物保护中的应用［J］.文物鉴定与鉴赏，2024（01）：37-40.

［2］曹宇.博物馆宣传工作存在的问题及其对策［J］.理论观察，2021（06）：138-140.

［3］陈华蕾.探究博物馆讲解队伍建设［J］.文物鉴定与鉴赏，2023（10）：76-79.

［4］陈龙.浅析博物馆文物陈展的创新设计方法［J］.文物鉴定与鉴赏，2024（02）：72-75.

［5］陈宁.博物馆宣传教育的创新策略［J］.中小企业管理与科技（上旬刊），2020（08）：62-63.

［6］陈薇，周晓健.新媒体时代下博物馆宣传工作探析［J］.收藏与投资，2021，12（10）：129-131.

［7］程燕.博物馆文物的数字化管理研究［J］.文化产业，2022（33）：121-123.

［8］崔淑萍，熊英飞，栗明伟.新时代博物馆社会教育服务中的问题与对策［J］.极目，2023（03）：24-28.

［9］董彧.数字化时代下的唐山博物馆文物保护与传承［J］.文物鉴定与鉴赏，2024（02）：48-51.

［10］杜娟.上海革命纪念馆弘扬革命精神的优势和探索［C］//中国博物馆协会名人故居专业委员会2022年年会论文集.陈云纪念馆，2023：10.

［11］段蔚筠.新媒体时代博物馆宣传工作［J］.艺术品鉴，2023（29）：135-138.

［12］高慧，冯骁英.数字化技术在博物馆文物保护工作中的应用价值分析［J］.收藏与投资，2023，14（10）：122-124.

［13］龚德才，乔成全，于晨等.文物保护学科建设的思考与建议［J］.中国文化遗产，2020（06）：41-47.

［14］郭星.博物馆铁器文物的保护［J］.收藏与投资，2022，13（10）：

140-142.

［15］郭正军.陈列艺术与博物馆服务质量［C］.中国博物馆通讯（2014年02月总第318期）.江苏泰州博物馆，2014：3.

［16］贾亚丽.博物馆纸质文物现代化修复与保护技术研究［J］.造纸科学与技术，2023，42（06）：51-54.

［17］江丹.浅论新时期革命纪念馆的发展［C］//中国博物馆协会名人故居专业委员会2021年年会论文集.陈云纪念馆，2022：7.

［18］孔玥.数字化背景下的博物馆展示设计研究［J］.文物鉴定与鉴赏，2022（12）：102-105.

［19］李德强.博物馆文创产品在当代的价值意蕴及传播功能实现分析［J］.收藏与投资，2024，15（02）：126-128.

［20］李宏松.文物保护学学科建设的思考与探讨［J］.自然与文化遗产研究，2023，8（01）：37-51.

［21］李慧竹.中国博物馆学理论体系形成与发展研究［D］.山东大学，2007.

［22］李克亮.以高质量博物馆建设推动文化传承发展［J］.文化月刊，2023（07）：12-19.

［23］李赛南.文旅融合背景下创新博物馆展览陈列［J］.文化产业，2024（01）：4-6.

［24］李文峰.关于文博事业实现跨越式发展的思考［J］.智库时代，2017（15）：295-296.

［25］梁东雷.数字化技术在博物馆文物保护中的应用［J］.中国民族博览，2023（12）：253-255.

［26］刘朝东.构建数字博物馆网络信息安全防范体系的思考［J］.网络安全技术与应用，2023（12）：115-116.

［27］刘建忠.博物馆展览的陈列设计技巧初探［J］.文物鉴定与鉴赏，2017（11）：108-109.

［28］柳宏利.博物馆档案管理现状及其创新举措［J］.大众标准化，2020（21）：235-236.

［29］陆国辉，韦丽闲.博物馆文创产品的视觉设计与文化表达［J］.艺术品鉴，2024（02）：126-129.

［30］吕静.革命历史纪念馆文化创意产品开发与思考［J］.福州党校学报，2022（05）：80-83.

［31］马利红.新媒体在博物馆工作中的运用研究［J］.文物鉴定与鉴赏，2020

（08）：142-143.

［32］马燕，闫丽，吕静等.生物技术在首都博物馆有机质文物保护中的应用概述［J］.首都博物馆论丛，2023：251-256.

［33］申继平.基于元宇宙的博物馆"云展览"探究［J］.大众标准化，2024（02）：172-174.

［34］宋娟.试论工业博物馆的功能拓展与创新策略［J］.文物鉴定与鉴赏，2022（23）：66-69.

［35］苏荟洁.探究博物馆社会宣传与服务工作［J］.传媒论坛，20214（01）：108-109.

［36］孙宝林.博物馆文物保护与传承发展新路径［J］.炎黄地理，2023（09）：74-76.

［37］王桂青.加强博物馆文物保护和活化利用［N］.山西日报，2024-01-30（011）.

［38］王惠荣，闫宇骋.基层博物馆的文物保护和人才队伍建设分析［J］.文化产业，2022（27）：115-117.

［39］王江平.关于提升博物馆社会服务功能的再探索［J］.文物鉴定与鉴赏，2023（18）：63-66.

［40］王小红.博物馆社会教育宣传与服务工作探析［J］.中国民族博览，2021（01）：187-189.

［41］魏翔.信息化时代基层博物馆陶瓷类文物的数字化保护研究［J］.佛山陶瓷，2024，34（01）：75-77.

［42］吴迪.革命历史纪念馆红色文化传播的实践研究［J］.文物鉴定与鉴赏，2022（20）：76-79.

［43］阎国宇.新时期博物馆公共文化服务浅析［J］.文化产业，2022（23）：115-117.

［44］杨娇.博物馆讲解工作的思考［J］.贵博论丛，2023：340-347.

［45］殷杰琼.博物馆展览陈列艺术设计探析［J］.文物鉴定与鉴赏，2018（17）：97-99.

［46］张红爱.区块链技术在博物馆文物保护中的可信数据管理探索［J］.文物鉴定与鉴赏，2024（01）：41-44.

［47］张惠梅.新时期文博事业创新发展探析［J］.大观（论坛），2019（01）：173-174.

［48］张建.博物馆知识普及宣传与服务工作研究［J］.艺术品鉴，2020（21）：117-118.

［49］章铖.简论博物馆数字化与智慧化建设［J］.智慧中国，2023（12）：72-73.

［50］赵晋明.图书馆与博物馆在文化服务功能融合发展上的案例探析［J］.文化月刊，2023（10）：105-107.